★ 党的故事　　★ 根据地的故事
★ 革命的故事　　★ 英雄和烈士的故事

讲好"四个故事"

河南第一个党组织的成立古城二七纪念塔的由来革命火点龙乡钟钟敲河南第一支红军队伍堂：试看遍地红花王睿八月桂花遍地开前仆后继的四任县委书记鄂豫皖苏区：廉洁自律守初心吉鸿昌将军二三事陈少敏："白区的红心女战士"徐凤英：火线曾斯廷、杨玉英：血许苍生泪许晖吴华夺：玫瑰父亲当红军孤胆铸英魂《三大纪律八项注意》诞生记党探新：永远的26岁肖咏清：大别山永远歌声李翔梧、刘志敏：革命伉俪留青史英雄母亲何大妈吴焕先：军史布衣第一人大别山"江姐"晏春山忠孝义勇的许玉友徐海金刚台上娘子军少年英雄马骏宸赵崇德：英雄夜袭阳明堡吴体学："党员干部的一杆旗"叶成焕：热血洒沙场，将上阵中永生傅雨亭：只知有国不知有家的抗日英雄吴凤翥：威震敌营将近上开国大典主席台的女英雄清廉朴素的张祖谅将军宋学义奇袭八公桥彭雪枫：功重祖国，泽被长淮"双枪原型——郭兴烈焰腾空一夜袭登封飞机场红嫂响焦若水的青春一封诀别书惊心动魄的转移铁流千里安重围博大别山斗争的"一面红旗"刘邓大军强渡淮河包日男儿也曾会女红约法三章明军纪浴火重生洛阳城中国共产党历史上的第三个中原局司令员的自行车九级解敬郑州记中原我军占领洛阳石三冤埋地芬的烈士孙善武：男儿磊落化全球"第三中国大百科全书的诞生电影马日南多师与鸣只铃的出世永远动荡摇河山重安书

中共河南省委组织部　编著
中共河南省委党史研究室

河南人民出版社

图书在版编目(CIP)数据

讲好"四个故事" / 中共河南省委组织部，中共河南省委党史研究室编著 . — 郑州 ：河南人民出版社，2021. 3
ISBN 978 - 7 - 215 - 12687 - 9

Ⅰ. ①讲… Ⅱ. ①中… ②中… Ⅲ. ①革命史 – 河南 – 通俗读物 Ⅳ. ①K296. 1 – 49

中国版本图书馆 CIP 数据核字（2021）第 052468 号

河南人民出版社 出版发行

（地址:郑州市郑东新区祥盛街 27 号 邮政编码:450016 电话:65788053）

新华书店经销　　　　河南博雅彩印有限公司印刷

开本　700毫米×1000毫米　　1/16　　印张　23

字数　265 千字

2021 年 3 月第 1 版　　　2021 年 3 月第 1 次印刷

定价：49.00 元

前　言

　　河南是中国共产党最早开展革命活动的地区之一，有着光荣的革命传统和丰富的红色资源。在中国共产党百年历史进程中，党领导河南人民接续奋斗，创造一个又一个彪炳史册的人间奇迹，在中原大地上谱写了辉煌壮丽的历史篇章，留下了许多可歌可泣的红色故事。这些故事里，有革命先辈坚定的理想信念、崇高的精神风范；有英雄烈士顽强不屈的革命意志、视死如归的英雄气概；有军爱民、民拥军、军民同心同德、携手共进的鱼水情深，发人深省，催人奋进。

　　2019年9月，习近平总书记在河南视察时强调，要讲好党的故事、革命的故事、根据地的故事、英雄和烈士的故事，加强革命传统教育、爱国主义教育、青少年思想道德教育，把红色基因传承好，确保红色江山永不变色。为贯彻落实习近平总书记重要讲话精神，中共河南省委组织部会同中共河南省委党史研究室精选河南党史上61个红色故事，供全省广大党员干部学习。这些发生在我们身边的故事，生动描绘了那段烽火连天、如火如荼、波澜壮阔的峥嵘岁月，立体呈现了党领导河南人民走过的光辉历程、取得的伟大胜利，集中体现了党的理想信念、价值追求、光荣传统、优良作风，是党员干部厚植红色基因、激活初心使命的动力源泉和宝贵财富。

2021年是中国共产党百年华诞。百年征程波澜壮阔，百年初心历久弥坚。党中央立足党的百年历史新起点，作出在全党开展党史学习教育的重大部署，要求全党同志学史明理、学史增信、学史崇德、学史力行，学党史、悟思想、办实事、开新局，以昂扬姿态奋力开启全面建设社会主义现代化国家新征程，以优异成绩迎接建党一百周年。在中国共产党百年华诞到来之际，《讲好"四个故事"》的出版，必将对教育引导党员干部大力发扬红色传统，传承红色基因，赓续革命精神，矢志不渝奋斗产生有力的促进作用。

希望这些红色故事中的宝贵营养能够转化为党员干部的政治素养和党性修养，激励亿万中原儿女在全面建设现代化河南新征程上，更好肩负起新时代赋予的职责与使命，为谱写新时代中原更加出彩的绚丽篇章贡献力量！

目 录

河南第一个党组织的成立

夜色深沉，空气寒冷，大地笼罩在一片苍茫之中。一声鸣笛打破夜的沉寂，车头发出耀眼的灯光，照亮了沿途的村庄和树木。列车驶进洛阳站，稍事停留，便又沿着陇海铁路线一路疾驰。站台上恢复了宁静，只有几个铁道工人还在值着夜班。

一个脸色蜡黄的汉子叹了口气说："眼看入冬了，工钱又被扣了这么多，这日子真是没法过了。"

旁边工友也叹了口气说："没办法啊，家里几张嘴等吃饭呢，不干又不行，还是忍一忍吧。"

黄脸汉子说："谁让咱们命苦呢，领不到工牌，要按旷工处理，跟他们讲理，搞不好又要挨打。"

旁边工友压低嗓音说："听说有些地方在闹罢工……"

黄脸汉子正要接话，这时从对面走过来一个人。这人身穿夹袄，手中提着一盏马灯，长得浓眉大眼，年龄在20岁出头。待此人走近，黄脸汉子认出来了，喊了一声："游先生！"

这人便是游天洋，担任铁路员司（工程师）职务。游天洋与工友打过招呼后便闲聊起来。游天洋问他们家中的生活情况。两位工友对游先生十分敬重，他们知道游天洋虽然年轻，却见多识广。他们说出了自己心中的困苦，抱怨世事艰辛，日子看不到希望。"游先生，您是读书人，是做大事的人，您不知道做工人的难啊，家里要是有几亩薄田，说啥也不会出来做工。"黄脸汉子抱怨道。

"工人有什么不好？"游天洋一脸严肃地说，"'工'字下边加个'人'字，连起来就是'天'，工人阶级前途远大。"

"您说得真好！"另一位工友赞道。

游天洋说："这话不是我说的，是李大钊先生说的。只要我们工人团结起来，就没有人敢欺负我们；只要我们敢于斗争，总有一天能过上好日子。"

两位工友听了这话，虽不太懂，却也感到了话中的力量。"我们听您的，我们相信您！"

游天洋与工友们聊了一会儿，便回到了住处。他住在陇海线附近的一条街道上，一间简陋的屋子里，有一张床和一张书桌。夜虽已深了，他却毫无睡意，在书桌前读了一会儿书，才熄了灯，在床上躺下。黑暗中，他又想起了自己这些年的经历。

1916年，游天洋考入北京铁路管理学校，在唐山分校学习。他接受了先进思想，痛恨社会黑暗，立志投身革命，积极参加爱国运动。毕业后，游天洋进入京汉铁路武昌钻鱼套车站，当上了副站长。这期间，他因揭发湖南军阀张敬尧贩运鸦片，被张敬尧下令追杀。在军阀士兵到达钻鱼套车站时，他机警地躲避到货车内，被士兵发现后又冒着弹雨急奔另一个月台，正遇上武汉学生队伍来车站堵截鸦片，终在学生掩护下方得脱险。

游天洋来到北京，参加了李大钊组织的马克思学说研究会，广泛阅读进步书刊并接受了马克思主义学说。对于游天洋来说，这是一次人生的洗礼，使他更加坚定了自己的革命道路。由于他思想坚定，有理论和实践经验，组织派他前往河南开展工人运动。临行前，李大钊挽着他的手说："你的任务很重，不但要建立工人组织，将来时机成熟，还要成立地方党组织，你有信心吗？"

"有信心！"游天洋斩钉截铁地说。

游天洋来到了洛阳，这是中国著名的千年古都。他与其他同志一起成立了洛阳第一个铁路工人组织——洛阳陇海路同人俱乐部。游天洋同知识分子白眉珊一起开办了工人子弟学校，一方面教工人识字，一方面讲授马克思主义基本理论，宣传革命道理，启发工人觉悟。游天洋向工人宣讲《工人周刊》《劳动音》《劳动周刊》等刊物上的重要文章，以通俗的语言向工人们讲述革命道理。

黑暗中，游天洋回想着昔日经历。他一直有一个理想，就是领导广大群众开展斗争，为中国的革命事业奋斗一生。然而，仅凭一腔热血是不够的，还要有具体的方法和行动。来到洛阳快一年了，眼看工友遭受压榨和盘剥，过着悲惨的生活，他心中有说不出的悲愤和焦急。

1921年11月17日，游天洋早上刚到同人俱乐部，便听说了西厂挂牌事件。

西厂挂牌事件要从领工牌制度说起。铁路当局有一个严格的规定：领取工牌必须在鸣笛三声之前，否则按旷工计算，要扣一天半工资。洛阳西厂专管工人挂牌的是一个比利时人，名叫狄孟。他平时作恶多端，经常无理刁难、殴打工人。这天早上，他故意在第二声笛音落下之后，就锁上工牌箱、关上了大门。厂门口聚集了许多等待进厂的工人，拥挤着上前拿工牌。狄孟指挥爪牙，对工人进行肆意殴打。工人马玉田上前说理，竟被打得头破血流。

看到工友受伤，工人们极为愤慨，群起与狄孟争辩。狄孟蛮横无理地宣布将为首的20余人开除。愤怒的工人忍无可忍，一哄而起离厂而去，已进厂的工人也全部退出，集体来到洛阳陇海路同人俱乐部商议对策。

游天洋闻知此事，一股怒火涌上心头。"工人不能忍做亡国奴之耻，作无人格之工人。"游天洋当机立断，迅速联系工友，在俱乐部召开了紧急会议。在游天洋的主持下，工友们义愤填膺，斗争意识高涨，决心为自己讨回公道。会议决定成立由游天洋、白眉珊等人组成的罢工委员会，负责领导罢工事宜，并派人赴京与中国劳动组合书记部北方分部联系，请求派人指导，同时又派人到郑州、开封、商丘、徐州、陕县等地联络。陇海全路机务工人发表《敬告全国各路同胞同业弟兄们恳乞救援》宣言书，列举厂方苛虐工人的十大罪状，并庄严宣告：工人决定联络全路，实行总罢工。

一时间，工人们纷纷奋起反抗，震惊中外的陇海铁路工人大罢工爆发了。

陇海铁路工人大罢工的消息传到北京，中共北京地方委员会非常重视，积极指导工作。在中国共产党的指导下，大罢工取得了彻底胜利。

对游天洋来说，这次罢工使他更加清晰地看到，只有中国共产党才能拯救人民于水深火热之中。追随中国共产党，成为他心中最为迫切的愿望。在那间简陋的小屋中，他伏案提笔，写下了入党申请书……

陇海铁路工人大罢工推动了中国工人运动第一次高潮的到来，陇海铁路工人空前团结，斗争情绪日益高涨。1921年11月27日，由李大钊、罗章龙介绍，经中共北京地方委员会批准，游天洋加入中国共产党。

中共洛阳组诞生地纪念馆

遵循李大钊的指示，游天洋在洛阳大力发展共产党员，成立党组织，推动工人运动。1921年12月，游天洋与白眉珊、王福顺等人在《国际歌》歌声中庄严宣誓，志愿加入中国共产党……至此，河南第一个党组织中共洛阳组诞生，游天洋任组长。

在艰苦的革命斗争中，游天洋从一个学生成长为一名优秀的共产党员。1922年冬，游天洋在巡视全路工会改组情况时因劳累过度，脑出血在郑州溘然辞世，年仅21岁。

中共洛阳组是中国共产党成立5个月后，在河南乃至中原地区成立的第一个党组织，揭开了中国共产党在河南建党活动的序幕，河南因而成为全国建党较早的省份之一。此后，党组织在中原大地如雨后春笋般迅速发展，河南的革命运动进入一个新的阶段。

古城安阳响春雷

一

1921年7月，中国共产党的成立给灾难深重的中国人民带来了光明和希望，它像光芒四射的灯塔，指明了中国人民的前进方向。此时的中国，共产主义的思潮一浪高过一浪，共产党领导的工人运动也如破竹之势。

9月的一天，正值中秋，古城安阳晴空万里，秋高气爽。一列从南驶来的列车徐徐停靠在安阳火车站。一位工人装束的年轻人利索地从车上跳下来，向车上的伙伴招了招手，然后大踏步地向火车站机务段走去。

"工友们，请过来一下。我是郑州火车站的司机，我叫吴清南，有要事告诉各位。"工友们听见招呼，又见吴清南手里拿着红红绿绿的传单，便围了上来，这个要一张，那个要一张。

"啥事？说吧！""念念这纸上写的啥，让我们听听！"

"好！请大家静一静。"吴清南扬起手里的传单说，"这上面写的是：工人每天辛勤劳动然而却维持不了生活，过着牛马不如的悲惨生活。工人要团结起来，反对剥削压迫！"

"好！写得好！""说的都是咱心里话。"有几个工人纷纷应声。青年钳工戴清屏朝着吴清南大声问道："你能不能给大伙说说咋团结起来？"

"成立俱乐部。"

"啥叫俱乐部？"

"俱乐部就是为工人办事的组织。郑州铁路工人最近已经成立了俱乐部。我这次来，就是受俱乐部的派遣，号召咱铁路工友都参加俱乐部的。"

吴清南的一席话在工人中引起了强烈反响，工人们三个一群五个一伙地议论起来。

机务段的钳工戴清屏、赵光前、齐福贵几个人合计了一会儿，然后戴清屏拨开围着吴清南的工友，走到吴清南面前对他说："吴师傅，咱这儿没人见过俱乐部啥样，你能不能捎个口信，让郑州铁路工人俱乐部来人帮助我们也办个俱乐部？"

"中！""有道理，请他们来人！"工人们纷纷表示赞成。

吴清南望着周围期待的目光，满怀信心地回答说："我一定把口信捎到。"

是年冬的一天，安阳铁路工人盼望的人终于到来了，他就是中国劳动组合书记部干事、负责京汉铁路工人运动的共产党员李震瀛。李震瀛毕业于天津南开中学，是觉悟社成员，与周恩来、邓颖超是亲密的同学与战友，他是第一个到安阳开展革命活动的共产党员。

一到安阳火车站，映入李震瀛眼帘的是高大漆黑的厂房，有气无力的机车，气势汹汹的把头，骨瘦如柴的工人……想到苦难深重的工人兄弟，他立即投入到组织发动工人的工作中去。

11月，机务段的工友就率先成立了有72人参加的安阳铁路工人俱乐部，推选戴清屏为部长，齐福贵、赵光前等为委员，这是共产党领导下的安阳最早的工人组织。

在俱乐部成立大会上，李震瀛对工人们说："中国是人民的中国。鸦片战争以后，华夏的河山被帝国主义列强瓜分得支离破碎。少数洋人和中国的洋奴，骑在人民大众头上作威作福。为什么外国资本家敢欺侮我们？就是我们没有组织起来，是散沙一盘呀！现在有了俱乐部，工友们就可以联合起来反打骂、反剥削，争取自由平等的权利。"

二

俱乐部成立之后，工人们一下工就往俱乐部跑，把头、监工普遍感到工人没有以前听话了，这可气坏了段长许国岭。许国岭毕业于法国教会学校，平时见了洋人点头哈腰，见了工人却像个"活阎王"。哪个工人见了他都必须脱帽鞠躬尊称"老爷"，否则轻则扣罚工钱，重则挨打受骂，工人们都恨透了他。

这一天，许国岭来到机务段，扯起嗓子对正在干活的工友们说："你们都给我放明白点，别看你们瞎凑堆，谁也挡不住老子管教你们。今后，谁上班迟到3分钟罚半天工钱；谁敢顶嘴罚1元；谁敢反驳罚2元！"说完骂骂咧咧地走了。

工人们对许国岭和工头打骂欺压、敲诈勒索的行为无比愤恨，纷纷要求俱乐部为工人伸张正义。李震瀛将工人反映的情况写成包含24条条文的呈文，罗列了安阳车站段长、厂长、工头、监工压迫剥削工人的罪行，并趁北洋军阀政府京汉铁路局局长赵继贤路过安阳之机，组织俱乐部会员手持写有"彰厂黑暗，要见青天"的小白旗，围着赵继贤的专车喊冤。

赵继贤的专车无法前进，只好让工人派代表上车交涉。工人代表戴清屏、齐福贵、侯德山登上专车递交呈文，请求严惩许国岭。侯德山说："工人因公砸破了手指头，段长不但不给治疗，还罚款、扣工资。"齐福贵接着说："我在铁路上干了好几年没加过薪水，肚子都吃不饱，还整天挨骂受罚。"

赵继贤没有正面回答他们的问题，傲慢而严厉地问道："这个呈文是谁写的？"代表们异口同声地回答："是马路上一位算卦先生写的。"赵继贤冷冷一笑："没有出过外洋的人，写不了这禀帖，你们上当了，说实话吧！"

车上的工人代表和车下的工人们愤怒了，口号声一浪高过一浪。看到工人们团结得像一个人一样，赵继贤知道事情不好对付，只得答复了工人的要求，严厉训斥了许国岭，并让其向工人道歉。

党领导下的安阳铁路工人的第一次斗争取得了胜利。

随着时光的推移，安阳铁路工人在党的教育下，阶级觉悟迅速提高，工人们越来越感到团结起来才能力量大。1922年8月，俱乐部成员猛增至1000多人。根据第二次京汉铁路总工会筹备会议决定，将俱乐部改名为京汉铁路（筹备）总工会安阳分会，选举戴清屏为会长，齐福贵为副会长，解长春、赵光前为秘书。

从此，安阳铁路工人成为京汉铁路线上一支影响较大、战斗力较强的工人队伍。

三

1922年8月，共产党员贺道培奉京汉铁路（筹备）总工会党组织之命到安阳分会任秘书。12月，贺道培介绍先进分子戴清屏、解长春、姚作棠3人加入中国共产党，并建立了党小组，贺道培为组长。至此，党在安阳最早的组织——安阳（时名彰德）火车站党小组正式成立。

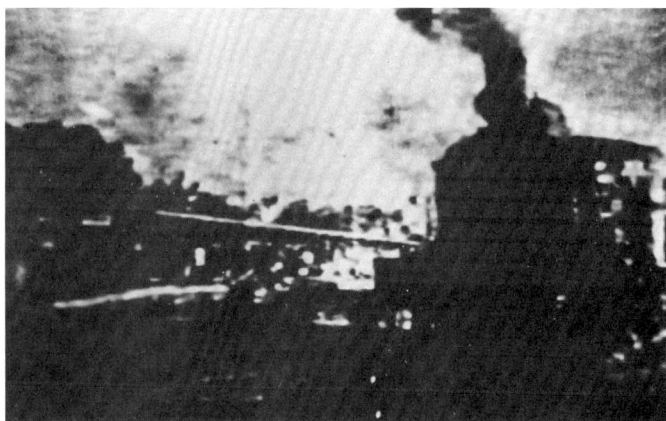

1922年12月，中共彰德车站小组建立（图为彰德火车站旧址）

1923年2月4日，在中国共产党的领导下，京汉铁路全路总同盟举行大罢工。参加京汉铁路总工会成立大会的戴清屏、姚作棠立即从郑州返回安阳，传达总工会的命令，并组织了工人纠察队，为罢工做好准备。

罢工前的安阳火车站气氛十分压抑。4日，从淇县到邯郸的

1000多名铁路工人陆续奔赴安阳。中午12点，当第4次票车进站后，戴清屏、齐福贵和另外两名工人立即跃上机车，拔掉火门，放干锅炉里的水，迫使列车停止运行，后面的7列火车被阻于安阳车站。列车上、站台上、道棚下的铁路工人在工会的统一指挥下一律停止手中的工作；工人纠察队拆下机车上的主要零件，派专人保护起来，并在车站附近的路口设岗，不准任何人进站。整个车站处于瘫痪状态。

反动当局对铁路工人的罢工采取高压政策，强令工人复工，但工人们坚决服从工会的指挥，毫不退让。他们说："头可断，血可流，没有总工会的命令，决不复工！"

7日，反动军阀开始对京汉铁路全线路工进行血腥镇压，大批荷枪实弹的反动军警占领了安阳车站，铁路工会负责人戴清屏、解长春、赵光前被捕。军阀旅长岳维峻亲自对其进行审讯，强迫他们下令复工，并威胁说："如果不下令复工，就枪毙你们！"面对敌人的威胁，3位工会负责人英勇不屈，反动军警就将工会主席戴清屏五花大绑押回车站，恫吓罢工工人。

7日16时，警察长"胡剥皮"把郑州罢工工人王东奎押到火车站，对罢工工人们说："这就是不复工的下场！郑州已经打死30多人，刘文松（郑州铁路工会负责人）也被绑到电线杆上，其他地方的罢工都失败了，你们快上工吧！"

不久，传来长辛店、郑州、江岸京汉铁路工会惨遭镇压的消息。总工会为保存革命力量，避免更大的损失，忍痛下达了复工的命令。至此，坚持4天的安阳铁路工人也复工了。反动当局并没有停止对工人的镇压。安阳铁路工会被封闭，戴清屏、姚作棠、齐福贵、解长春和赵光前等工会骨干被铁路当局开除，他们被迫离开安阳，党小组遭到破坏。

但是，安阳铁路工人的斗争犹如在古城上空响起的第一声春雷，它促进了安阳人民的觉醒。铁路工人所表现出的英勇顽强的斗争气概和不屈不挠的革命精神，充分显示了中国工人阶级的伟大力量，为后人所称颂。

二七纪念塔的由来

郑州有一座家喻户晓的地标性建筑，这就是巍峨高耸的"二七纪念塔"。二七纪念塔又称作"二七大罢工"纪念塔，是为纪念1923年2月爆发的"二七大罢工"而修建的。整栋建筑采用独特的仿古联体双塔，塔全高63米，共14层，外形雄伟壮观，入选全国重点文物保护单位名单。

二七纪念塔的由来，和1923年那场声势浩大的"二七大罢工"紧密相关。今天，我们站在二七纪念塔前缅怀先烈时，澎湃的思绪不由得穿过历史的重重烟尘，耳边仿佛又回响起了革命前辈那激昂慷慨的振臂呐喊，在黑暗腐朽的旧中国，如一声惊雷震醒世人，也将中国共产党的先锋队——工人阶级，推上了历史的舞台。

中国共产党诞生之后，就一直非常重视团结和发动工人阶级的力量，当时的京汉、陇海两条铁路大动脉，成为中国共产党重要的活动地点。1920年10月，北京共产党早期组织"共产党小组"刚刚成立之后，就组织开展了京汉路长辛店工人运动。

郑州二七纪念塔

1921年春天，武汉共产党早期组织成员赵子健启程来到郑县（即河南郑州），他借助郑州铁路职工学校教员的身份作为掩护，深入到工人阶级中去，广泛传播新思想。不久后，党的创始人之一李大钊也来到郑州。李大钊用通俗易懂的语言将革命的道理讲给工人听，号召工人阶级一定要团结起来，开展反对资本家压迫和剥削的革命运动。

同年8月，郑州铁路工人俱乐部宣告成立。随着河南工人运动的深入开展，郑州已然成为全国工人运动的重要中心点。郑州机务处的工人们，为反对机务厂长陈福海的压迫，在1922年发起罢工活动，得到了长辛店、江岸等地工人的大力支持。

1923年1月，在中共北京地方执行委员会会议上，确定了以后工作的目标和方针，会议决定工人运动应当将政治斗争放在第一位，与会者纷纷表示赞同，并提出在京汉铁路沿线16个大站已建立的工会组织的基础上，成立京汉铁路总工会。会议最后商定，2月1日在郑州公开举行京汉铁路总工会成立大会。

哪知当北京地委将大会的召开时间、地点通知给了京汉铁路局局长赵继贤时，此人两面三刀，他假意同意总工会的成立，但暗地里却密电吴佩孚，加快反革命部署。

当时身在郑州的党的早期工人运动领导者罗章龙得知消息后，当即召集京汉铁路总工会党团会议成员开会，商议对策。

1月28日，大会召开之前，郑州警察局局长黄殿辰按照吴佩孚的命令，来到会场宣布禁止工人代表们在郑州开会。吴佩孚也假惺惺地"电请"工会派代表前往洛阳面谈。

领导京汉路工人运动的共产党人和各地工人代表们，并没有被吴佩孚的高压政策和嚣张气焰所吓倒。1月30日，中共党团派共产党员李震瀛、史文彬、李焕章以及工人代表凌楚藩、杨德甫等人，前往洛阳和吴佩孚面谈，当面向他提出强烈抗议，吴佩孚威胁工人代表，大会如果按时召开，他就会派人镇压。

工人代表们无比愤怒，他们返回郑州后，将面谈的结果告知全体工人。大家义愤填膺，纷纷表示大会一定要按时召开。

2月1日早上5点，上千名郑州铁路工人和400余名兄弟铁路的代表，列队向会场进发。郑州警察局局长黄殿辰见状，立即宣布戒严。工人前往会场的路上，军警荷枪实弹，关卡层层，他们试图以武力恫吓，阻止大会的正常召开。

双方僵持了数小时之久，最后忍无可忍的工人们，冲破军警的阻挠，义无反顾地冲入普乐园戏院会场。这些英勇无畏的工人们，就在军警的严密注视下，宣布大会开始。李震瀛健步登上讲台，大声宣布京汉铁路总工会正式成立。

下午4点，大会结束后，工人们又突破反动军警的包围，回到住处。恼羞成怒的黄殿辰，指挥出动大批反动军警，将工人代表们的驻地团团包围，他们不仅捣毁了"京汉铁路总工会"

的牌子，还将工会内的文件物品全部抢掠一空。工人代表们的人身安全受到了严重的威胁。敌人的恶劣行径，更加激起代表们的愤怒。

当晚，罗章龙主持召开京汉铁路总工会执委会，他一方面强烈谴责吴佩孚的镇压政策，另一方面果断宣布，从2月4日起，京汉铁路全体工人一律罢工；同时执委会还决定，总工会迁往汉口江岸办公，并成立总罢工委员会，开展全路总同盟大罢工活动。

2月4日，京汉铁路沿线的工人们，积极响应京汉铁路总工会的罢工号召，为争自由而战，为争人权而战。从上午9点开始，先是中段罢工，紧接着，南段和北段也先后宣布罢工，在短短的3小时内，全路所有客货车车站工作人员等一律罢工，长达2000余里的京汉铁路线，完全瘫痪。

罢工爆发后，以反动军阀吴佩孚为首，萧耀南、曹锟、赵继贤等人，受英帝国主义的指使，开始谋划血腥镇压的计谋。

2月5日，反动军警在郑州逮捕了郑州铁路工会委员长高斌以及姜海世、刘文松、王宗培、钱能贵等人，以性命相威胁，要求他们宣布复工。高斌视死如归，宁死不从，被残忍的反动军阀施以酷刑，不久牺牲。

2月6日，驻扎在长辛店的反动军阀，出动军警将史文彬、吴汝铭等11名工会领袖抓捕。罗章龙得知消息后，当即赶赴长辛店，让工会秘书写下了"要求释放被捕工友""还我们的工友""还我们的自由"等大幅标语。在同情工人罢工运动的群众支持下，人们高举着标语、旗帜，将关押史文彬等人的火神庙包围，并同军警展开了激烈的搏斗。反动军警为镇压群众的革命活动，公然开枪射击，造成葛树贵等5名同志牺牲的惨烈后果。

2月7日，在帝国主义势力的支持下，吴佩孚调动军警在京汉铁路沿线血腥屠杀罢工工人，制造了震惊中外的二七惨案。京汉铁路总工会江岸分会委员长、共产党员林祥谦被捆绑在电线杆上，反动派强迫他下令复工，林祥谦宁死不屈，壮烈牺牲。前来参加京汉铁路总工会成立大会的京汉铁路工会法律顾问、共产党员施洋，随后也在武昌被杀害。施洋牺牲前，身中三弹仍引吭高呼"劳工万岁"。其余长辛店、郑州等站点也遭到反动军阀的残酷镇压。这次大罢工，共造成全路牺牲者52人；受伤者300余人；被捕入狱者40余人；被开除而流亡者1000余人。二七惨案发生后，各地的工会组织除广东、湖南外都被封闭，工人情绪一时趋于消沉，全国工人运动暂时转入低潮。

京汉铁路工人大罢工虽然失败了，但它是中国共产党独立领导的一次规模空前的工人大罢工运动，是中国工人运动第一次高潮的终点。在这次大罢工中，充分显示了工人阶级团结在一起的伟大力量，也有力地打击了帝国主义和反动军阀的高压统治。在工人斗争过程中，还密切了党与工人阶级之间的血肉联系，提高了党和工人阶级在全国人民中的政治威望。声势浩大、气壮山河的京汉铁路工人大罢工，在国际上也产生了较为深远的影响，世界各国人民从中看到了中国工人阶级力量的觉醒，大罢工的铁路工人们的英勇无畏的革命气概，更在中国工人运动史上留下了难以磨灭的印记。

革命星火点龙乡

濮阳南乐县的佛善村，是南乐县的大村庄之一，村子里有将近1万亩耕地，不过几乎全部被地主豪绅把控，群众大部分只得通过当佃户或从事雇工工作来养活一家老小。

一天，村子里一个名叫潘同的人和妹妹从外面要饭回来。当他们路过地主朱文灿家时，看到一枝伸到了墙外的榆树叶。潘同的妹妹实在是太饿了，她指了指那榆树叶，不停地咽着口水。

望着骨瘦如柴的小妹妹，于心不忍的潘同，便用打狗棍打下了几片榆树叶。小妹捡起树叶刚要吃，谁知被从外面回来的朱文灿看到了。坐着轿子的朱文灿，向他的手下使了一个眼色。那些狗腿子们便心领神会，怒气冲冲地跑过来呵斥道："你们这些穷鬼，竟敢来打我家老爷的主意，我看你俩是活得不耐烦了。"

说着几名狗腿子一拥而上，对潘同拳打脚踢。潘同被打倒在地，妹妹哭着上前想要保护哥哥，哪知朱文灿冷笑一声，一脚踢在了小姑娘的心窝上，可怜的小姑娘口吐鲜血，当场死亡。

吵闹打斗间，村民们纷纷围拢上来。本村村民吴书升义愤填膺，想要上前制止。几个狗腿子一拥而上，准备以多欺少殴打吴书升。幸好其他穷人刘峰、潘斌、吴思温、刘介法等也忍无可忍，上前助战。朱文灿见势不妙，才带着几个狗腿子悻悻地溜掉了。

吴书升看着死去的小姑娘，怒火中烧，富有正义感的他，串联了几位乡亲，告到了县里。但县官收了朱文灿的贿赂，不予理睬。嚣张的朱文灿得意扬扬地扬言："这帮穷鬼，口袋里没有一个大钱，还想告状，到死也不会告赢。"

这件事深深地刺痛了吴书升。他想：天下这么大，难道真就没穷人说理的地方吗？

当吴书升为这件事情生闷气的时候，在大名七师读书的共产党员刘大风和村民刘峰悄悄地来到吴书升的家里。在此之前，刘大风已经发展了刘峰为共产党员。

听着大家的血泪家史和苦难遭遇，望着一双双期盼的目光，刘大风的内心百感交集。他眼含泪水，深知眼前的这些穷汉子，一旦投入革命的大熔炉，经过千锤百炼，必能成为响当当的好"钢"。

吴书升对刘大风说："这阵子我一直在想，这世道难道真的没有咱穷人的活路了吗？我们该怎么办才好？"

刘峰接过话说："刘大风就是给我们出主意来了。"

刘大风拉吴书升坐下，说道："有办法，那就是'革命'。"

"革命？"

"对，革命是我们劳苦大众唯一的、真正的生路。大家想一想，地主老财并不会因为你'认命'了就不再欺负你，反而会更加凶狠；他们也不会因为你'拼命'就怕了你，要知道没有目标的胡拼、乱拼，是拼不出活路来的。"

望着众人期盼的目光，刘大风继续道："你们几个刚才也讲了自己的故事，有的闯过关东，有的去过山西，要过饭、打过铁、拉过洋车、干过零工，活没少干，路没少跑，苦没少吃，气没少生，结果呢？还是摆脱不了家破人亡的凄惨命运。"

潘斌悲愤地说："没错！难道我们穷人天生就该受穷吗？"

刘大风回答道："当然不是。这个世道就好像一个大铁笼子，我们穷人在里面东碰西撞，却一直找不到出路。"

吴书升急切地问："怎样才能出去呢？"

刘大风说："很简单，把这个大铁笼子砸个稀巴烂就行了。"

"对，必须砸烂这个铁笼子！"刘峰、潘斌、刘介法、吴思温、吴书升异口同声地说。

刘大风反问他们："要彻底砸烂这个大铁笼子，你们说一个人的力气行吗？"

"肯定不行。"

"那么靠全家人的力气行吗？"

"也不行。"

吴书升想了想，问道："一个村的人，或者几个村的人合起来干，不知道中不中？"

刘大风说："我想怕是也不中！"

刘介法追问道："究竟怎样才可以？"

刘大风回答说："其实也不难，只要咱们受穷苦的人们，万众一心，心往一处想，劲往一处使，血往一处流，就能彻底砸烂这个铁笼一般的旧世道！归根到底，需要我们全世界的无产者，联合起来！"

刘大风的话语，就像春风雨露，洒落在乡亲们的心窝。他们渴望改变这个欺负人的世道的愿望也越发强烈起来。但有一位乡亲迟疑地问道："将所有的穷人拧成一股绳，是不是太难了？"

刘大风点头回答说："想要将穷人拧成一股绳，就要将地主反动派手中的枪杆子夺过来，握在我们穷人的手里。"

刘大风一边说着，一边走到豆油灯前，拨亮油灯，而后从怀里捧出一个红色布包，庄重地放在桌子上，再小心翼翼地打开，对大家说："常言说，黑夜走路靠明灯，方向得靠北斗星。怎样申冤，怎样报仇，这里面都有好主意。"

大家望去，见红布里面放着一本小册子。刘大风轻轻地打开，上面"推翻地主武装，建立农民武装"12个用红笔圈着的大字，呈现在大家面前。

刘大风指着红色的大字，语气激动地对大家说："这是毛委员写的文章。"

"毛委员？"

"对！毛委员就是领着咱穷人打天下的。他说我们农民苦，那么究竟是谁在压迫农民？谁在剥削我们呢？是那些贪官污吏、土豪劣绅。他们为什么不劳动，却能喝酒、吃肉、穿绸缎呢？因为他们的手里有枪杆子、刀把子。想要推翻他们，我们穷人就必须团结起来，和他们作坚决的斗争。告诉大家一个好消息，如今咱们的毛委员，已经在湖南领导农民起义啦！那里的穷苦人，抓住了枪杆子，他们在共产党和毛委员的领导下，打土豪分田地，闹得可红火了。"

刘大风的话语，使乡亲们的眼睛里流露出向往和渴望的目光。刘大风的目光从众人的脸上一一扫过，继续说道："毛委员还说了，咱们农民主要斗争的目标，是那些土豪劣绅和不法地主，要一鼓作气将几千年来封建地主的特权打得落花流水，实现一切权力归农会的目标。毛委员鼓励我们说，现在我们虽然没有大枪大炮，但我们手中有大刀、有长矛，有成千上万的劳苦大众可以依靠。"

在座几个人聚精会神地听着。桌子上跳跃的灯光，照射着"毛委员"的书，映得满屋通红。坐在刘大风对面的吴书升，此时张大嘴认真倾听着，生怕漏掉一个字，已经装满烟叶的旱烟锅也忘记了点火。紧挨刘大风坐着的刘峰，也下意识地将身子向刘大风靠近。平时活泼好动的潘斌，此时也安安静静地坐着，刘大风的话语，像磁石一样将他深深吸引住了。

刘介法激动地说："毛委员说得太好了，我们穷人想要有饭吃，吃饱饭，就必须打倒地主老财。现在有咱们的毛委员在前面给大家领路，咱们穷人有救了。"

吴书升高兴地站起身，上前紧紧握住刘大风的双手说："大风哥，你就领着我们干吧！咱们跟着毛委员，拿起刀枪打天下，俺吴书升不管是上刀山，还是下火海，决不后退半步！"

"干革命，决不后退半步！"这些饱经苦难的乡亲，仿佛暗夜之中遇到了明灯一般的行路人，他们的激情被瞬间点燃，异口同声地响应着吴书升的话语。

刘大风看着大家，打心眼里高兴。他叮咛道："乡亲们，要和地主土豪斗，那可是将脑袋拴在裤腰带上的事，危险得很！大家怕不怕？"

吴书升拍着胸口，响亮地回答说："只要咱穷人能过上好日子，俺跟定毛委员，绝不会怕！"

其他几个人也一起说道："只要能推翻这不平等的世道，我们跟着共产党，跟着毛委员，不怕死、不怕难，大风哥，你只管领着我们干吧！"

刘大风满心喜悦地鼓励道："太好了，只要咱们穷人心往一处想，劲往一处使，就一定能把地主土豪推翻。"

"怎么干？你就说吧！"吴书升攥紧拳头说。

刘大风说："我还需要去外地联络更多的穷人起来闹革命，这里的工作由刘峰负责，他是我在这里发展的第一个共产党员。"

"大风哥，我们也想成为共产党员，我们铁了心跟随共产党。"

"是啊，大风哥，我们都想加入中国共产党！"其他几个人也迫不及待地说。

刘大风十分激动，再次和大家一一握手。随后他从包里掏出一面中国共产党党旗，在他的带领下，吴书升、吴思温、刘介法、潘斌在党旗下举起拳头进行了庄严宣誓。

宣誓结束后，刘大风说："今后我们都是党的人了，咱们就建立一个党支部，支部书记由刘峰担任。同志们，咱们这个党支部可是革命的星火，我相信星星之火一定可以燎原的！"

这个党支部，就是1927年4月成立的中共佛善村党支部。它是濮阳地区第一个党支部，标志着共产党的种子开始在濮阳大地生根、开花、结果。它的成立，唤起了群众觉悟，发展壮大了党组织，推动了濮阳地区早期农民运动的蓬勃发展，为后来大规模革命斗争奠定了思想和组织基础。而推动建立中共佛善村党支部的刘大风，是豫北地区党的早期重要领导人之一，抗日战争时期曾任中共直南临时特委书记，因反对杀害濮阳地方优秀领导干部李素若等人，被停止党籍。后来被恢复党籍后，他以"安心工作，久而自明"自勉，改名"安明"。新中国成立后他担任中共广东省监察委员会副书记，1986年逝世，当时党和国家领导人叶剑英、杨尚昆等为他敬献了花圈。

中共佛善村党支部旧址

铮铮铁汉程儒香

1927年，湖北黄安爆发的黄麻起义，打响了鄂豫皖地区武装反抗国民党反动派的第一枪。黄麻起义中，有一位共产党员，第一个将红旗插上黄安县城楼；白色恐怖时期，又是他坚守在家乡领导劳苦大众开展革命斗争。最终，他义无反顾舍生取义，谱就了一曲英雄的赞歌。

他，就是鄂豫皖地区革命烈士程儒香。

程儒香，1898年出生于河南省新县箭厂河乡程湾一个贫苦农民家庭。他从小聪明机智，性格豪爽，精明干练又胆识过人。他和小伙伴们一起玩耍、打柴、放牛，经常被推举为"司令"，深受小伙伴们的拥护。1926年，在中国共产党的领导下，箭河地区的革命运动蓬勃发展，程儒香接受了革命思想，开始参加革命。很快，他就成为箭河地区农民运动的骨干，并光荣地加入中国共产党。

1927年，由于国民党反动派的疯狂反扑，解放21天的黄安县城再陷敌手，程儒香不幸被捕。被捕后，程儒香遭到敌人的威逼利诱与严刑拷打。当地的清乡团团长更是对程儒香进行了惨绝人寰的折磨。

这个清乡团团长叫方晓亭，他心狠手辣，横行乡里，无恶不作，是当地的大恶霸，一个杀人不眨眼的刽子手。农民运动的开展让他再也不能像以前那样骑在人民头上作威作福，因此，他对农民运动恨之入骨。

在审讯程儒香时，方晓亭手拿皮鞭，气急败坏地狂叫道："程儒香！去年你带领自卫军分了我的粮，打死了我的哥哥，还要抓我！想不到今天你落到我的手里，我要叫你尝尝我的厉害。现在，摆在你面前有两条路，想死想活由你挑。只要你把村子里的共产党员和自卫军名单交出来，我方某宽大为怀，给你一条活路。否则，可别怪我不客气。"

面对张牙舞爪的恶魔，程儒香轻蔑地笑了笑，对他说："方晓亭！过去我没有除掉你这个恶霸，今天要杀要剐随你的便，我没有别的话好说。共产党员、农民自卫军多得很，想叫我说出来，没门儿！"

方晓亭听了，狞笑着说："想不到你这样不识抬举！我方某人的好心好意，你却当成了驴肝肺。不叫你受受罪，吃点苦头，你就不晓得我方某人的厉害。杀你，太便宜你了，我要慢慢地零刀碎剐你！"说着，一刀割下了程儒香的左耳朵。接着又叫那些狗腿子们棍打鞭抽，把程儒香打得遍体鳞伤，血肉模糊，妄图使他屈服。

程儒香从地上挣扎着站起来，用手擦了擦嘴边的鲜血，昂首挺胸，怒目圆睁，犀利的目光好像两把利剑直刺方晓亭。方晓亭心里发虚吓得连连后退。程儒香指着方晓亭，愤恨地骂道："方晓亭，你这个恶棍！革命不怕死，怕死不革命。想用这一手，让我交出共产党和自卫队，瞎了你的狗眼！"

严刑拷打，敌人终没能得到任何口供。方晓亭见硬的不行，便来软的。他们采用"劝供"的奸计，妄图使程儒香开口。先是让一些地主豪绅设宴款待他，并以高官厚禄诱惑他，但这些人都被程儒香骂得狗血淋头，狼狈而去。后来，敌人又抓来程儒香的母亲，让她去劝说儿子。程儒香见母亲被抓来，心里愧疚不已。没等母亲开口，他就对母亲说："妈，不要伤心，革命总要有流血牺牲的，我死后，党会照顾你的，告诉焕先他们，我不会叛党的，叫他们为我报仇。"母亲见他被打得伤痕累累，早已泣不成声。但她知道儿子革命的决心，安慰了儿子几句就默默地离开了。

敌人用尽了手段，仍未能使程儒香屈服。为了恫吓人民，扑灭革命的火焰，敌人又使出最后一招，要对程儒香进行"公开审讯"。清晨，敌人疯狂地驱赶邻村的百姓到一个稻场观看对程儒香的"公开审讯"。

程儒香毫不畏惧，站在稻场中央。敌人的皮鞭雨点般抽打在他的脸上、身上，鲜血染红了脚下的土地，但他仍一声不吭，怒视着敌人。接着，便是压杠子、坐老虎凳、灌辣椒水、钉竹签等十余种酷刑，程儒香一次次昏厥过去。每当程儒香昏厥后，方晓亭就对周围的农民狂叫道："这就是共产党员的下场，谁跟我方某作对，就像他一样！"

程儒香一次又一次被敌人用凉水泼醒，他忍着剧痛，不断控诉方晓亭烧杀掳掠、草菅人命、压迫人民的种种罪行，号召受苦人民团结起来和方晓亭斗争到底。他拼尽全力激昂地说："乡亲们！方晓亭是个恶霸，他骑在我们头上作威作福，我们只有跟共产党闹革命，打倒方晓亭，才有活路。乡亲们，共产党员是杀不完的！自卫军是杀不完的！别看方晓亭现在凶狠一时，他的末日就要来临了，最后的胜利一定是我们的！"

乡亲们听了程儒香的控诉和号召，个个攥紧铁拳，横眉怒目。敌人见状，感到继续这样下去只会使事情越来越糟，于是就慌忙结束了这场所谓的"公开审讯"。

接着，又是一连7天的拷问逼供。程儒香的身体虽然越来越糟糕，但他的意志却越来越坚强，敌人毫无办法。

在一个寒风凛冽的大雪天，程儒香被拖到箭厂河吴氏祠堂大门外，一阵毒打后，又被敌人用四根铁耙齿拉开四肢钉在青砖墙壁上。殷红的鲜血汩汩流淌，钻心的疼痛，使程儒香身上滚下无数豆大的汗珠。但是坚强的程儒香没有流一滴眼泪，一声都没吭，他一次次昏厥过去，又一次次被刺骨的寒风冻醒。

程儒香以惊人的毅力同敌人斗争。有时，他看见有敌人走过来，就大声痛斥敌人。敌人气急败坏，干脆把他的上眼睑割下遮住眼珠，不让他见人。但他一听到有人走过来就破口大骂，敌人无计可施，又凶残地割下他的舌头。

乡亲们想尽办法营救程儒香，无奈敌人重兵把守，几次营救都失败了。母亲来给他送饭，见到儿子被折磨成这个样子，泪如泉涌，失声痛哭。程儒香面对母亲，心中虽有千言万语，无奈被割去舌头，张口说不出话来，无法劝慰母亲。但他用坚定的神色告诉母亲：我一定经得起考验，保守党的秘密，死也不叛党，永远做一名党的忠诚战士。

敌人的伎俩用完了，仍没能使程儒香屈服。恼羞成怒的敌人把程儒香拉到村外，钉在一棵木梓树上，并不准他母亲和乡亲们再去给他送饭。一天，两天……程儒香在饥饿和寒冷中壮烈地牺牲了，时年30岁。

程儒香烈士之墓

后来，人们在英雄牺牲的地方，为这位铁骨铮铮的共产主义战士立下了一块纪念碑。新中国成立后，党和政府将程儒香烈士的英雄事迹陈列在鄂豫皖苏区首府革命烈士陵园。

岁月如梭，烈士的形象仿佛鲜活如初；冬去春来，烈士的精神依然荡气回肠！程儒香的铮铮铁骨和大义凛然，在大别山区谱写了一曲不朽的英雄赞歌。

河南第一支红军队伍

位于大别山北麓的商城，是豫东南的门户，"山高可以防御，谷深可以藏兵"，为中州巨镇，系东进合肥南下武汉咽喉所在，自古以来便是争雄江淮、逐鹿中原的战略要地。在这片红色的土地上，演绎着无数革命传奇故事。1929年，鄂豫皖边区三大起义之一的商城起义在这里爆发，一夜之间起义的烽火燃遍商南，胜利的捷报传遍大别山。由于起义的地点集中在商城南部，所以也称为商南起义，又由于时为农历立夏节气，所以又称为"立夏节起义"。起义胜利后，组建了河南的第一支红军队伍——红三十二师。

1929年5月4日，在丁家埠民团练兵场上，一位身材魁梧的年轻军人，正指挥着30多名团丁操练。这名充满正气感的军人，就是1928年夏初，奉中共商南区委派遣，打入民团并当上教练兼第四班班长的共产党员周维炯。

操练进行中，远方突然传来几声急促的呼唤："周班长！周班长！"随着话音，一个人匆匆赶来。来人走近后，周维炯

商城起义、赤城县苏维埃成立展览馆旧址

看清楚对方是自己的一个结拜"兄弟"，于是急忙迎了上去。

简单寒暄后，周维炯单刀直入地询问道："老弟，这么早来这里，有什么要紧事吗？"

来人回答说："昨天夜里，我去大哥'家'，'伯母突然生病'，要我今天赶早来找你回去，看看怎么办？"周维炯听了之后，当即明白这是中共商（城）罗（山）麻（城）边区特别委员会，要在平头山穿石庙召开紧急会议的联络暗号。他心领神会地告诉对方："这样，你赶快回去，告诉'母亲'说我上午一定回去，不必着急！"

操练结束后，周维炯返回住处，随后向队长吴承格、队副张瑞生告假。两人没有怀疑，还关心地安慰他说："周班长，令堂贵体有恙，你赶快回去请名医诊治，并代我俩请安！"

早饭后，周维炯从住处出发，向上楼房方向走去。当离丁家埠已是很远时，他警惕地回头观望，仔细查看后确定无人盯梢，便快速地折转方向，沿着山径小路，直奔平头山穿石庙。

周维炯到达会议地点时，参加会议的同志都已到齐，区委负责人宣布开会。会议主持人开门见山，提出研究发动武装暴动起义的事宜。党组织之所以把商城作为起义的地点，是因为商城南部位于鄂豫皖三省交界处，没有国民党正规军队驻扎，敌人统治力量相对薄弱，反动民团虽然为数不少，但相互之间矛盾很多，可为我利用，暴动容易取得成功。同时这里山高林密，地形复杂，起义后易于立足，便于实现武装割据。

大家经过商议后认为：敌人四处杀害我们的同志，不遗余力地破坏农民运动，原定的商城起义时间等不及了，应抓住有利时机，尽早发动，出其不意，攻其不备，克敌制胜。

会议最后决定5月6日，即农历三月二十七日，"立夏节"的夜晚，以驻丁家埠民团分队为主力，举行商南总暴动，随即成立总指挥部，确定了联络暗号。

周维炯分工负责军事行动，具体领导驻丁家埠民团分队起义。丁家埠民团分队，是商南民团的主力，团防局也安置在这里，团总杨晋阶亦常在此居住。

开完会后，周维炯在返回驻地的途中，细细思考着起义的细节问题。他深知指挥上一旦出现任何的疏忽和失误，都会导致起义的失败，绝不能粗心大意，掉以轻心。

到达驻地后，他立即秘密召集民团中7名共产党员和农民中的4名共产党员，在后山腊石台松树林召开党支部会，传达会议决定和他的设想。经过众人商议，制定了起义方案：趁着"立夏节"这天聚餐的大好机会，掌握警戒，将张瑞生以及一些不可靠的团丁灌醉，以收缴他们的枪支弹药，最后宣布起义。

大家又对细节进行了一番推敲，确定了具体的行动步骤和人员分工。

"立夏节"这天，正巧轮到周维炯值班。早饭后，周维炯集合团丁们训话："弟兄们！今天是'立夏节'，队长、队副要我们打扫整理卫生，切记枪支弹药要放在一起，不准乱放……"

在周维炯的指挥下，团丁们纷纷行动起来，按照他的要求，将枪支弹药整整齐齐地挂在正屋墙上。团丁们高高兴兴地准备迎接过节，被蒙在鼓里的他们其实不知道，这样的安排，实际上是周维炯为了起义时，方便控制枪支弹药想出来的办法。

天黑后，在周维炯的安排下，集合团丁就宴。田继美（中共党员）按照周维炯事先的安排，故意去厕所方便，拖延时间。等他出来后，周维炯假装生气地责问道："田继美！弟兄们等着过节，你却故意耽误时间，现在就罚你去站三根香的岗！"

田继美故作不满地站岗去了。这其实是周维炯为了在起义时控制大门哨，故意在团丁们面前上演的一场"周瑜打黄盖"的"苦肉戏"。

酒宴开始，共产党员们不动声色，分布于各桌席之间。

周维炯举杯起立，大声提议道："弟兄们！今天过节，我们都要挨个向两位队座敬酒。"周维炯敬酒之后，团丁们依次排着长队，挨个向队长、队副敬酒。

反动队副张瑞生仗着他的酒量大，划拳划得好，兴致高昂的他，竟然提出猜拳喝酒的要求。我们的同志也顺水推舟，纷纷同张瑞生猜拳，没过多久，张瑞生就酩酊大醉，不省人事。其他团丁也喝得东倒西歪，烂醉如泥。

周维炯看见时机成熟了，大喊一声："动手！"同志们早已按捺不住，上前迅速取下墙上挂的枪支弹药，并把张瑞生结结实实地捆了起来。

与此同时，外面接应的党员也赶到了，团丁严运生（中共党员）朝天空打了几枪，高声喊着："共产党来了！"

那些团丁们一听，醉意全无，慌作一团。周维炯沉着冷静地大声说道："弟兄们！不要怕，我们就是共产党。共产党是为穷人打天下的，你们都是穷人，都是为了生计被迫来当兵的。愿意跟共产党干革命闹翻身的留下，我们热烈欢迎；不愿干想回家的，我们也不勉强。"

周维炯的话，让这些大多被骗来当兵的团丁们安静了下来，加上平日周维炯待人和蔼，平易近人，很受团丁们的尊敬和爱戴，因此听周维炯说了事情的原委后，团丁们纷纷表示愿意留下，跟周维炯一起闹革命。

当即，周维炯宣布武装起义胜利。一夜之间，斑竹园、吴家店、竹叶庵、白沙河、禅堂、南溪、李家集等地的起义和暴动都取得了胜利。

接着，各地起义队伍会师于斑竹园，成立中国工农红军第十一军三十二师，周维炯任师长，这是河南建立的第一支红军队伍。从此，豫东南地区人民进入了以土地革命为中心的武装斗争的新阶段，创建了豫东南革命根据地，为鄂豫皖革命根据地的建立奠定了坚实的基础。周维炯此后又历任红军第一军第二师师长、第三师师长，是鄂豫皖革命根据地战功卓著的红军将领之一。后被张国焘以"反革命""改组派""AB团"等莫须有罪名逮捕，临刑前，周维炯誓死不跪下，被一刀砍死，年仅23岁。

商城人民为庆祝起义胜利和红三十二师的建立，特编了两首民歌，流传至今。一首为：

三月二十七（农历），

维炯定巧计，

"火神庙"里摆宴席，

民团起了义，

哎哟哟，红军来建立！

另一首为：

大别山区峰连峰，

出个英雄周维炯，

打入民团搞暴动，

哎哟哟，闹得满天红！

詹谷堂：试看遍地红花

清朝末年，河南商城县出了一名秀才，名叫詹谷堂。22岁那年，詹谷堂在家乡设馆教书，招收了不少学生。每天上午，学堂里传出琅琅读书声。门前有棵大柳树，詹谷堂坐在树下，手摇折扇，学生挨个找他背书，背会了便可以放学。

詹谷堂

詹谷堂是个有趣的人，他教书别具一格，不但讲"四书""五经"，还推崇新学，讲一些爱国的道理。但他脾气不太好，有些穷人家的孩子缴不起学费，想要退学，他拉长了脸找上家门，把家长训斥一通。"有钱的读书，没钱的也要读书。"詹先生对于困难的学生优惠，有的实在缴不起学费，也可以免费到学馆里读书。

詹谷堂还收了几个女学生，这在当时是极为少见的。詹谷堂自有他的道理："男娃可以读书，女娃为什么不能？不让女娃读书，就出不了蔡文姬，也出不了李清照。"

詹谷堂虽然是个秀才，但生性爱打抱不平，经常得罪人。有一年除夕，一个农民交不起租金，被地主拖到河里灌冷水。詹谷堂看见了，上前拽住地主，摔了他一个大跟头。帮人帮到底，他看农民可怜，返回家中，取出仅有的10串钱替他交了租金。

有一次他教学生作文，作了"庶民救国"的眉批。学生家长看到了，怕他误导学生，到学馆找他理论。詹谷堂非但不认错，反而横眉竖目，斥责家长思想落后，不思进取。这个家长一气之下，让学生退学了。詹谷堂捶胸顿足："中国之所以落后，就是因为有你们这些鼠目寸光的人！"

穷人免收学费，他又不断地得罪人，学馆越来越难以维持。

詹谷堂31岁那年秋天，固始县办了一座小学，请他去做教师。这是一所全日制公立学校，学生大都年长，学校有不少思想进步的师生。詹谷堂在这里认识了不少志趣相投的朋友，大家经常在一起交流思想，抒发"庶民救国"的理想和抱负。

五四运动爆发后，中国四处燃起了革命的火种。詹谷堂不甘落后，积极接受新文化思想和马克思主义学说。他与另一位教员曾静华倡议成立"读书会"，吸收思想进步的师生参加。"读书会"由最初的几人迅速发展至百余人，詹谷堂被推举为主持人。

詹谷堂有一个朋友，名叫林伯襄，是当地的一位开明绅士。詹谷堂在林伯襄那里读了进步刊物《新青年》，他被深深地吸引了，如获至宝。通过那些文章，他看到了光明，内心世界被瞬间照亮了。他把书借回去，拿到"读书会"传阅。

詹谷堂在"读书会"上宣传革命理论与新文化思想。一次讲到军阀混战、人民苦难时，他激情澎湃，写诗一首："茫茫四海起战争，苍生何日庆太平？大江一片狂浪起，斩尽妖魔济众生。"

1924年詹谷堂加入中国共产党。学校共有5名共产党员，詹谷堂被选为党小组组长。在"读书会"的掩护下，接着又发展了几名党员，小组改为特别支部，詹谷堂任特支书记。他带领进步师生进行社会调查，宣传耕者有其田、男女平等、穷人要翻身、破除迷信等思想。

詹谷堂回到家乡南溪后，以南溪为中心开展活动。他到附近的笔架山活动，担任明强小学校长，后又在詹氏祠创办商城县第二模范小学，培养积极分子，发展党员，并深入农村，组织农民协会，打土豪、斗劣绅，开展抗租和抗捐斗争。在詹谷堂的组织和发动下，农民进行了"春荒斗争"和"均粮斗争"。同时，詹谷堂还领导胭脂坳、大埠口、白沙河等地的农民，开仓分了地主豪绅的粮食。

革命不是纸上谈兵，必须有实际行动。拿得起笔杆子，也要拿得起枪杆子。詹谷堂是敢想敢干的人。他一直盼望着，有一天能建立穷苦人自己的政权。经过长期的革命活动，詹谷堂看到群众觉悟提高，热情高涨，起义的时机已然成熟。

1929年商（城）南起义前夕，詹谷堂秘密奔走于太平山和各暴动点，安排起义事宜。5月6日晚上，他与袁汉铭等共产党员带领起义农民和进步师生200多人，于南溪街火神庙集合，宣布起义，成立赤卫军。5月7日，丁家埠、汤家汇起义农民在周维炯带领下来到南溪彭氏祠，共2000余人参加庆祝大会。会议由詹谷堂主持。他亲自撰写一副对联，贴于火神庙大门两侧：

"红军初暴动，应教普天赤化；政权新建立，试看遍地红花。"

接着与起义武装一起会师斑竹园，参与组建中国工农红军第十一军三十二师，并经常随军活动，组建赤卫队，扩充红军，建立苏维埃政权。

商南起义打响后，遭到了敌人的大规模反扑。商城县民团团长顾敬之纠集大批匪军向商南进攻。红军奋战数日，多次打退敌人进攻，终因敌我力量悬殊，被迫向鄂豫边区转移。詹谷堂因身体有病，上级组织让他留在地方坚持战斗。他与袁成义、袁大洪等分别回到各自家乡进行活动。因坏人告密，詹谷堂在葛藤山獐子岩猴儿洞被捕，当天即被押往顾敬之民团团部。他将审讯室变作宣传革命真理、揭露敌人罪行的讲坛，虽经受各种酷刑，仍坚贞不屈，狱中难友被其深深感动。当地群众冒着危险为詹谷堂送饭送衣，并想方设法营救保释他，均没有成功。

詹谷堂被捕，顾敬之欣喜若狂，说共产党头子抓住了，全部共匪快瓦解了。他亲自对詹谷堂进行了审问：

"你就是詹谷堂吗？"

"既然知道，何必废话！"

"你读圣贤书，为什么要干共产党？"

"为了消灭你们这些吃人的野兽！"

顾敬之气得暴跳如雷，嚎叫道："打，给我狠狠地打！"一时皮鞭、木棍雨点般落在詹谷堂身上，詹谷堂当即昏死过去。醒来后，顾敬之又问："难道你不怕死？"

詹谷堂大义凛然地说："我死了没关系，种子已播下，遍地就要开花。"

顾敬之气急败坏地问："你说共产党有多少，在哪里？"

詹谷堂坚定地回答："多得很！天上有多少星，地上就有多少共产党。"

顾敬之急促地说："你说说名字。"

詹谷堂面带微笑地说："名字？有一人。"

顾敬之忙问："谁？"

詹谷堂大声说道："詹谷堂！"

敌人的审讯一次次失败，便用各种酷刑摧残他，香火烤、烙铁烙、尿水灌……把詹谷堂折磨得死去活来，还数次拉他去陪斩。每次审讯，詹谷堂都拼力高喊：共产党万岁！8月14日晚上，詹谷堂又一次被敌人拖去审讯并遭受毒打，当被拖回牢房后，詹谷堂挣扎着，蘸着伤口流出的鲜血在墙上写下了"共产党万岁"后便壮烈牺牲了。

詹谷堂牺牲的当晚，根据地群众冒着生命危险，含泪将烈士的遗体送回家乡葛藤山安葬。

王霁初与八月桂花遍地开

　　1929年12月25日，在河南的商城县城，一派热闹喜庆的样子，家家户户挂着红旗，人人系着彩带。得知红军三十二师智取了商城，老百姓们欣喜若狂，纷纷奔走相告，表达着对红军的热烈欢迎。

　　商城的大街小巷，到处传唱着这样一首歌："八月桂花遍地开，鲜红的旗帜竖呀竖起来。张灯又结彩呀啊……"熟悉的曲调，欢快的节奏，歌声迅速传遍了县城的角角落落。

　　这首脍炙人口的歌名叫《八月桂花遍地开》，是由商城双河戏班子的王霁初与商城文艺界的名人张锦创作的。

　　原来，红军进入商城以后，准备建立县苏维埃政府，大家都希望能编首歌曲，增加一些欢庆的气氛。大家知道王霁初有深厚的音乐功底，在动员他参加了革命后，就把编歌的任务交给了他。看到红军如此受老百姓爱戴，王霁初欣然接受了任务。

　　王霁初在商城小有名气。之前，他把从家里分到的40石稞全部卖了，置办一些行头，成立了商城第一个比较正规的戏班子。这在当时轰动了整个商城县城，人们为此编了一个诙谐的歇后语："王霁初卖稞——玩戏。"

王霁初对戏的痴迷，还得从他小时候说起。1893年12月28日，王霁初出生在商城一个富裕的家庭。从小父母就将他送到私塾读书，王霁初对中国古代文学产生了浓厚的兴趣。一段文章，先生教过之后，他只念一遍便倒背如流。家人带他去戏班子看戏，他竟不知不觉地爱上了音乐，小小年纪，非要家人买来各种乐器供他练习。

后来，他南开中学毕业后，曾几次跑到东北他伯父那里报考大学，但终因数学基础不好而未被录取。此时日本人已侵入了东北三省。王霁初具有强烈的爱国心，经常写诗作文，寄托他对民族危亡的无限感慨。

王霁初回到家乡，不久便与柏氏姑娘成了亲。婚后，他就开始学唱京戏。很快，《空城计》《追韩信》《马前泼水》等剧目，他都能熟练演唱。

后来，王霁初对戏曲的热爱渐渐到了发"痴"的地步。上桌吃饭时，也要嘴打锣鼓点，走着台步，"叭——嗒——嗒——呛"！"呛"字一出口，屁股恰好坐在椅子上，准确合拍。有一年冬天，连下了几天大雪，他不慎滑倒在院子里，摔得并不重，本可以马上爬起来，然而他却把眼闭上，慢悠悠地唱了起来："昏沉沉，如在梦，不晓得南北和西东……"直到唱完一段，他才从地上起来。

王霁初的大伯父王理堂曾在东北海城县当过县令，膝下无子，曾想把王霁初过继为子，就把他招去东北，准备让他走仕途光宗耀祖。谁知王霁初无意于仕途，很快就从东北返回家乡成立了戏班子。

虽说王霁初的音乐底蕴深厚，一肚子民歌民曲，可是，要为红军编出一首好的革命歌曲，他一时还没把握。王霁初决定去找自己的老师，听听他的意见。

这个被王霁初称作"老师"的老人，正是被人称为"张锦嗓子"的张锦，当时也是商城文艺界的名人。他精通音律，酷爱戏曲，唱得一口好戏。张锦了解到王霁初的来意后，对他说："霁初，你还记得去年中秋节，我们去城外采桂花时听到的一首歌吗？"

王霁初马上想起了去年中秋节，他和张锦从县城南关路过时，看见一个长得挺秀气的小女孩在卖唱。女孩眼睛炯炯有神，张嘴一唱，字正腔圆，好像山泉流过溪谷，着实让两位内行吃了一惊。

那曲子他俩都很熟悉，名叫《八段锦》。想到这里，王霁初一拍桌子，说道："对，这个调了好。""我们就用《八段锦》的调子填上新词，来歌颂苏维埃！"于是二人边哼边唱边填词，歌词的雏形马上就出来了。

歌词写好后，王霁初和红三十二师师长周维炯、县苏维埃文化委员会主任吴靖宇等人又对歌词进行了反复推敲。歌名按照副师长漆德玮的意见，就叫《八月桂花遍地开》。于是，一首红色经典歌曲就诞生了。

《八月桂花遍地开》以革命乐观主义的激情、优美的旋律，生动形象地再现了当年红军打下商城、成立苏维埃政权的喜庆场面。歌曲采用商城民歌《八段锦》的调子，又用当地民歌的唱法，人们非常熟悉，一听就会。很快，歌声从大街飞到小巷，迅速传遍了整个鄂豫皖边区。

"八月桂花遍地开"雕塑

　　商城县苏维埃政府建立后，认为开辟巩固根据地，不能没有一个宣传队伍，更何况商城是一个歌舞之乡，于是决定成立一个剧团。县文化委员会的同志抓紧筹备，招收青年男女参加剧团。这时，王霁初就把自己原来开戏班子的全部行当捐献了出来。1930年春，红日剧团正式成立，王霁初任团长。

　　从此，红日剧团在王霁初的指导下，严格训练，表演能力逐渐提高。演戏的脚本、歌舞词曲都是剧团自己创作，其中有不少是改编的传统曲调，增加了新内容。王霁初有着丰厚的艺术功底，所编节目，独具风格，悦耳易唱，优美感人，使人既能受教育，又有一种美的享受。那时剧团有大幕，还有一架风琴，王霁初总是一边踏着风琴，一边指挥演员演唱，并且还拉大幕，当报幕员。城里乡下的群众，没有不熟悉他的，只要他一露面，台下立即就会爆发出阵阵掌声和欢笑声。

　　他们自编自演的节目很多，其中有《八月桂花遍地开》《打商城》《送郎当红军》等。红军的战斗和苏区人民生活斗争中一桩桩感人的事件，他们都能够信手拈来，编为演唱的曲目。

1930年3月，红三十二师和赤城县委、县苏维埃政府撤进南部山区，城里随军撤走的有好几百人。有个别人受不了山里的艰苦生活，暗地劝王霁初一块回家经营产业。王霁初断然拒绝，决心留下来继续革命。

在红色根据地，王霁初带领剧团四处奔走，跋山涉水，风餐露宿，为苏区人民演出。红军打了胜仗、区乡成立苏维埃、欢送子弟兵参军、土地革命等，他们都要去慰问演出。有时要冒着枪林弹雨冲过封锁线甚至要经过白区，王霁初和演员们毫不畏惧，勇敢机智地与敌人斗争。红日剧团的足迹，几乎踏遍了整个鄂豫皖苏区。剧团不但演出，而且走到哪里，就把革命歌曲教到哪里。当时整个苏区群众，大人小孩都自觉不自觉地学唱革命歌曲，开会唱，走路唱，在田里干活也唱。

1931年8月18日，皖西特委在向党中央报告中说："商城红日剧团有经常的演出和按期的演习，成绩尚好。"充分肯定了红日剧团的成绩和作用。秋后，皖西北特委领导来商城看过红日剧团的演出后，和赤城县委协商，将红日剧团调到特委，王霁初继续任团长。

革命队伍中的熏陶，使王霁初逐渐锻炼成长为一名坚强的文化战士。王霁初原本出生在富裕家庭，参加革命后，红军的生活极为艰苦，但他始终能和士兵们一起同甘共苦。尽管他病魔缠身，也从没要求组织上进行特殊照顾过。

1932年10月，红四方面军在第四次反"围剿"失败后，进行战略转移。王霁初跟随主力部队到了四川。然而，怎么也没想到，这次离开竟成了诀别。

红军入川后，在一次战斗中，已冲过封锁线的王霁初发现装材料的文件袋丢了，便执意返回去寻找，任凭战友怎么劝都无济于事。他说："那里面装的可全是歌词歌谱，还有戏本，这可是我一辈子的心血，是我的命，也是党的财富，我必须找到……"因为寻找文件袋，王霁初献出了宝贵的生命。

这首诞生于大别山的革命歌曲《八月桂花遍地开》，伴随着苏维埃运动，经过长征，响遍全国，永唱不衰，人们也永远铭记住了王霁初这个闪光的名字。

前仆后继的四任县委书记

永城是革命老区，众多革命先驱抛头颅洒热血，前仆后继，英勇献身，为民族解放事业作出了重大贡献。其中，永城连续四任县委书记，为中共党组织建设和民族解放事业先后牺牲，谱写了一曲曲名垂青史的英雄赞歌。

一

蒋一峰是永城县第一任县委书记。

蒋一峰出生于永城市蒋东口村的一个农民家庭。上学期间，他就对《新青年》《向导》等进步书刊产生了浓厚的兴趣，想从中找到救国救民的良策。

1925年，在开封声援上海五卅惨案运动中，蒋一峰被推选为代表，参加开封学生勇闯河南督军府的行动。由于他在斗争

蒋一峰画像

中表现出色，被学校组织接收为共产党员。第二年冬天，在广州黄埔军校学习的蒋一峰被派回永城发动群众，迎接北伐军。蒋一峰为了便于联络，重操旧业，开起织洋袜子铺，秘密开展革命活动。

1926年秋天，北伐军攻占武汉。消息传来，永城各区的农民自卫军，犹如雨后春笋破土而出。蒋一峰不顾劳累，奔走各区，对农民自卫军的战士们进行思想政治教育。此时，中共豫区委派张海峰、周禾立也来到永城，协助开展农民运动。蒋一峰为袭取亳州做着各项准备工作。他筹集了80块大洋购买红布、白布，赶做攻城时使用的袖章和旗帜。

1927年5月，蒋一峰按照事先制订的行动方案潜入亳州城内，准备里应外合。然而第二天，不足千人的农民自卫军，拿着长矛铁锹，面对洋枪洋炮的守城军队不敢进攻，随即自行解散。

这次暴动的流产，让蒋一峰寝食难安。他反复思考，总结经验，发现发动农民革命必须要和农民的切身利益结合起来。经过新一轮宣传发动，广大农民群众和自卫军指战员情绪高涨，在全县迅速重新点燃起农民运动的烈火。

5月23日，蒋一峰指挥各路农民自卫军，高呼"减免烟税"的口号，浩浩荡荡地向县城汇集。反动县长腾云龙及县政府其他人员如丧家之犬纷纷逃散。农民自卫军进城后，宣布成立永城县治安委员会。然而，在地方反动武装的反扑下，永城县这一新生的红色政权于6月初就很快被镇压了。

1928年3月，中共河南省委任命蒋一峰为中共永城县委书记。蒋一峰不辞辛苦深入到农村，宣传革命道理，发展党的组织，相继建立了中共练土楼总支和芒山、薛湖、谢阁等党支部，革命运动又蓬勃发展起来。

蒋一峰的革命活动引起了地方劣绅的恐惧与不满，1928年10月，蒋一峰不幸被捕。他对探监的妻子王小哲说："我蹲监坐牢不丢人，就是杀了头谁也不会说我是坏人。你在家照顾好两个孩子。"王小哲含泪连连点头。最终敌人因找不到证据，不得不将他释放。

1929年9月，蒋一峰获释后，面对中共党组织陷于瘫痪状态的严峻形势，他深知任务的艰巨。父亲看儿子被折磨得伤痕累累，不禁老泪纵横，劝他去外地谋生。蒋一峰果断答道："革命的烈火是扑不灭的，儿一天不死，就要继续带领大伙干革命。"经过一段时间艰苦努力，他在农村重建了中共芒山、薛湖和二区区委，全县党员发展到300人左右。

1931年2月，蒋一峰又一次被捕。敌人再三引诱逼供，他置生死于度外，积极进行狱中斗争，始终宁死不屈。3月22日深夜，蒋一峰和来学照等9名共产党人，戴着脚镣手铐，被押到开封西门外刑场，他们昂首挺胸，高唱着《国际歌》，在一阵枪声中从容就义。

二

乔庆寰是永城县第二任县委书记。

乔庆寰出生在江苏省邳县土山乡乔庄村一个世代务农的贫苦农民家庭。1923年秋，从海州师范学校毕业的乔庆寰在包庄小学任教，1928年春加入中国共产党。

1930年，古邳暴动失败后，敌人到处张贴布告，悬赏通缉捉拿乔庆寰。他难以在邳县存身，中共徐海蚌特委便把他调到河南省永城县任县委书记。

乔庆寰来到永城县后，首先整顿恢复了永城县党的组织，并领导开展了一系列革命斗争。10月，中共徐海蚌特委巡视员到永城视察工作，乔庆寰在全县党组织代表会议上，主持制订了行动计划，决定在县城举行"飞行集会"，进而发展为武装暴动。

乔庆寰画像

11月7日早晨，县城学校的共产党员20余人在中山市场举行"飞行集会"。反动军警前来镇压，在城乡进行大搜捕，共产党员10余人被捕。看到形势恶化，乔庆寰立即安排一部分已暴露身份的党员马上离开永城到外地活动，县城学校的党员大部分被疏散到乡下隐蔽，及时保护了许多人的生命安全。

1931年年初的一个晚上，乔庆寰到县城西南角拐角楼上，向国民党永城县警备队士兵宣传革命道理，进行策反工作。因叛徒告密，他不幸被捕。敌人对乔庆寰进行多次审讯，严刑拷打，软硬兼施，威逼利诱。乔庆寰始终泰然自若，不为所动。他咬紧牙关，宁死不说一句话。敌人无可奈何，只好把他押解到开封国民党河南省警察厅。

3月，敌人把乔庆寰押赴开封西门外刑场。乔庆寰昂首挺胸，沿途高呼着"打倒国民党反动派"，号召人们起来革命，推翻国民党的反动统治。临刑前，敌人问他还有什么话要说，乔庆寰斜视了一下敌人，轻蔑一笑，向前走去。枪声响了，乔庆寰最后用力喊了一声"中国共产党万岁"，便倒在了血泊之中。

三

张宗孔是永城县第三任县委书记。

张宗孔出生在永城县东北张石桥村一个知识分子家庭。在永城县师范讲习所学习的他，利用课余时间阅读了很多进步书刊，还参加了党的地下宣传活动。1928年秋，被党组织接收为中共党员。

1930年6月，国民党永城县教育局长期拖欠教职工工资，请示县委后，张宗孔组织了100多名教员，排着队一路高呼口

张宗孔画像

号，向县教育局涌去，最终逼走了局长胡太，查封了县教育局的账目，取得了索薪斗争的胜利。

由于永城县委书记乔庆寰被捕，1931年年初，徐州特委任命张宗孔继任中共永城县委书记。张宗孔召开具委扩大会议后，建立了3个支部。至年底，县委下辖2个区委、1个总支、19个支部，全县党员发展到300多人，在城乡初步形成了一支革命的骨干力量。

此时，国民党为了搜刮民财，强行向县城小摊贩每月增加一块大洋的税金。县委部署发动市民向国民党当局开展抗税斗争。一天上午，摊贩们在一家规模比较大的摊贩张八的率领下，一齐来到县税务局。在群众强烈抗议下，县税务局被迫答应取消了增加的税金。之后，县城党组织又发动奶妈要求增加工资、女佣人要求反对虐待等斗争，都取得了胜利。

1932年9月，张宗孔在县东北的秦双庙召开县委扩大会议，具体研究如何搞好武装暴动的问题。9月26日，张宗孔、刘自章

等带领20多名党员干部直奔韩庄，用武力收缴了几家大户的10多支看家枪，并枪毙了拒不缴枪的留法学生韩甫熙。韩庄暴动胜利后，张宗孔又决定攻打距县城30公里的火神店。

9月30日夜，张宗孔、朱大同率领300余人的暴动大队秘密进驻距火神店一公里的曾王庄。张宗孔带领王茂君、薛保等6人，携带短枪潜入火神店寨内，住在街隅首东侧路南张甫旃的店里。因有人嫌冷，提出要去街上喝粥，王义德便领他们到隅首去。此时街上只有几个做生意的人。就在薛保解手时，不慎露出了手枪穗子，被人看见以为是土匪来劫寨，便报告了团防局。

张宗孔等看事已暴露，被迫开枪射击，同时迅速南撤。这时，团防局的官兵听见枪声纷纷赶来。张宗孔、王茂君等趁乱迅速往东南门撤退，不想寨墙上有人扔下砖头，张宗孔被砸成重伤。他为了掩护其他同志撤退，忍着被砸的伤痛，不顾个人安危同追来的敌人战斗，不幸中弹牺牲，时年24岁。

四

盛税堂是永城县第四任县委书记。

盛税堂从小生活在永城县东北大盛营一个小知识分子家庭。他自幼聪明好学，跟着父亲上学、给人看病，每遇特殊困难者总是倾囊相助。1926年，盛税堂加入了中国共产党。

1927年年初，盛税堂领导的宿县西南临涣集农民暴动失败后，在家乡不便隐

盛税堂

蔽，便被派遣到冯玉祥部学兵团，搞兵运工作。

1928年秋，盛税堂返回永城一面行医一面秘密开展地下斗争。1932年夏，他作为中共宿县中心县委负责人，协助中共永城县委发动农民开展反烟税斗争。7月中旬，全县各地成千上万的抗税农民，手拿大刀、长矛、木权等，从四面八方潮水般地涌向县城，守城官兵也逃之夭夭。盛税堂带领群众撞开东门，涌进了县城。在群众的压力下，国民党永城县长熊文煦答应减去全年增加的数额，并把今年的烟税全部免除。盛税堂说："那就把你们调查的各家缴纳烟税的登记册子拿出来烧掉，好使老百姓心里踏实，同时也销毁了你欺压百姓的罪证。"

瞬间，熊熊的烈火烧掉了压在全县农民头上的苛捐杂税。抗烟税斗争胜利后，国民党永城县政府抄了盛税堂等人的家，他被迫离开永城。

1933年，盛税堂受命担任中共宿县中心县委书记（兼永城县委书记），领导宿县、永城等地的地下斗争。由于形势险恶，他不得不时而以乡村医生的身份出现，时而化装成卖纸笔的先生，到各县基层组织指导巡视工作。

1937年7月，全国性抗日战争爆发。11月，盛税堂任中共永城县工作委员会委员，开办了永城二区抗日青年培训班。1938年3月，他担任永城二区抗日工作团团长，宣传抗日主张，开展反霸斗争，改选撤换有劣迹的联保主任和保长，使抗日救亡运动如火如荼地开展起来。除此之外，盛税堂还把很大精力用在争取地方杂八队的工作上。在他的争取下，永城地区的杂八队基本分别归编了新四军、八路军和抗日游击队。

1939年10月5日，窦殿臣、窦广胜以归顺新四军为名，邀请盛税堂等前往驻地蒋楼商谈改编事宜。盛税堂不避危险，深入虎穴。宴谈间，窦殿臣狠下毒手，他奋起反击，英勇搏斗，终因寡不敌众而被捕。盛税堂义正词严地劝说窦氏兄弟悬崖勒马，改邪归正。窦氏兄弟却对盛税堂等人施以鞭抽棒打等酷刑，进行惨无人道的折磨。

1939年10月6日深夜，盛税堂等人被押到窦楼南五里之高窑，被推进挖好的土坑里活活埋掉。

战火硝烟虽早已远去，但历史记忆未曾褪去半分。在革命先烈曾抛洒热血的永城大地上，一代又一代永城儿女将继续传承红色基因，书写波澜壮阔的革命史、建设史、奋斗史。

鄂豫皖苏区：廉洁自律守初心

一

1931年5月16日，敌人加紧了对鄂豫皖根据地的经济封锁，加之数万红军在前线作战，苏区粮食严重紧缺。中共鄂豫皖中央分局发出通知：要求各机关每日吃稀饭一次。

时隔一天，分局又发出通知：将各级党部机关每天要吃稀饭一顿，改为吃稀饭两顿。通知指出，现在除在前线作战的战士每天吃三顿干饭外，苏维埃政府机关每天吃两顿稀饭，其余在后方工作的军事机关则吃一顿稀饭。

通知下发后，有人不能理解。中共鄂豫皖中央分局特号召各级党部全体同志认识这一问题的政治意义：不是政府粮食的供给到了万分困难的地步，而是我们要力争苏维埃运动的扩大发展，最终冲破国民党军阀的"包剿"。在苏维埃区的宣化店、仙居和麻城赤区边界一带，国民党军阀豪绅反动清乡团大肆破坏、抢挑群众的粮食，甚至把吃不完搬不完的粮食倒在粪窖里，或把马放到麦子、豌豆田里。还随意在田里挖战壕拖大炮，损坏农具，屠杀农民，压迫出捐出税。老百姓眼睁睁地看着地里粮食被白白糟蹋，也不敢回去耕种收割。在宣化，老百姓饿得不行，地里连菜根也找不着，苏维埃革命政府就把节省下来的粮食接济群众，也尽可能供给前线革命战士。

不仅如此，鄂豫皖根据地党和苏维埃政府还把节省开支、反对浪费作为一件十分重要的工作来抓，把烟、酒、肉定为奢侈品；禁止用白纸糊墙、垫桌；不要点蜡烛，禁止工作人员及其家属穿或用机关的衣服和东西等。同时，对各机关开支及个人生活费作出具体规定：各人员生活费每天不得超过一角；各人员鞋袜、毛巾、牙粉、纸烟等，每人每月一元五角，不得随便在公项下开支。

苏区党政机关工作人员出于高度的革命自觉性，节衣缩食，清廉俭用，保障了革命斗争的胜利开展。

鄂豫皖苏区从党的事业出发，对党员进行了严格的纪律约束。1931年6月底7月初，中共鄂豫皖中央分局召开扩大会议，会议强调：目前苏维埃区域的共产党因为是具有政权的党，须和党内一切破坏党的纪律的行为斗争。肃清党内不执行党的路线和动摇不定的异己分子，以及党的机关的官僚腐化等。

六安中心县委书记舒传贤，曾在机关当炊事员，有一天，手生肿毒，疼得不能烧锅，可一时又难以找到合适的人来顶替，情急之下，他便叫爱人陈春如临时顶替。结果，被发现后，舒传贤受到"富于感情，忽视了组织"的批评，以及"书面警告"的处分。尽管这种批评和处分也有不尽合理的地方，但舒传贤却能认真对待，虚心接受，立即叫爱人回家。

鄂豫皖边区对党员进行教育并严肃纪律，保持了党员队伍的纯洁性，有效防止了党的机关官僚腐化，也密切了党群关系。

二

1931年5月18日，鄂豫皖根据地各级苏维埃代表大会在选举执行委员会的同时，选举了工农监察委员会，并在《中共鄂豫皖中央分局通知第五号——关于建立工农监察委员会》中解释："工农监察委员会的组织，是专一来和一切苏维埃机关中的官僚腐化倾向斗争的，它的权限是揭发这些官僚腐化倾向，公布给工农大众知道，同时拟定惩戒办法，交政府采取执行。"

商城县新店乡苏维埃主席黄息定，因其女儿仗着他的权势，随便拿没收地主的东西，被区监察委员会撤职。商城县第四区区委委员晏永香，从事监察工作，她以身作则，对利用职权进行贪污的行为坚决查处。有一次，她的一个亲戚拿走了打土豪的一个小元宝。晏永香知道后，毫不留情面，果断追回，并给予这个亲戚纪律处分。

中国工农红军高级指挥员蔡申熙当选为鄂豫皖区苏维埃政府工农监察委员会主席，他率先垂范，廉洁奉公，从不搞特殊化。

蔡申熙在战斗中致残，党组织为了照顾他的身体健康，有时送来一些食品，他总是让给负伤的战士吃。看到有的战士衣服破烂了，蔡申熙就把自己的衣服拿出来送给他们。按规定，蔡申熙每月可领30元生活费，可他说有15元就足够了，坚决将其余的钱退了回去。

蔡申熙

1932年7月，蔡申熙任红二十五军军长，率部投入鄂豫皖革命根据地第四次反"围剿"斗争。从8月下旬到9月中旬，红二十五军和皖西地区的革命武装在他的指挥下，南起英山，北迄麻城，与各路进犯敌人不断展开激战，有效阻击了敌人的进攻。凶残的敌人对苏区实行杀光、烧光、抢光的"三光"政策，给苏区军民反"围剿"斗争带来了许多严重困难，其中最突出的是粮食极度缺乏，部队常常以野菜充饥。

蔡申熙拖着残疾之躯，连日指挥行军作战，过度操劳，加之连顿饱饭也吃不上，身体日益虚弱。一天，战士们想方设法煮了一碗稀饭，让炊事员送给他吃。蔡申熙尽管非常感动，但仍和蔼地对炊事员说："你快拿回去，下次再也不要这样做。大家吃什么，我也吃什么。现在大家吃野菜，我也应该吃野菜，干吗要搞特殊呢？"

炊事员说："您的身体不好，这是管理科为了照顾您。"

但蔡申熙却说："是的，我有病，伤员也有病，那你送给伤员吃好了！"

炊事员犹豫半晌，无可奈何地说："首长，您连吃了几天野菜，再这样下去，您的身体会……"

"我会怎样呢？我是人，战士也是人，你还是端回去！"炊事员说服不了军长，只好端着那碗稀饭，失望地走了。

为了帮助部队渡过难关，蔡申熙还亲自上山寻找野菜，将自己尝试能吃的野菜向全军推荐。

有一次，一个战士忽然昏倒在路旁，蔡申熙立即喊警卫员牵马来，跑过去将战士扶上马，自己则扛起背包，跛着左脚跟警卫员一拐一拐地朝前走。行军途中，蔡申熙经常不骑马，他有说有笑地走在队伍中，战士们见军长与大家同甘共苦，而且是那样的乐观，精神上也受到了很大的鼓舞。

鄂豫皖根据地所建立的一套对各级苏维埃政府进行监督的机制，从根本上保证了与人民群众的密切关系，有效行使了人民政权的职能。

三

1931年7月，鄂豫皖区苏维埃政府财政经济委员会在新集开办苏区财经学校，培训干部，为全区党政军民的财政收支向统一筹划、统一经营管理供给制过渡做准备。

开学典礼上，财政经济委员会主席郑位三教育大家："你们都是党员、团员，在复杂的工作环境中，要坚定地站稳党的阶级立场，守纪律，做到不贪污、不浪费、不腐化，当一名好的经济干部，永远保持无产阶级的本色。"

经过财经学校培训的干部，都能做到廉洁奉公，艰苦朴素。在商店工作的王德如，一次得了重病，几天不能吃饭。店里有白糖，有人劝他喝一点糖水，他马上拒绝说："眼下白糖太缺少了，还是留给群众吧。"

财政经济工作是根据地建设的重要内容，也是最容易出问题、滋生腐败的工作。鄂豫皖根据地党和苏维埃政府为做好财政经济工作，堵塞漏洞，防止机关工作人员浪费腐化，采取了许多有效措施。

8月，鄂豫皖区苏维埃政府财政经济委员会发出关于整理财政的通令，提出了相关整理计划。规定没有法令上的规定，个人或组织不得随时开支或取款领款。具体从建立管理机构、整顿财务制度、举办财政宣传周等方面来进行制度规范，一切财政事项必须统一于财政经济委员会，清算以前的账项、制定新的预算、做好决算、培养工农干部与改进簿记方式等。

从1931年8月26日至9月3日，鄂豫皖苏区还举办了财政经济政策运动周。普遍深入地宣传苏维埃政府的经济政策，把累进税的意义、章程讲给工农群众听，让群众进行公开监督，随时对腐化舞弊、肥私为己的情况进行举报。在各政府机关、各革命团体组织大力开展节省运动，绝对反对浪费金钱，并以革命纪律来保证。

这些措施从制度上、源头上防止了党和苏维埃政府机关及工作人员的浪费腐化，为根据地党的建设和根据地的巩固与发展奠定了坚实的基础。

鄂豫皖根据地党和苏维埃政府不断加强自身勤政廉政建设，接受党和人民的监督，同各种错误作斗争，全心全意为人民服务，永葆人民公仆的本色。

吉鸿昌将军二三事

吉鸿昌将军生于1895年，河南扶沟人，是我国著名的抗日英雄、爱国将领。在他充满传奇的一生中，留下了许许多多脍炙人口的精彩故事，从中也可以令我们品读出吉鸿昌将军崇高的品质和巨大的人格魅力。

作官即不许发财

在扶沟县，矗立着一座吉鸿昌将军纪念馆，纪念馆中，有一件特别的陈列品令人印象深刻，这件陈列品其实是一个细瓷茶碗，曾是吉鸿昌将军生前用过的物品。在茶碗的边缘，烧制有他的亲笔题字"作官即不许发财"。这句话的背后，有一段曲折的故事。

1922年，吉鸿昌率领部队驻防河南。8月的一天，老家来人对吉鸿昌说：老父亲卧病在床，希望他能够回去看一看。

吉鸿昌是一个孝子，父亲身体不好，他也是焦急万分，因

61

此连忙赶回老家看望父亲。当他看到父亲病倒在床时，不由心疼地站立在床前，紧握着父亲的双手，动情地说："孩儿常年在外奔波，在床前不能尽孝，我深感愧疚。家里有什么事情需要我帮忙的，父亲您只管说，我能做到的一定尽力而为！"

父亲看着吉鸿昌，想到儿子为国效力，也不由感慨万千，他语重心长地说："家里面还好一点，身边有你三个兄弟不离左右照顾着，你在外面只管做事，不必太担心家里。我年纪大了，身体时好时坏，不过不碍大事，过几天就会慢慢康复的。从内心上说，你和你的几个兄弟，我最担心的就是你了。你为人正直，这是好事。现在你担任着营长的职务，正是报效国家的大好时候，我想嘱咐你的是，作官不论作到哪一级，任何时候一定要求自己清白廉正，心里面多为天下穷人着想，作官即不许发财！你能做到这一点，父亲我也就安心了……"

聆听父亲发自肺腑的话语，吉鸿昌也是感怀在心，他眼含热泪地说："请父亲尽管放心，您的话儿子我全部都记下了。"

告别父亲返回驻地后，吉鸿昌的脑海里，时时浮现着当日父亲教诲他的场景，为了能始终铭记父亲的教导，吉鸿昌找来宣纸，泼墨挥毫，认认真真在上面写下了"作官即不许发财"七个大字，而后略微装裱一番，悬挂在他卧室的床头，以示不忘父训，时时警醒自己。

后来父亲因病去世后，悲痛万分的吉鸿昌，又想起父亲昔日的教诲，于是亲自

"作官即不许发财"碗

设计图案文字，上面书写有"作官即不许发财"七个字，交由陶器厂细心烧制瓷碗500多个。

这批蕴含有特殊意义的瓷碗烧制好后，吉鸿昌召集部下，举行了一场庄重严肃的赠碗仪式。他站在高台上，发表了慷慨激昂的演说："我吉鸿昌虽有一定的官职，但可以无愧于心地说，我决不作威作福，欺害百姓，搜刮民财。何时何地都始终告诫自己，一定要谨记父辈之教诲，当官不为发财，要时刻想着如何为天下的穷人办好事。人贵在光明磊落，言行一致，我说到做到，还望诸位兄弟留心监督。"演说完毕，他走下台来，将数百个瓷碗一一发给部下，希望通过这样的方式，来勉励大家廉洁奉公。

在以后的行伍生涯里，吉鸿昌将军无论到何处，那件刻有"作官即不许发财"的瓷碗一直带在身上，为的是时时勉励自己，牢记父亲的遗命，时时处处严格要求自我，做到廉洁奉公。吉鸿昌崇高的品行，深受将士们的敬佩。

我是中国人

吉鸿昌为人正直，嫉恶如仇，坚持正义，和奸邪宵小水火不容。他带兵期间，无形中也得罪了蒋介石，为对方所不容。

1931年8月，蒋介石强行解除了吉鸿昌的军职，并勒令他出国"考察"。名义上是考察，实质上等于被排挤出去。

面对蒋介石玩弄权术的伎俩，吉鸿昌冷眼旁观。虽然他明知蒋介石醉翁之意不在酒，不过作为一个爱国志士，吉鸿昌愿意放下个人的荣辱得失，想着可以借此机会，全方位地认真了解一下他国的政治、经济、社会、教育、实业、军事的发展状况，从中总结利弊得失，吸收借鉴其成功经验。

当时国民政府拨给他的经费非常有限，但为了达到预想的考察目的，吉鸿昌还是多方争取和邀约，先后在国内外邀请了几位学识渊博的知识分子，他们一起组成了一个阵容整齐的智囊团，协助自己出洋考察。

正当吉鸿昌积极准备行程时，震惊中外的九一八事变爆发。日军的铁蹄席卷而来，践踏着东三省的黑土地。吉鸿昌惊闻事变，悲愤至极，他立即将准备好的出国服装撕毁，转而向蒋介石发电，请求留在国内参加抗战。但蒋介石对吉鸿昌深怀戒心，仍一意孤行，严词拒绝。迫不得已，吉鸿昌不得不含泪登船而去。

1931年10月6日，到达美国西雅图的吉鸿昌，接见美联社记者，在谈话中，他愤怒地揭露了日本侵略者的罪恶行径，也充分表达了自己和祖国人民"宁为玉碎不为瓦全"的昂扬斗志，展现了他"为生存而战，为真理而战"的决心与最终战胜侵略者的信心。

在美国考察期间，吉鸿昌看到其先进的科技、发达的经济，两相对比下，他越发痛感中华民族必须发愤图强，才能真正地屹立在世界民族之林。

有一天，吉鸿昌穿着中山服和随行人员一起走在纽约大街上。有个美国人看到后，故意上前问："你们是日本人吧！"吉鸿昌一开始不明白情况，让翻译告诉他："我们是中国人！"

谁知对方听了却连连摇摇头说："怎么可能？我印象中的中国人，哪有这样魁梧高大呢？在我们眼中，中国人不都是东亚病夫吗？"

听了对方故意侮辱的话语后，吉鸿昌义愤填膺，他对夫人胡洪霞说："他们侮辱我吉鸿昌我可以忍，但侮辱我们中国人是不行的。"

还有一次，吉鸿昌要往国内邮寄衣物，美国邮局的职员故意刁难，说不知道中国在什么地方。此时在一边负责监视他的国民党特务"劝"他说："你说自己是日本人，就可以受到礼遇。"

吉鸿昌听了勃然大怒，怒斥对方说："中国人难道真的比他们矮一截吗？中国人要有中国人的骨气，堂堂正正，顶天立地，在外国人面前，任何时候都要表现出中国人的尊严！怎么能在外国人面前摇尾乞怜呢！"

回到旅馆，气愤的他立即亲自修制了一块四四方方的小木牌，然后用毛笔在上面端端正正地写上"我是中国人"5个大字，下面还用英文作了翻译。以后，吉鸿昌每逢出席活动，都会把这块木牌佩戴在胸前。

恨不抗日死

1934年11月9日，吉鸿昌在天津国民大饭店秘密开会时被国民党特务刺伤，后遭法租界工部局逮捕；被国民党政府军事委员会北平分会引渡到五十一军陆军监狱；11月22日，又被重兵秘密押解到北平陆军监狱。11月23日，何应钦搞了一个"军法会审"。吉鸿昌把"军法会审"的法庭当成揭露敌人罪行、宣传抗日的场所，他大义凛然，慷慨陈词，怒斥顽敌。蒋介石恼羞成怒，亲自下达了"立时处决"的手令。

1934年11月24日，是吉鸿昌殉难的日子。吉鸿昌显得异常镇静安详。他要来了纸笔，然后挥笔疾书，写下了自己怎样走上革命道路，历数了国民党蒋介石反动政府祸国殃民的种种罪行，以及在天津被捕的经过和坚贞不屈的决心。监狱长拿到吉鸿昌的遗书后，立即送呈何应钦。于是，这份遗书遭到了被焚毁的厄运。吉鸿昌又开始给妻子胡洪霞写遗嘱：

"洪霞吾妻鉴：夫今死矣，是为时代而牺牲。人终有一死，我死您也不必过伤悲，因还有儿女得您照应。家中余产不可分给别人，留作教养子女等用。我笔嘱矣小儿还是在天津托喻先生照料上学，以成有用之才也。家中继母已托二、三、四弟照应教（孝）敬，你不必回家可也。"接着，他又对他创办的学校留下遗嘱："欣农、仰心、遐福、慈情诸先生鉴：昌为时代而死矣。家中事及母亲，已托二、三、四弟奉养，儿女均托洪霞教养不必回家，在津托喻先生照料教育。吾先父所办学校校款，欣农、遐福均悉，并先父在日已交地方正绅办理。所虑者吾死后恐吾弟等有不明之处，还要强行分产。诸君证明已有其父兄遗嘱，属吕潭地方学校教育地方贫穷子弟而设款项，皆由先父捐助，非先父兄私产也。永昌弟鉴：兄死矣家产由先父已分清，学校款你不必过问，您嫂洪霞教养两子，您能照料则照料，否则不必过问，听之可也。有不尽之言大家商量办去，我心已乱不能再往下写。特此最后一信，祈兄等竭力帮助，生者感激，死者结草，鉴书匆匆不尽余言。弟吉鸿昌手启。"

写给弟弟的遗嘱是："国昌、永昌、加昌等见字兄已死矣。家中事俱已分清，您嫂洪霞及小儿鸿男、悌悌，由您洪霞嫂教养，吾弟念手足之情照应可也。唯兄所恨者，先父去世嘱托继母奉养之责，吾弟宜竭力孝敬不负父兄之托也。兄鸿昌手启。"

下午1时30分，吉鸿昌披上斗篷，泰然自若，迈着矫健的步伐，像平常出征上战场一样走向北平军分会的刑场。临刑前，他从容地写下了一首气壮山河的五言诗，抒发了一个共产党员、民族英雄的悲壮情怀。

恨不抗日死，

留作今日羞。

国破尚如此，

我何惜此头！

与吉鸿昌一起殉难的任应岐先他一步，被敌人杀害，倒在他的面前。这种死亡的折磨，丝毫没有撼动吉鸿昌。吉鸿昌朝行刑的特务招招手说道："我为抗日而死，不能跪下挨枪，死也不能倒下。"

"你说怎么办？"特务有些害怕他。"给我拿椅子来，我得坐着死。"

特务们不敢违拗，便把椅子搬过来。吉鸿昌旁若无人地坐在椅子上。

那个行刑的特务绕到他的背后。吉鸿昌陡然间转过身来，把手一挥说："这不行，我为抗日而死，死得光明正大，不能背后挨枪。"

"那你说怎么办？"那个行刑的特务居然发抖起来。"你在我眼前开枪，我要亲眼看着敌人的子弹是怎样打死我的！"

那个特务迟疑地绕到他面前，躲过他的逼视，战战兢兢地举起右手……

在这一刹那间，吉鸿昌瞪起眼，高举拳头，用尽最后气力，高喊："中国共产党万岁！""中国革命万岁！""打倒日本帝国主义！"

北风呜咽，山河含悲，漫天雪花化作纷飞的纸钱……时年39岁的中国共产党党员、抗日英雄吉鸿昌走了，带着对未竟事业的深深遗憾，带着对祖国母亲深沉的爱！

陈少敏："白区的红心女战士"

一

在豫南、鄂东一带的耄耋老人中，几乎没有人不知道"陈大脚"的故事。

"陈大脚"就是大名鼎鼎的陈少敏，是鄂豫边区抗日根据地重要领导人，更是一位杰出的抗日女将，人们都尊称她为"陈大姐"。毛泽东赞誉她为"白区的红心女战士，无产阶级的贤妻良母"。

1902年，陈少敏（原名孙进修）生于山东省寿光县孙家集镇范于村一个贫苦的农民家庭。13岁时，陈少敏因家境困难，就独自闯青岛，到一家日本人办的纱厂当童工，过着牛马一般的苦工生活。陈少敏从小受身为同盟会会员的父亲孙万庆的影响，性情刚烈，敢于向封建礼教和恶势力

陈少敏

挑战。当时，妇女缠足之风盛行，而陈少敏率先留大脚，有人故意叫她"陈大脚"，她理直气壮地说："我要打柴挑水，有一双大脚，长大了更好干活，有什么不好？！"

许多年以后，在鄂豫边区，当有人称她为"陈大脚"时，她抬起双脚，十分自豪地说："这双大脚是我反抗封建旧道德的见证，没有这双大脚，我就不能到鄂豫边区来和你们一起进行抗日斗争！"

正因为陈少敏保留了一副天足，使得她在革命战争年代走南闯北、行军打仗时，健步如飞，她办起事来泼泼辣辣、风风火火，跟男子汉一样，战场上横刀立马，跟敌人展开生死拼搏。为躲避敌人的追捕，她常常女扮男装，与跟她年龄相仿的农妇扮成夫妻闯过了敌人一道道封锁线。"陈大脚大脚走天下！"这是当年鄂豫边区老人们对她由衷的赞叹。

1923年，陈少敏加入由中共一大代表邓恩铭组织的秘密工会。1928年11月，在轰轰烈烈的工人运动中大显身手的陈少敏在党旗下宣誓，成为一名坚强的共产主义战士。

二

1930年春天，陈少敏在中共青岛市委领导下的职工运动委员会工作。

一天，市委书记唐汝贤对她说："山东省委遭到敌人严重破坏，中央派来任国桢同志任省委书记，着手恢复党的工作。组织研究决定，让你和任国桢同志扮成夫妻，组成一个'家庭'。"

她听了一愣，心想：怎么还有这种特殊任务？

唐汝贤赶忙解释道："任国桢同志到青岛后首先要租房子，作为省委秘密办公机关，而街上租房子都写着'没眷属不租'，组织上知道，你还是位姑娘，但考虑到工作需要，情况特殊，不得已而为之。"

陈少敏了解了缘由，便在青岛以"夫妻"的名义与任国桢租了一间屋子。在这个临时家庭里，任国桢到任后，以车夫身份掩护工作，陈少敏去工厂做工，临时省委机关就这样开始秘密工作了。

为了解工人最新情况，陈少敏时常扮作乘客，与任国桢不辞辛苦穿梭在青岛的大街小巷，宣传革命思想。在工厂车间，他们发起了妇女反抗运动；在青岛街头，他们领导了人力车工人大罢工运动；在"全国苏维埃运动日"，他们组织工人群众召开"飞行集会"。在他们的带领下，青岛的工人运动轰轰烈烈地开展了起来。

尽管生活上有诸多不便，但困难一个个被克服了。街坊们常夸他们是对"好夫妻"。由于志同道合，经过相处磨合，他们真的产生了恋情。经组织批准，6月26日，陈少敏与任国桢正式结婚，成为一对革命伴侣。

1930年12月，任国桢调任中共北平市委书记，接着到天津领导工人运动，不久又调任中共唐山市委书记。陈少敏随之前往，做党的机关工作，处理职工运动问题。

1931年九一八事变后，中共中央北方局派任国桢以特派员的身份赴山西建立抗日武装。陈少敏因生孩子没能一同前往。然而，任国桢刚到太原即被叛徒出卖，被阎锡山部特务逮捕。在敌人的严刑逼供和叛徒的无耻指证下，任国桢大义凛然、威武不屈。11月13日，被敌人枪杀在太原小东门外。

陈少敏听到噩耗，受到沉重打击，刚生下不久的女儿也因病无钱医治而夭折。她忍受了丧夫失女的悲痛，带着任国桢的这份信念和入党时的初心，继续投入到新的工作中，革命意志丝毫没有动摇。

三

在鄂豫边区，生产一种"女将军"牌的香烟，封面就是陈少敏骑马举枪的英姿形象。陈少敏被根据地人民称为"女将军"。民间这样传颂她："陈大姐一到，老百姓开门睡觉。"而日寇汉奸和国民党顽固派则这样形容她："身骑战马，双手开枪，要打你的眼睛，不会错打鼻梁。"

1939年6月，陈少敏率领一支抗日游击队到达湖北省与李先念所率部队会师。先后任中共鄂中区委书记兼新四军豫鄂挺进纵队政治委员、中共豫鄂边区党委书记兼新四军第五师副政治委员。

陈少敏是中共历史上长期主持一个地区全面工作和直接领导武装斗争少有的女领导干部，为创建鄂豫边区抗日根据地作出了巨大贡献。

1941年，鄂豫边区为冲破敌伪封锁，遵照党中央"丰衣足食"的指示，一边同敌人作战，一边开展生产运动。这年秋天，边区党委机关各单位都积极开荒种地。陈少敏和身边的勤杂人员为一个组，找了一块2亩左右的荒地，准备种麦子。

开荒那天，陈少敏来到了地里。警卫员说："首长您这么忙，种地的事您就不要再操心了，我们一定能干好。"陈少敏爽朗地笑道："我可不是来参观的，是参加劳动的。"说着就顺手拿起一把锄头开始挖地角。

第二年收麦季节,打下的将近400斤麦子全部交给了总务处。冬天来了,陈少敏召集勤杂人员说:"今年咱们要利用后山的那座旧窑,准备上山伐树,自己动手烧炭。"

整整两个下午,陈少敏亲自和大家一块上山拉锯砍树。最后,烧了两窑炭,有1000多斤。

一天下午,陈少敏吩咐大家把炭分别送给组织部、宣传部、民运部等各个单位。警卫员说:"首长,我想留点好的咱们自己用。"

陈少敏说:"整炭、碎炭各家一律平均搭配分配!"

警卫员有点想不通。陈少敏耐心引导他说:"不管做什么事,都要为整体着想,不要光顾自己的小圈子……有福同享嘛!"

陈少敏同机关的同志们一样省吃俭用、共渡难关,从不搞特殊。为了节约,她经常让警卫员到山上或河沟去挖葛花、野芹菜给她炒炒下饭及当"夜餐"。当时油很少,吃起来一股苦青味,难以下咽。

看到首长天天这样忙,还和大家一样吃苦受难,警卫员很不忍心,就背着首长到司务长那里要了点油。

陈少敏知道后,责问警卫员:"你为什么到伙房随便要东西?"

警卫员委屈地回答道:"首长这么忙,生活又太差,我担心时间长了会把您的身体拖垮,就向司务长要了点油,好炒野菜时用。"

她严肃地批评警卫员说:"这不行,我为什么特殊?伙房的油是供应大家的,占大家的便宜,你想想对不对?我们要经常为同志们着想，为人民大众着想，不要为自己。你马上把油送到伙房去。"警卫员只好把油送回了伙房。

新中国成立后，陈少敏从事工会工作。有一次，她到老革命根据地搞调查研究。在一个山区小镇，她向一位正在做买卖的老大爷打招呼。老人抬头一看，认出是陈少敏，情不自禁地高声喊道："陈大姐来了！陈大姐来了！"

周围的群众一下子向陈少敏的身边拥来。随从人员想把大家挡住，她连忙制止说："别挡了，我就是来看大家的，过去我们与群众同甘共苦、亲密无间才战胜了敌人，今天我当了中央委员，为什么要同群众分开呢？"

心中有信仰，脚下有力量。在战争年代，陈少敏叱咤风云，转战南北，是中原地区出色的女将。新中国成立后，她当选为党的八大中央委员，担任中华全国总工会副主席、党组副书记，依然是人民的公仆。在"文化大革命"中，她是唯一一位在表决"把刘少奇永远开除出党"时没有举手的人。她对理想信念的执着追求，对初心的不懈坚守，穿越时空，历久弥坚。

徐凤英：火烧打鼓寨

投身革命，坚贞不屈

在鄂豫皖边区，至今还流传着土地革命战争时期女英雄徐凤英的传奇故事。

徐凤英出生于1887年，河南新县周河乡喻村人，小时家境贫困，被生计所迫，在她十几岁的时候，就来到西河鄢大屋的刘家，当了一名童养媳。婆家也是穷苦庄稼人，以耕种当地大豪绅彭颂臣的田地为生，受尽了压迫和剥削。

徐凤英对盘剥百姓、恶贯满盈的大地主彭颂臣，打心眼里万分憎恨。1930年，当熊熊的革命烈火燃烧到西河鄢大屋一带时，这个勤劳朴实、勇敢刚强的妇女，在如火如荼的革命运动中，分得了革命胜利的果实，朴素真诚的她，认定红军就是穷人的队伍，共产党才是人民真正的救星。

从那时起，徐凤英以高涨的热情，积极投身到了革命行动中去，打土豪分田地，参与建立苏维埃政权，为革命根据地的发展贡献微薄的力量。鉴于徐凤英英勇无畏的表现，很快她就被选为乡妇联主席，并成为一名光荣的共产党员。

在她的动员下，丈夫参加了红军。后来丈夫在战斗中牺牲后，她又把自己唯一的儿子，时年17岁的刘志和送到红军队伍里。临行前，她眼含热泪激动地对儿子说："继宗（乳名）啊！你在队伍里要记住娘的一句话：革命不怕死，怕死不革命。打仗要冲锋向前、勇敢战斗，才是革命的好后代。"

儿子参军后，徐凤英也一刻没有闲着，想方设法支援红军队伍，筹军粮，缝军衣，做军鞋；每逢有红军伤员，她便主动要求帮助伤员疗伤，端水喂饭，问寒问暖，关怀备至。红军战士都纷纷亲切地喊她"徐大妈"。

然而盘踞在打鼓寨的恶霸地主彭颂臣，对红军充满了仇恨，对支持红军的群众和革命积极分子也怀恨在心。1931年年初，徐凤英正在乡苏维埃开会，彭颂臣派民团突然向她们发起突袭。为掩护群众转移，断后的徐凤英，不幸被捕。

彭颂臣深知徐凤英的身份，因此对她施以各种严刑拷打，试图逼迫徐凤英屈服，从她口中盘问出有用的信息。尽管被敌人打得皮开肉绽、鲜血淋漓，但坚贞不屈的徐凤英，面对敌人的暴行，大义凛然，毫无畏惧之色。

看到来硬的不行，彭颂臣又假意抬出老乡的身份，虚伪地赔礼道歉，妄图软化徐凤英的革命意志。但软硬兼施的彭颂臣，最终一无所获。恼羞成怒的他，威胁徐凤英如果再不交代，等待她的将是被处死的命运。

徐凤英义愤填膺，驳斥他说："这些年来，你讹了穷人多少田地？霸占了穷人多少财产？牵了穷人多少耕牛？赶了穷人多少肥猪？抢了多少姑娘妇女？逼得多少人家妻离子散、家破人亡？张家的山娃一个才六七岁的小伢，犯了什么罪，你要把他活活撕死？"

在徐凤英的痛斥下，又羞又怒的彭颂臣，一边继续色厉内荏地恫吓徐凤英，一边将她关押到土牢里，等待时机处决她。

在徐凤英被抓的前后，中国共产党所领导的工农红军，也在为攻占打鼓寨做着积极的准备。

早在革命浪潮风起云涌时，彭颂臣便纠集了方圆几十里的大小恶霸地主，组织了数百名团丁，自封为团长，盘踞打鼓寨。在这里他们拼凑了300多条枪，建立了一个造枪局，以打鼓寨为大本营，在四周又先后修建了高山寨、白云山寨、李家寨、洪福寨、西河寨、致和寨等，形成"众星拱月"之势，妄图与红军对抗。

为了切断红军与人民群众的联系，彭颂臣还派民团下山，强迫附近十几里地以内的农民都移上山寨，不从者就以"通匪"罪罚款，并烧掉房屋，使其无家可归。

当红军来时，他就闭寨防守，负隅顽抗；当红军转移到外线作战时，他就率领民团窜到苏区，烧杀抢掠，专门捕捉和杀害苏维埃干部、红军家属，大肆破坏革命建设，真可谓恶贯满盈，罪恶累累。因此攻占打鼓寨，消灭彭颂臣的反动势力，解救受苦受难的群众，扫除革命深入开展的障碍，已经迫在眉睫，刻不容缓。

经过一番充分的准备之后，1931年4月27日凌晨，红军打响了围攻打鼓寨的战斗。

战斗一开始，便异常激烈。敌人据险顽抗，经营日久，虽然红军战士勇猛冲锋，不过依旧和反动势力僵持不下，进攻受挫……

密集的枪声，使关在打鼓寨土牢里遍体鳞伤的徐凤英，从伤痛的昏迷中苏醒了过来。

火烧打鼓寨，英勇捐躯

徐凤英听到红军攻寨的激烈枪声，心情异常激动。她用两手强撑起身体，慢慢地爬到土牢门边，从木棂间观察着外面的动静。只见外面惊慌失措的敌人四处乱窜，红了眼睛的彭颂臣，提着枪为反动分子打气："我们的寨墙坚如磐石，又有几百条枪，任何人都攻不进来，大家放心好了！打退了红军的进攻，我大大有赏。"

听着外面此起彼伏的喊杀声、枪声，徐凤英焦急万分。她也深知，打鼓寨工事坚固，人多枪多，据险扼守，确实是易守难攻。然而她身在土牢中也是力不从心，怎样才能帮助红军尽快攻占寨子呢？

焦急时刻，徐凤英突然看到不远处民团伙房的烟囱不断冒出一股股浓烟，夹杂着团团火星向西北方向飘去。徐凤英灵机

打鼓寨远景

一动，心想：寨里草棚连成片，一场大火，足以让敌人自乱阵脚，这不正是一个最好的计策吗？

办法倒是不错，可是她怎样才能从看守严密的土牢中脱身呢？

心急如焚的徐凤英，情不自禁地双手抓住木棂，把牢门摇得哗啦哗啦直响。

门外荷枪实弹的敌军听到响动，走过来厉声吆喝道："干什么！想死吗？"

恰在这时，一个名叫张和清的年轻姑娘走了过来。张和清是徐凤英的隔墙邻居，为人胆大心细，机智勇敢，也是党培养的积极分子，后来在一次掩护群众移转时不幸被捕。被抓捕到打鼓寨后，彭颂臣的团副垂涎她的美貌，就向彭颂臣求情，不要杀掉她。彭颂臣含糊地答应等打完仗以后再说。就这样，敌人暂时让她在伙房里做饭。

张和清也早已听到红军攻打打鼓寨的枪声，她趁着敌人混乱的有利机会，偷偷跑来和徐凤英商量对策。

徐凤英略加思索，对张和清说："我只有走出牢门才有机会，你赶快想一个办法。"

张和清为难地说："管牢门的钥匙是团副，只有他同意才行……"

"你去找团副，就说伙房做饭缺人。"徐凤英急中生智地说。

恰巧团副从寨墙上下来催人送饭，发现伙房里面空无一人，就一路寻找到了土牢这边。张和清聪明伶俐，她看到团副走过来后，主动迎上去说："报告长官，伙房里其他做饭的女人都跑去看打仗的男人了，剩我一人，想找几个人帮忙做饭，可一个人也没找到。"

团副一面色眯眯看着张和清，一面嬉皮笑脸地说："这个好办，让土牢里出来几个人帮忙就行。"说着他打开牢门，冲着里面吼道："你们出来三个人，到伙房做饭，快点！"

徐凤英趁机挤出牢门说："我去，我会做饭菜，保证让你们吃了满意。"

"你……"团副有些迟疑，用枪堵在门口。

张和清趁机帮腔说："长官，她可是又老实又贤惠的大妈，干活手脚麻利，做出的饭菜又香又好。就让她去帮忙吧！"

团副想了想说："好，看你这个好人儿面上，就让她去做一顿饭吧。"说着他又转过身来，叮嘱哨兵说："要好好地看住她们，要是让她们跑掉了，小心你的脑袋！"

徐凤英几个人来到伙房，一面烧火做饭，一面思考着对策。这时，外面的战斗打得更加激烈了，枪声如炸豆般响成一片，看守她们的哨兵神情紧张，不时走出屋外查看动静。

徐凤英看到机不可失，就在哨兵再次离开伙房时，她趁机抽出两根燃得更旺的松枝，顺手点燃了伙房。随即她又叫其他两名妇女赶快逃走，自己则同张和清一起，将民团的一排住房全点燃了。

做完这一切后，她吩咐张和清说："和清，赶快打开牢门，救出难友。"说完她又高擎着火把，准备去点燃其他草棚。谁知刚走几步，就被敌哨兵发现，对她连开三枪，徐凤英中弹倒下。

张和清趁着敌哨兵喊人救火的机会，试图营救徐凤英，徐凤英用力推开张和清，严厉地说："和清，革命不怕死，怕死不革命。你赶快打开牢门，救出红军家属要紧啊！"

张和清含着泪点头答应，冲了出去。

徐凤英躺在地上，听着寨外密集的枪声，她的浑身仿佛又充满了无穷的力量，伸手抓住刚才掉在地上仍在燃烧的松枝，忍痛蹒跚站立前行，接连点燃了茅屋、竹棚，而后一头倒在了地上……

火借风势，风助火威，熊熊烈火四处蔓延开来，整个山寨成了一片火海。

冲天烈火让敌人乱了阵脚，一个个像掐了头的蚂蚱，到处乱窜，红军战士乘机打开寨门攻进寨来，敌人纷纷缴枪投降。

恶霸地主彭颂臣见大势已去，暗中爬绳溜出寨墙，企图逃跑。谁知刚出寨子，便被红军战士抓获。

战斗胜利结束后，红军指战员和广大人民群众为火烧打鼓寨的女英雄徐凤英举行了庄严的追悼仪式。大家下定决心，继续高举革命的火炬，踏着烈士的足迹，将革命进行到底。

曾斯廷、杨玉英：血许苍生泪许卿

　　1931年春节即将到来，古城开封的节日气氛已相当浓厚，人们正忙着买灶糖，请灶神爷，准备过年。一天傍晚，在繁华的鼓楼南侧同福旅馆，有一对年轻夫妇前来投宿。丈夫曾斯廷，湖北人；妻子杨玉英（又名杨斯萍），祖籍江苏无锡。两人文质彬彬，衣着得体，像读书人的模样，其实他们是中共党员，被党中央派来组建已遭敌人破坏了的河南省委。

　　夫妇俩来到开封后，便开始了紧张的工作。一大早，杨玉英穿上紧身的棉旗袍，梳妆打扮一番，俨然是一位"阔太太"，然后坐上黄包车，穿过熙熙攘攘的人群，与战斗在古城的地下工作者进行秘密联络。1931年2月，中共河南省委重新建立起来了，由曾斯廷任省委书记，杨玉英协助丈夫处理机关日常事务。

　　这时的开封，形势十分恶劣。蒋、冯、阎中原大战以后，由蒋介石嫡系刘峙接任河南省政府主席。他下令疯狂破坏党团组织，实行白色恐怖，一个又一个共产党人落入他的魔爪。在曾斯廷夫妇到来之前，中共开封市委书记来学照等已遭逮捕。就是在春节期间，军警特务也没有停止活动。正月初四这天，正当杨玉英在旅馆焦急地等候前来汇报工作的省委秘书长蒋明华的时候，蒋明华却已经被特务跟踪抓捕了。严峻的环境，不允许有丝毫麻痹，省委决定曾斯廷暂时到外地巡视，怀孕在身的杨玉英继续在机关坚守。

曾斯廷临行前握住杨玉英的手，依依不舍地与她告别。杨玉英向丈夫保证，一定会照顾好自己，更会照顾好未出世的孩子。曾斯廷又交代了一些工作上的事情，便趁着夜色离开了。杨玉英坐在床前，回想起与丈夫初识时的情景。

那时她刚刚加入中国共产党，从江苏镇江来到上海，认识了从莫斯科学习回国的共产党员曾斯廷。两人有共同的革命理想，在工作中逐渐产生了感情，结为革命伉俪。结婚后他们互相照顾，彼此关心，渡过了许多难关。这次因为工作需要，夫妻又要分开，而自己怀有身孕，正是需要丈夫照顾的时候。杨玉英想到这些，心里禁不住感到委屈。但她没有任何埋怨，他们早已立下为革命作出牺牲的誓言。她只是有些担心，盼望着丈夫能平安归来。

丈夫走后，杨玉英积极开展工作，参与创办了《中州时事》《党的建设》等刊物，在群众中宣传红军的胜利和揭露军阀混战给人民带来的痛苦。她发展了多名党员，并通过他们在河南大学、河南省立开封女子师范学校等学校的进步青年中，联络成立了"新兴教育社"。社内秘密建立了党支部，团结青年开展抵制反动教育、散发宣传品和为红军募捐等活动。

阳春三月，开封的局势表面上稳定下来。3月26日，曾斯廷从外地返回开封。为了防止意外，他没有直接进城，而是来到南关一个秘密接头处。但他万万没有想到，接头人已经叛变投敌，叛徒一面假意应酬曾斯廷，一面向警察局秘密告发。曾斯廷未及和杨玉英见面即被逮捕。

仅仅三个月，中共河南省委书记、秘书长、开封市委书记、团省委秘书长等10余人被捕，全部关押在省府西街的绥靖公署军法处看守所。敌人欣喜之余，准备向他们下毒手。就在曾斯廷被捕的第二天，开封市委书记来学照等二人惨遭杀害。曾斯廷与被捕的其他领导人秘密研究，由于党内出了叛徒，多数领导人的身份已经暴露，如果不采取相应行动，势必坐以待毙。于是，他决定和看守所外面的党组织取得联系，准备抓住时机组织越狱暴动。

杨玉英担当起了看守所内外的联络工作，不久，三把钢锉秘密传入看守所内。4月底，就在被捕同志多数已经锉开刑具，准备越狱的前夕，行动计划被叛徒出卖。几天以后，曾斯廷及4位省、市委领导人被敌人从牢房里秘密押出。曾斯廷临行前嘱咐战友们不要为敌人的淫威所吓倒，坚持斗争，不屈不挠，直到胜利的那一天。几声枪响，曾斯廷和他的战友倒在血泊之中。

杨玉英

曾斯廷这位在莫斯科中山大学学习回国的年轻共产党员，在中原大地上，为反对国民党的黑暗统治，流尽了最后一滴血。丈夫的牺牲，使杨玉英经受了血与泪的严重考验。她没有让自己终日沉溺于哭泣和悲痛之中。她把对丈夫真挚的爱和思恋，化作对敌人的满腔仇恨，拖着笨重的身体，继续战斗在古城。

不久，中共中央决定再次重建河南省委。调陕西华县人吉国桢到开封接任省委书记。杨玉英参与了省委新班子的组建，并与吉国桢以假夫妻名义组成家庭，掩护省委机关工作。此后，她先后担任了省委宣传部部长、秘书长兼妇女部长等职。

1931年8月，杨玉英在开封分娩。孩子的降生，给她带来无限欢乐。她爱自己的孩子，更思念同甘共苦、相濡以沫的丈夫。可是，肩负着革命工作重任的杨玉英深深懂得，现在不是沉溺于儿女情长的时候。她果断地将爱子托付给一位老乡抚养，自己孑然一身投入革命活动。

1932年7月，中共河南省委再度遭到破坏，杨玉英在郑州被捕。她很快被转押在开封绥靖公署军法处看守所。这里正是她丈夫曾斯廷之前被关押和牺牲的地方。杨玉英拖着沉重的脚镣走进囚室，她手扶铁窗，环顾四壁，真是百感交集。她早有思想准备，从参加革命的那天起，她就打算赴身革命。

铁窗之内，杨玉英想起了丈夫，想起了刚满周岁的爱子，想起了战友和未竟的事业。她满怀报国热忱，写下了生命中最后一组诗篇。她在《寄江南旧友》中，欣慰地告诉战友："饥躯着我苦吟身，鱼雁沉浮意欲尘。寄语故人休相忆，尚留微命作囚人。"

她在另一首《浪淘沙》中写道："羁押在天涯，心事如麻，晨昏抛尽恨更赊。党狱沉沉何处岸，歧路回车。自信意无邪，炎日云遮，俱焚玉石总可嗟。微志未酬身便死，如此年华。"

在狱中，杨玉英意志顽强，大义凛然，面对敌人的百般酷刑，毫无惧色。敌人的种种伎俩破产之后，终于对她下了毒手。

1932年8月20日，敌人秘密杀害了杨玉英等14名共产党人。临刑前，杨玉英将自己狱中写的诗稿，请一位难友转寄家乡亲友，然后她高唱《国际歌》，从容走上刑场。

吴华夺：我跟父亲当红军①

一

1929年，在红色补充军第二团的部队中，有一个年仅12岁的"红小鬼"，像大人模样般地跟着队伍行军。1931年10月，他参加了红二十五军。在红二十五军这个摇篮里，"红小鬼"历经战火磨炼，一直走过了60个春秋的军旅生涯。

这个"红小鬼"就是吴华夺将军。1917年，吴华夺出生在河南省新县陈店乡的细吴家湾。这个依山傍水的湾子，是柴山保地区一所较大村落，而柴山保又是鄂豫皖边区红军创建最早的第一块红色根据地。就在这块革命的发祥地，吴华夺从小就跟随他的父亲吴文保，耳濡目染，也跟父亲一样参加了中国工农红军。

1928年秋一个漆黑的夜晚，吴家的远房亲戚来合云突然来

① 改编自《我跟父亲当红军》，选自《星火燎原》，解放军出版社出版。

到吴华夺家，与吴文保谈得很投机。打那以后，来合云和吴文保经常一起谈论革命。11岁的吴华夺总爱在旁边听。许多话听得似懂非懂，什么共产党、革命、打倒土豪劣绅，等等。

有一天，吴华夺已经睡下了，忽然听到父母吵了起来。母亲唠唠叨叨地说："你参加那些共产党，不顾家也不管孩子啦！"

吴华夺爬起来问："爹，共产党是干什么的？"父亲说："共产党是帮助我们穷人翻身的！"他又追问："什么是革命？"父亲有点不耐烦地说："你小孩子不懂，问那么多干什么！"

1928年11月，经来合云介绍，吴文保加入中国共产党，成为当地红枪会领导人之一。吴华夺看到"红枪会"挺威风的，便也操起一根木棍，紧紧跟在父亲身边，一招一式地练武艺。

1929年的一个夜晚，吴文保匆忙从外面回到家，还没有坐下就喊："小海（吴华夺的乳名），你来一下！"父亲小声对他说："你拿一个酒杯到吴文路家里借点盐，看看他在不在家。"

吴文路是当地有名的豪富，阴险狡诈。吴华夺一溜烟儿跑到吴文路家，见吴文路正在吃饭，便跑回去告诉父亲。父亲没有吭声，戴上帽子就向外走，刚走几步又回过头悄悄地对吴华夺说："小海，你到吴文路家门外去玩，看他外出不，他要外出，你就在他后面跟着，看他到哪里去，然后你到吴家祠堂告诉我。"

吴华夺一直在吴文路家门口等到晚上八九点。然后就见红枪会的农友扛着梭镖、拿着大刀，静悄悄地从四面八方聚集过来，很快就把吴文路家包围起来，抓住了底铺子的4个土豪和恶霸。

人们纷纷感慨："革命了，再不受豪绅欺压了，明天就要宣布成立苏维埃政府了。"吴华夺连忙问："什么是苏维埃政府？

我们现在是不是共产党？”来合云说：“苏维埃政府就是我们自己的工农民主政府。好小子，你想当共产党员吗？父亲是共产党员，儿子大概不成问题吧！”来合云一把抱起吴华夺说：“小海，你知道什么是共产党吗？”吴华夺特别认真地回答：“共产党就是帮咱们穷人翻身，打土豪恶霸的！”大家哈哈大笑起来。

后来，该村成立了乡工农民主政府、土地委员会、妇女委员会、少年先锋等红色组织，红枪会改编为红色补充军第二团。吴华高任团长、吴文保任党代表。不久，第二团就出发到东区打地主恶霸的寨子了，吴华夺也跟着大队人马离开了家。

二

吴华夺就这样跟着父亲当上了红军。因为他的年纪小、个头矮，就处处装成个大人模样，大步大步地跟着队伍走。有时被队伍落下来，便踢踢踏踏跑一阵，才又跟上队伍。父亲一听到儿子的踢踏声，就知道掉队了，很不忍心地哀叹着：“这伢子年纪太小，跟着队伍一路上也是个累赘……”吴文保想要打发他回家去，他不想回，但小胳膊拧不过大腿，只好噘着个小嘴走出队列。

可走不多远，吴华夺趁着父亲到前面指挥队伍，便又直追过来。父亲再次发现他时，只好无可奈何地说：“小海，你要紧紧跟上，不准掉队！”

“党代表，你快去指挥队伍，我来照看小海。”红军战士吴华江对吴文保说。每在情况紧急时，这位比吴华夺年长两岁的本家哥哥，就自告奋勇将他背在身上，急奔猛跑一阵子使他紧紧跟上队伍。

小孩当红军，有时难免闯点乱子。有一次，吴华夺趁父亲外出时，偷偷拿着一支钢枪玩弄，他不晓得枪内装有顶膛火，突然"啪"的一声巨响，打死了老乡的一头黄牛。这下可闯了大祸！吴文保听说此事，顿时撸了儿子两个耳光，训斥说："你给我回去！无组织无纪律，枪杆子是闹着玩的？叫你跟上队伍当红军，你尽给我闯祸！"于是便将吴华夺关了一天禁闭，非要打发他回家不可。多亏团长吴华高替他说情，并教育他听话，随后又给老乡赔了14块银元，这才了事。

红四军于1931年1月组建时，吴华高、吴文保领导的红色补充军第二团，奉命编入红四军第十师。这时，吴文保被调离部队，去从事地方工作。于是，就叫吴华夺跟他一道去列宁小学读书。可吴华夺说什么也不肯去，就被留在红四军少年先锋队当小兵，跟一群红小鬼们编在一起，每天除行军操练，还坚持学习文化。

吴文保拗不过儿子，临走时，买了一双新鞋亲自给儿子穿上，叮咛道："你当上了红军，就要像个红军战士的样儿，一定要遵守纪律，服从命令，英勇作战……"

父子俩分别以后，同在一块乡土上闹革命，但平时他们也难得见上面。

1931年10月，红二十五军成立时，吴华夺在第七十三师二一八团机枪连当通信员，这时他才14

"我跟父亲当红军"图画

岁。在河口镇战斗中，他奉命抢救和掩护蔡申熙军长时，右腿受了重伤，被送往罗山境内的红军医院休养……

休养期间，第七十三师随红四方面军总部转到了四川。让他意外的是，父亲吴文保在第四次反"围剿"中又从地方调到红四军第十师，随同红四方面军主力西征而去。从此以后，父子俩天各一方，相距遥远，再也不曾见过面。

伤愈后，吴华夺又被编入重新组建的红二十五军，继续坚持了鄂豫皖苏区的第四次、第五次反"围剿"斗争。吴华夺的青少年时代，就在红二十五军这支部队里摸爬滚打，经历了血与火的残酷磨炼。

三

1934年12月，吴华夺随同红二十五军长征进入陕南。这时，他在手枪团担任班长，不久被提升为分队长。吴华夺和他的第一分队，大都是经过严格挑选的青少年战斗骨干，人数虽然只有三四十名，但就其战斗力而言，完全顶得上一个连。他们神出鬼没捕获俘虏，乔装改扮侦察敌情，出奇制胜抄袭敌人据点，都出色地完成了战斗任务。手枪团既是全军的主要耳目，又是全军的一把尖刀！

但在红二十五军西进到华阳镇以后，吴华夺遇到一件意想不到的事。原来，红二十五军在由大别山经桐柏山、伏牛山进入商洛山区以后，各路围追堵截之敌，都极其敏感地做出判断："似有西窜入川之企图！"其实，红二十五军并没有"西窜入川"，而是立足于商洛山区，创建了新的鄂豫陕革命根据地，使部队得以休养生息。

1935年3月，红二十五军主力又向城固、汉中方向前进。部队到达小河口时，军首长派出手枪团第一分队，化装潜入到汉江附近，实地侦察敌情。

就在这次侦察行动中，大家都以为部队要进入四川。小战士毛和发十分好奇地问："我们到汉江边侦察情况，部队是不是要进入四川？"吴华夺听了不由一怔："我不知道。是谁告诉你的？这可是军事秘密……"毛和发嘿嘿一笑，露出两颗门牙豁豁："嘻！我听主力团政委讲的，他说四川有的是大米吃，还可以跟老大哥胜利会师……"

果真如此的话，吴华夺心里也很高兴，终于可以见到他的父亲了！他情不自禁地脱口而出："部队要进入四川，我们父子就可以见面了！"

当吴华夺带领一分队返回到小河口时，部队中就有不少人七嘴八舌地猜测议论了起来。

军参谋长戴季英知道后，专门把手枪团第一分队集合起来，厉声呵斥："派你们一分队到汉江边侦察情况，你们就到处散布入川的思想情绪，故意扰乱动摇军心，我要拿你们是问！"

吴华夺和其他几名班长当即被下掉枪支弹药，调离手枪团第一分队。吴华夺被发落到军政治部执法队当伙夫。

有关部队的作战行动方针，吴华夺其实压根就不了解问题的实质所在。就在当时，军队领导成员之间，就曾有过主张入川与反对入川的意见分歧。事后，军领导只是在华阳地区留下一支游击队坚持斗争，主力军很快又返回商洛地区，继续坚持创建和扩大鄂豫陕革命根据地，与川陕苏区、陕甘苏区形成三足鼎立之势。

吃一堑长一智。吴华夺背了两三个月的行军锅，懂得了克制自己思想情绪和严守军事秘密的重要性，他再也不当"胡参谋"了。

红二十五军由长安沣峪口西征北上时，军领导才叫吴华夺到二二三团八连当代理连长。到达陕北后，吴华夺在榆林桥战斗中腹部负伤，被送往后方医院休养。1936年2月，红军东征时，他的右手中指骨节被弹片击断，他随之将那半截血肉模糊的手指头，忍着疼痛紧紧包扎起来，却又奇迹般地长在了一起。

吴华夺在战斗中三次负伤，用鲜血浸润着他的青春年华。1936年10月2日，红十五军团一举攻占会宁县城，他这才见到本家哥哥吴华江。兄弟俩见面时，吴华夺还不曾开口问，吴华江就说："好兄弟，我给你说个事儿，你别哭！你父亲吴文保同志，他在长征路上遭到敌人飞机的轰炸……革命到底了！"

父亲的下落，从此打上了句号。一天晚上，吴华夺背着全连战士，独自跑到村外的一棵大树底下，抱头痛哭了一阵。父亲"革命到底"了，可远在家乡的母亲也不知道是死是活……亲人的生死离别，怎能不叫他悲痛？

不一会儿，团部的党总支书记文明池来了，安慰他说："不要伤心了，快把眼泪擦干。我们手中有枪，要向敌人讨还血债！"

父亲在征途上倒了下去，儿子又在战斗中成长起来。从跟着父亲当红军，到抗日战争时期，吴华夺已在新四军担任营长、团长；解放战争时期，任第三野战军二纵队第六师师长；1955年被授予少将军衔，曾任中国人民解放军兰州军区副司令员等职。

杨靖宇：铁血孤胆铸英魂

1940年2月，警戒森严的濛江县城医院里，医生正在解剖着一具特殊的尸体。一个日本高级军官气急败坏地命令道："立刻解剖，我要看看他肚里到底都有什么特别东西！"

当医生剖开死者的腹部，发现死者的肠胃里仅有一点树皮和草根时，在场的日本军官和医生都惊呆了："他真是中国的一条好汉！"

他就是抗日英雄杨靖宇。杨靖宇是1926年豫南确山农民起义的领导人之一。大革命失败后，他在河南、上海、东北等地，做党的地下工作。1931年九一八事变后，曾任满洲反日同盟会总会长、中共哈尔滨市委书记等职。在全国第二次苏维埃代表大会上，他当选为中央委员会委员。在他的故乡中原大地和东北的白山黑水间，到处流传着他的英雄事迹。

杨靖宇

一

在河南省确山县，有一个李湾村，它的西面是连绵起伏的群山，山下是贯通南北的平汉铁路。1905年，杨靖宇将军就出生在这个村庄。他本名叫马尚德，杨靖宇是他到东北抗日联军后改的名。5岁那年他的父亲去世，母亲带着他和一个小妹妹，靠叔叔生活。

杨靖宇自幼性格倔强，颇有爱国情怀。他在确山第一高等小学读书时，正是十月革命爆发的第二年。学校的一些进步教员，发起了抵制日货的斗争。五四运动席卷全国后，年仅14岁的马尚德，很快成了斗争的积极分子。他跟同学们上街贴标语，散发传单，到火车站上查日货。

1923年秋，杨靖宇考入开封纺染工业学校。1926年，在革命的浪潮漫卷中国的大形势下，他加入中国共产主义青年团，孜孜不倦地学习《向导》《新青年》等刊物，接受革命思想的洗礼。同年冬，杨靖宇奉党团组织指示，回到家乡确山从事农民运动。1927年加入中国共产党。

1931年9月18日，九一八事变爆发。仅仅几天时间，日寇就占去了东北三省各大城市。由于蒋介石的不抵抗政策，抗日救国的重担，落在共产党人身上。

此时，刚刚被营救出狱的杨靖宇，身体还很瘦弱，并患有严重的关节炎。当时有同志劝他说："您就休息一段时间吧！"他却坚决拒绝说："在监狱里，并没有累着我，只要我活着，就要斗争。"

为了发动工人、学生抗日救国，他拖着虚弱的身体，四处奔走。不久，他便被选为满洲反日同盟总会会长，并担任了哈尔滨第一任市委书记。

1932年夏天，哈尔滨遭受空前的大水灾。无数无家可归的难民逃到市区中心。日寇为了掩饰他们不修江堤的罪行，利用红十字会说什么洪水是神的意志，要难民们烧香念佛。

一天，杨靖宇出现在"难民所"里。他穿一件黑色的旧长袍，头发很长，脸色苍白，目光坚定。只要没有日本兵监视，他就趁机向难民们演讲："同胞们，我们不能做无知的愚民，大家要想想：是谁不修江堤，不顾我们的死活，是谁在敲诈勒索……"

"你说得对！""我们要向伪满政府抗议……"愤怒的火焰，瞬间在"难民所"燃烧起来。

侵略军惊慌了，他们开来军队，派来特务，把难民区团团包围，大肆搜查。但是，杨靖宇已经无影无踪了。

第二天傍晚，杨靖宇又在马家沟小花园里出现了。他乔装打扮，变成了一个小学教员的模样，拿着一本厚厚的书，坐在花池旁边的长凳上。宪兵在周围来回走动。

不一会儿，一个挟小皮包的女人走到他跟前，握过手后说："母亲说，你身体不好，最好到乡下住几天。"他问那女人说："母亲和兄弟姊妹们都好吗？""好！"女人回答。

走过来走过去的宪兵，以为他们是在拉家常。原来，他们对话里说的"母亲"指的是中国共产党，"兄弟姊妹"是同志们。他们谈了一会"家常"，女的要走了，杨靖宇对她说："告诉母亲放心，我们的生意还好。"

晚上，难民区里又出现了传单，谁也不知道是从哪里飞来的，传单上写的是："反对日本侵略中国领土！水灾是侵略者带来的灾难！我们不再受骗……"

二

"我要是说谎话，出门碰上邵本良。"东边道地区的老百姓，常拿这句话来发誓。

邵本良，原是一个"胡子头"。他诡计多端，枪法高明。九一八事变后，摇身一变成"剿共团"的团长，后又升为东边道的"讨伐司令"，老百姓恨透了他。柳河县三源浦及凉水河子，就是邵本良的老窝。

1934年春天，杨靖宇带领部队，粉碎了日寇的"春季大讨伐"，渡过辉发河，来到了柳河县境。

汉奸邵本良虽然知道杨靖宇的部队英勇善战，但是他没有直接吃过苦头。当他闻听杨靖宇到了，拍着桌子大骂道："我姓邵的建国有功，素得皇军的信任，这一回，一定要叫杨靖宇知道我的厉害！"

就在邵本良大吹牛皮时，凉水河子来了电话："杨靖宇部围攻凉水河子，请速派兵援救。"

邵本良马上带着兵马赶过去，等他气喘吁吁地赶到凉水河子附近，有人又从他的老窝柳河跑出来报告道："柳河失守，留下的一个中队全部被歼。"

邵本良不由得出了一身冷汗，他知道中计了，又连忙回头去救柳河。可是，当他赶回柳河的时候，凉水河子又失守了。

邵本良的部队遭到了惨败。连夜，邵本良给日本送去求援信。第二天，2000多个日本兵从四面八方围攻上来。

杨靖宇带领一个师被包围在大荒沟地区。敌人攻击了两天两夜，也没有攻下。第三天早晨，一个哨兵跑来报告说，捉住邵本良一个传令兵。

"从哪里捉来的？"杨靖宇问。"就在村外大路上。"哨兵说着，递上一封信。

杨靖宇把信拆开，是邵本良写给他的一个营长的。信上写着："杨靖宇的部队可能从你们那里逃走。你处虽然兵力薄弱，但我确信你们会堵住他，务必要坚守阵地，我正调动东边的部队增援你们……"

杨靖宇看罢信，一句话也没说，他指着地图说："奇怪的是，送这样重要的信，为什么会从我们防区通过呢？"他又亲自审问了送信的，送信的什么情况也不知道。

杨靖宇便果断地说这封信是假的，邵本良也想来个调虎离山计，故意把把守最严密的地方说成兵力薄弱的地方，那我们就来个将计就计。

深夜，繁星闪烁。杨靖宇亲自带领部队，越过树木稀落的小山梁，向西北方向奔去……

第二天一早，邵本良得到了杨靖宇的部队早已离开大荒沟的消息，去向不明。

三

1939年冬，杨靖宇率领抗日联军第一路军活动在临江一带，转战一个冬季，先后歼灭了数千名日伪军。在临江上下岔沟，冲破敌人11个军管区的兵力包围。年底，退向东部山区。

第二次世界大战爆发后，日寇为了巩固后方，调动了70万人来到东北，其中30万的兵力用于"讨伐"抗日联军。

这种情况下，杨靖宇把自己率领的部队化整为零，零散潜伏在各山林地带，跟敌人进行"麻雀战"。日寇几十万人"围剿"

了两个多月，也没找着杨靖宇的部队。

1940年2月，杨靖宇带着十几个人，在濛江以东山林里转战。这里是一望无际的大森林，地上是三尺多深的积雪。晚上，他们就砍些树枝铺在雪上睡觉。第二天，大家发现机枪排排长张秀夙不见了，这是个意志薄弱的人。

杨靖宇沉思了一会儿，摆手说："我们要赶快转移。"果不其然，大家刚走了半里路，就发现了鬼子兵。他们赶紧钻进了密密的树丛里。敌人紧紧追赶。杨靖宇带着几个人边打边走，9天之后，他身边只剩下7个人了。

大家两天都没吃东西了。夜里，两个警卫员摸进伐木队搞了敌人一匹骡子，生着火，用一只捡来的小铁筒，煮骡子肉吃。谁知大家吃了没有盐的白水煮骡子肉，都拉起肚子来。第三天，大家再也吃不下这白水煮的骡子肉了。

杨靖宇扯下一根骡子肋骨，放在火上烧，烧熟吃了两口，向大家说："烧的很好吃，你们都来试试看。"他很风趣地说："将来胜利了，大家可别忘了这顿烤肉啊！"

隔天下午，敌人的追兵又跟踪追赶上来。夜晚，他们不敢生火，在深雪里休息了一夜。第二天一早，传令兵出去探听情况，遇上一个伐木队的工人。他想到司令没有衣服，就花钱买下了他的一件旧皮袄。可当他把皮袄拿回来的时候，杨靖宇却严肃地问："哪里弄来的？是不是违反了纪律？"

传令兵说明是买来的之后，他的态度才缓和下来，说："我们就是剩下最后一个人，也是共产党的军队，绝对不能违反纪律。"说着，便把那件买来的皮衣，给一个伤员披上了。

中午时分，敌人从四面八方包围上来，他们采取"拉网""篦梳"的战术，一棵树一棵树往前搜。情况十分危急。杨靖宇见此情况，便对身边的几个人说："我们暂时分散开吧！"大家听说要分开，有的就哭了，有的坚决地说："要死一块儿死，我们也要跟着司令！"

杨靖宇沉思了一下，坚强地说："同志们！这样说是不对的，我们多活一个人，就多一份革命的力量！就是我们都牺牲了，革命还是会胜利的。大家要记住，至死我们不能投降敌人，不能泄露党的秘密。"

四处响起枪声，他和大家规定了联络地点，带着两个警卫员向一片密林里走去。在风雪交加的大森林里，他们忍着饥饿寒冷，吃着草根、树皮和雪，跟敌人周旋了三天三夜。

2月18日，两名警卫战士在离开杨靖宇去寻找食物时不幸牺牲。之后，杨靖宇只身一人在饥寒疲惫、伤病交加的情况下，仍坚持与敌周旋。

2月23日，杨靖宇辗转来到濛江县保安村三道崴子。由于汉奸出卖，日伪"讨伐队"包围了他。当时，杨靖宇已几天没吃到一粒粮食，加之感冒未愈，身体极度虚弱。当他发现已被敌人包围时，便愤然而起，双手持枪与敌人搏斗。开始，敌人幻想活捉杨靖宇，劝他归顺。敌人不住地高喊："放下武器，保留生命，还能富贵。""抵抗没有用了，投降吧！"但杨靖宇镇定自若，不为所动，并回应道："量尔弹丸四岛，断无亡我中华之力。"他拒绝投降，坚持抵抗，直至最后壮烈殉国，时年35岁。

如今，当时的濛江县已改名为靖宇县。在这个县城里，有靖宇村、靖宇中学，人们还把将军最后被围的那片森林，称为靖宇林。每年2月23日，当地人民都心怀敬仰，去为杨靖宇扫墓。英雄杨靖宇将军的革命故事，被人们一代代传颂着。

《三大纪律八项注意》诞生记

"革命军人个个要牢记，三大纪律八项注意。第一——切行动听指挥，步调一致才能得胜利……"

这首耳熟能详的歌词、铿锵有力的旋律大家还记得吗？几十年来，这首家喻户晓的歌曾响彻无数军队与厂矿学校，它就是歌曲《三大纪律八项注意》。

《三大纪律八项注意》是一首革命传统歌曲，歌词形象地把军队纪律融会贯通在里面，曲调雄壮激昂，便于传唱，易熟记于心。但半个多世纪以来，人们只知道它产生于红军时期，却很少了解它产生的具体年代和歌词编者的情况。

其实，这首《三大纪律八项注意》歌曲的形成并非一蹴而就，而是随着我军革命斗争的历程不断发展完善。河南新县人程坦就是最早谱写这首歌歌词的编者。

1932年，担任中共鄂东北道委秘书长的程坦，听到部队里传唱着一首《红军纪律歌》，他这才知道有个"三大纪律八项注意"。后来，他通过文件了解了一些有关"三大纪律八项注意"

的内容。然而真正触动他萌发编写歌词想法的则是1934年9月，程子华同志从中央苏区来到鄂豫皖苏区传达中央指示，传达"三大纪律八项注意"。这使程坦对"三大纪律八项注意"的内容，有了更进一步的了解。

在鄂豫皖苏区，程子华与郑位三、程坦以及刘华清等人住在一起。他们在同一口锅里搅稀稠，把南瓜叶子当饭吃。生活条件虽然非常艰苦，但他们却严守群众纪律。程坦在讲政治课时，就把严格遵守群众纪律作为政治教育的中心课题。他说："我们不但不能拿工农的一点吃的，还必须勒紧裤带喝稀的，好节省一把粮食，拿去优待红军家属。"

"三大纪律八项注意"的内容，在程坦的头脑中逐步完整起来，萌发出想把它编成歌词的念头。

于是，程坦就去找程子华商量，说了自己的想法："军队纪律若以歌曲的形式传唱，肯定比条条框框的思想教育效果要好得多。"

程子华一听，马上表示赞同。

之后，程坦根据"三大纪律八项注意"的内容，以9个字排列成句，编成通俗而又押韵的歌词，在宣传科长刘华清的协助下，把歌词填入了在鄂豫皖根据地流行的民歌《土地革命成功了》的曲调。但两个月后，部队就遵照中央命令开始长征，这首歌并没有在部队传开。

这首刚刚诞生的红军歌曲，在人民解放军的历史长河中，宛如一朵含苞初绽的蓓蕾。

长征开始，程坦担任红二十五军政治部秘书长。部队进入陕南后，经过半年多的艰苦斗争，创建了新的鄂豫陕革命根据地。这时红二十五军已由长征出发时的2980余人，壮大到4000

余人，地方武装也发展到2000余人。

红二十五军补充了将近一半的新战士。在这些"新红军"中，除绝大多数出身贫苦的农民子弟外，也有少数靠"吃粮"混日子的无业游民，还有个别吸食大烟的"刀会"丁勇，以及那些"反动习气"浓厚的国民党士兵，这些人经常随意拿老百姓的财物，打骂老百姓，违反群众纪律和战场纪律者屡见不鲜。

这引起了程坦深深的忧虑，教育"新红军"已迫在眉睫。因为他知道老百姓对那些烧杀掠夺的"旧军队"是既害怕又痛恨。革命根据地的工作必须紧密联系当地老百姓，做好群众工作，才能取信于民。

程坦先把郑位三在长征入陕之初写的《什么是红军》叫刘华清重新刻印出来，发至连队当作教材。为配合纪律教育，他将自己教唱过的《红军三大纪律八项注意》，又一次进行了改写，印刷出来，发到每个队教唱。那些来自鄂豫皖苏区的"老红军"，对曲调非常熟悉，唱起来容易掌握节拍，就是有人一时记不住那么多条歌词，也能跟着哼唱。

很快，这支歌曲在长征中率先从红二十五军唱了起来。大家走到哪儿唱到哪儿，耳濡目染，实际效果比在队前讲话好得多。这让程坦感到极为欣慰。正是在这样极其通俗朴素而又亲民爱民的军规规范下，"新红军"渐渐摆脱了残留在身上的种种恶习，赢得了越来越多群众的爱戴和拥护。

这支产生于红二十五军的"军魂之歌"，伴随着红二十五军的长征历程，由陕南经陇东到陕北，一路上被战士们放声高歌，响彻天宇。

当部队进入陇东回民地区时，军政委吴焕先结合"三大纪律八项注意"又制订了"三大禁令四项注意",严格要求部队贯彻执行。程坦把这些条文内容写成大幅布告,派人张贴在兴隆镇街头和清真寺门口,沿途向群众宣传。这在兴隆镇一带产生很大的影响。后来,中央红军长征也从这一带路过,毛泽东同志称赞道:"红二十五军留下了良好影响,民族政策水平很高,执行得很好。"

1935年9月18日,红二十五军与陕北红军合编成红军第十五军团。10月1日、25日,红十五军团先后于劳山、榆林桥战斗中,取得俘敌3800余名的重大胜利。与此同时,部队中也补充了一批东北军士兵。因此,如何对部队进行红军纪律教育的问题,又一次提到了历史日程。

时任红十五军团政治部秘书长的程坦,在思考这一问题时,正好传来了中央红军将要到达陕北的喜讯,他非常激动。

到了10月底,中央红军派贾拓夫等先遣人员到达红十五军团驻地道佐铺,及时送来中央红军《告红二十五、二十六军全体指战员书》和《中国工农红军三大纪律八项注意布告》。这一布告内容完整、文字准确、条款分明。

对于程坦来说,这真是如获至宝。就布告内容而言,都是他所熟悉的,但却别有一番感受。他最初编写歌词时,是没有这样的布告作为依据。程子华传达"三大纪律八项注意",也只是根据记忆所及。现在看到了红军总政治部发布的布告,当然是最准确最可靠最权威的依据,这真是"及时雨",更是"一把火"啊!

当天晚上,程坦激动得睡不着觉。他睡下后,又爬起来,干脆就地围着屋子里的一盆木炭火,摊开几页纸,伏在膝盖上,迫不及待地开始重新编写起歌词来。他严格按照布告的内容，结合原来的歌词，逐条逐句地加以斟酌，一遍遍推敲，最终修改成一首崭新而又完整的歌。

就这样，熬了一个通宵，程坦把连夜编写出来的新歌词，第二天一早就送给军团政治部主任郭述申。随后，这首歌便刊登在军团油印出版的《红旗报》上，最初的歌名叫《三大纪律八项注意歌》。

"三大纪律八项注意"是我军的光荣传统，是建立在政治自觉基础上的铁的纪律，是我军战斗力的重要保证。程坦怀着对革命的一腔赤诚之心，对歌词不断地施以心血灌溉，使这支红军歌曲又一次重放光彩，获得了新的生命。

后来经过抗日战争、解放战争等时期，歌词内容也做了相应的改变。如今，这支歌早已唱遍祖国大地，长盛不衰。

1947年10月10日，毛泽东为人民解放军制订的"三大纪律八项注意"，重新颁布实施。从此，这支歌的内容得到了统一，并"以此为准，深入教育，严格执行"。

1957年，在出版的《解放军战士》杂志第14期上，正式刊登了《三大纪律八项注意》的标准歌词，这也是现在所唱的歌词。

1971年11月28日，《人民日报》《解放军报》同时重新刊登了《国际歌》和《三大纪律八项注意》，两报评论员还发表了《唱好两首革命歌曲》的评论。同年第12期《红旗》也刊登了这两首革命歌曲，并发表短评：《进行思想和政治路线教育的重要教材》。这一时期，这首红军歌曲被推到了历史的最高峰，进入史无前例的极盛年代。

1981年，在《解放军歌曲》编辑部所发文章的末尾，有这样一段文字："程坦同志生前担任全国政协常务委员、国务院民政部顾问，于1980年12月26日逝世。现重新发表《三大纪律八项注意》歌。让我们高唱这首优秀的革命传统歌曲，在新长征中奋勇前进。同时也是对中国共产党的优秀党员、无产阶级的忠诚战士程坦同志的纪念。"

传唱《三大纪律八项注意》歌

党继新：永远的26岁

1932年12月1日，在济源县城，面对着刽子手的刀枪，他镇定自若，视死如归，放声高呼："中国共产党万岁！打倒国民党政府！"从此，他鲜活的生命永远定格在26岁。

他，就是革命烈士党继新。1906年他出生在河南济源西水屯一个贫苦农民家庭。他从小聪明，刚强机敏。《三国演义》《水浒传》等古典名著，对他产生了深刻的影响。他先后参加学生会和青年社，秘密学习《向导》《中国青年》等进步书刊，接受革命思想。党继新是中共济源党组织的创始人、豫西北地区早期党组织的著名领导人之一。历任中共济源支部书记、特支书记、县委书记、河南省委巡视员等职，在创建党的地方组织，领导农民运动，组织黄背坪起义、沁济暴动等一系列济源早期革命活动中发挥了核心作用。

1932年4月，党继新和薛子中、郝布伦等战友组织领导了济源黄背坪起义，打响了豫晋边区游击战争的第一枪。但因遭民团"围剿"，起义失败。之后，国民党河南省政府便在全省发出通缉令，悬赏大洋千元，四处搜捕党继新。

10月20日，在成功领导了沁济暴动、豫晋边红色苏区已成雏形之际，党继新化名李天德下山前往郑州找省委汇报工作，请派军事干部。因省委已遭受破坏，未能找到组织，他便购买了望远镜、指南针、手电筒等急需军用品返回。当路过焦作李河煤矿一个地下联络站时，党继新与省委工作人员范毅（化名王德）相遇，二人化装成煤矿工人同路返回济源。

10月27日，当两人走到水运村后坡时，不幸被国民党区丁李绪聪、杨烈顺抓捕。当敌人将他们押至村南一个饭店时，党继新趁敌人吃饭之机，猛扑过去，夺取敌人的手枪，向敌人连扣两下扳机，但不巧的是，手枪因为子弹卡壳而未能打响。急中生智的他又举枪砸向敌人，同敌人展开肉搏。他左挡右打，前扑后踢，终于打翻一个区丁，另一个区丁也吓得连连后退。就在党继新正要脱身之际，被蜂拥而来的十几个民团团丁团团围住，终因寡不敌众，不幸再次被捕，并被重兵押送关进了县城监狱。

党继新被捕后，国民党鄂豫皖"剿匪"总部和河南省政府分别为济源县县长边万选等30余名军政要员颁奖，并在县城建立"剿共"指挥部，妄图一举消灭红军游击队。

为寻找线索，边万选令人押来范毅和另一位革命同志与党继新对质，党继新坚决地说："我与他们只是路遇，互不认识。""济源有多少共产党，上下你和谁联系？游击队有多少人？"党继新义正词严地说："我上接中国共产党，下连穷苦老百姓；共产党少说我一个，多说千千万；天下穷人都是游击队！"边万选下令刽子手对他进行惨无人道的酷刑折磨，党继新始终咬紧牙关，忍受着苦痛，没有暴露共产党的机密。敌人软硬兼施，还是一无所获。

此时，派去攻打红军根据地原大寨的国民党军又接连受挫。国民党河南省政府主席兼绥靖公署主任刘峙恼羞成怒，撤换了济源县县长。新上任的济源县县长方廷汉也企图用酷刑折服这位所谓的"共党首犯"，他接连使用"烤火香""踩铁链""燕飞天""坐老虎凳""十指穿钢针"等10余种酷刑，党继新被折磨得皮开肉绽，双腿压断，几度昏死过去。

敌人便用辣椒水把他灌醒，党继新与敌人怒目相对，大声痛斥道："你们这些祸国殃民的反动家伙绝没好下场！我们共产党光明磊落，举行暴动组建红军，为的是救国救民，推翻你们的政权。"他的妻子牛玉茹带着6岁的儿子到监狱里探望，他安慰妻子道："要革命难免会有牺牲，你不要悲伤难过，一定要把咱们的孩子照顾好养大成人。要教育好子孙后代，继承革命事业，将革命进行到底。"

在狱中一个多月，党继新受尽百般折磨，他宁死不屈，始终没有暴露半点党和红军的机密，令敌人无可奈何，万分失望。杀人成性的刽子手们连连惊呼："少见少见，这真是条硬汉、铁汉！"

红军游击队员得知党继新狱中受尽酷刑的消息，人人义愤填膺，大家摩拳擦掌，纷纷要求进城营救。游击队的领导郭大佛、苗既平、原有信等人立即召开会议，想方设法营救党继新。先是通过关系，派人送去60元银洋收买敌人。但这很快引起了敌人的注意，敌人立即将党继新押往开封河南省绥靖公署进行审讯。

红军游击队得到情报，立即作出了在押送开封途中劫车营救计划。敌人生怕在押送途中党继新被营救出去，猖狂叫嚣"共产党一日不除，济源一日不宁"，"党继新一日不杀，党国永无宁日"，并联名向刘峙发去电报，要求将党继新判处死刑，就地处决。

得知消息后，红军游击队决定进攻济源县城劫狱营救党继新，并派共产党员郭孝坤利用探望表弟王小会的机会秘密化装去探监，通知他配合行动。党继新听了郭孝坤的话后说："人有生必有死，我已成残废，不要为我轻举妄动，牺牲同志。要同志们保存力量，加强团结，在原大寨坚持斗争，打击敌人，扩大豫晋边区，争取革命早日胜利，我死亦瞑目矣！"回来后，郭孝坤转达了党继新的豪言，大家为之感动，个个泪流满面，决心奋勇杀敌，为党继新报仇。

11月15日，游击队在郭大佛等带领下，在柿沟与反动武装"三义长"展开激战，一举打败"三义长"，当场击毙其首领，烧毁其老巢。随后又在当地群众配合下，再次攻打了武山区公所，使周围反动民团闻风丧胆。县长方廷汉亲率民团三次向原大寨疯狂进攻，均被打退，无奈只好再次向刘峙求援，并要求将党继新处以极刑。刘峙狂称："不但要派大军相助，还要派飞机轰炸原大寨。"

12月1日上午，国民党县政府在县城马号运动场召开大会，关闭了县城的城门，出动两个连的部队，动用了200多支步枪、10多挺机枪，在县城大街增岗加哨四处戒严。县城四街的群众都聚集在马号运动场观看。

党继新镇定自若，视死如归。县长方廷汉在会上宣读了他的所谓罪状和国民党河南省绥靖公署判处党继新死刑的电令后，亲自监斩审问他："党先生年纪轻轻，上有父母，下有妻儿，就这样随便抛妻舍子，有点太可惜了吧，我劝你好好想一想，也为你的父母妻儿想一想吧。"

党继新斩钉截铁地说："方县长，我们共产党人救国救民，从不考虑妻子老小，你不必担忧。"方廷汉又问："党先生，你现在死到临头了，还这样固执。只要你说出谁是共产党游击队，现在还不晚，可以免除你死刑。"党继新说道："我是共产党，共产党多着哩，死我一个没啥了不起，血不会白流，吓不倒劳苦大众。"方廷汉恼羞成怒，大发雷霆："快给我枪毙！"

就义前，党继新要了笔墨纸砚，当场给妻子写了遗书。面对刽子手的刀枪，党继新大义凛然，放声高呼："中国共产党万岁！打倒国民党政府！"刽子手端枪的手抖动不止，连开了两枪，他才倒下，牺牲时年仅26岁。

在场围观的群众有千余人，看到这种情景，无不悲痛万分。当日下午，残暴的刽子手把党继新的头颅砍下，挂在县城西门示众，其惨状更是激起了广大民众的愤怒和痛斥。

党继新的一生虽然短暂，但却是革命的一生、战斗的一生。他为党和人民事业作出的重要贡献，将永载史册。

1949年3月，中共太岳区党委、济源县委和县政府在党继新牺牲的县城马号广场，修筑了烈士亭，竖立了纪念碑；1953年1月，济源县委、县政府在党继新

党继新烈士之墓

家乡西水屯一带的9个村成立了继新乡，以示纪念；1956年3月3日，中华人民共和国中央人民政府为党继新烈士颁发了毛泽东主席签发的烈士证书；1991年，中国电视剧制作中心以他的事迹为主题拍摄了六集电视剧《焦作风暴》，在中央电视台播映；2009年，在河南省"双60"人物评选中，党继新荣膺河南省为新中国成立作出突出贡献的60位英雄模范人物之一。

肖国清：大别山永远的歌声

一个年仅16岁的女孩，面对敌人的残暴，在生命的最后一刻，高唱着《国际歌》，义无反顾地跳进即将埋葬自己的土坑，直至生命的最后一息，她都高歌不止。这歌声，穿透沉寂的黑夜，显得特别嘹亮，在大别山幽深的山谷里久久回荡……

这个年轻的女孩，就是红军游击队队员肖国清。

1917年的春天，肖国清出生在河南新县箭厂河乡的一个贫苦农民家庭。她刚一出生，就遇到了军阀混战的苦难年月。1926年，家乡打土豪分田地，斗倒了地主，建立起红色政权。

第二年，她就背起书包进了列宁小学。肖国清开

肖国清烈士纪念碑

113

心极了，她做梦也没有想到，自己这样的穷孩子还能上学。她天生就有一副好嗓子，在学校她最爱上音乐课，音乐老师还特别教给她很多革命歌曲。从那以后，不管是在校园或山间小路上，人们经常能听到她那动人的歌声。

肖国清动人的歌声不仅吸引了乡亲们，也引起了地方苏维埃领导人吴焕先的注意。吴焕先请她参加红军从事宣传工作。这是让肖国清有生以来最高兴最难忘的事。她没想到，唱歌也是革命工作，自己也能当上党的宣传员，竟受到乡亲们这样爱戴和拥护。

从那以后，她一面在列宁小学上学，一面当宣传员，还是村童子团团长。不久，她又光荣地加入共青团。1932年，她从列宁小学毕业，就在本乡担任共青团书记，并加入中国共产党。在严酷的对敌斗争中，她锻炼成了一个坚强的革命者，受到乡亲们的尊重。

1932年秋天，红四方面军离开大别山，国民党反动派疯狂地反扑过来。他们对根据地实行了烧光、杀光、抢光的"三光"政策。深重的灾难又降临到根据地人民头上。

这时的肖国清15岁了，是红军游击队的一名交通员。她因身材长得娇小，还像个十二三岁的女孩子，这给她工作上提供了方便，敌人根本没把她放在眼里。她经常装扮成卖花生的孩子，出入于敌人的巢穴，侦察敌情，收集情报。她为避免引起敌人的怀疑，改唱山歌和民歌。她和游击队的同志们约定好了，什么样的情况，唱什么歌。机灵的肖国清就用她那嘹亮的歌声，向山上的游击队传送着敌情信息。

一天，她得到敌人将要搜山的情报，必须尽快地让游击队知道。于是她把那封信藏到头发里，向游击队的住地——连康山走去。一路上，机智的她巧妙地闯过了敌人的几个据点岗哨。可是在路过山石门时，又被敌人两个哨兵拦住了。

"这不是那个会唱歌的小丫头吗？"哨兵们认出了她。便开始盘问：

"到哪里去？"

"到王家湾姨家去。"

"干什么？"

"姨父病了，妈叫去看看。"

另一个哨兵开心地说："小女子，那你就唱歌给我们听，才放你过去。"

"唱么子歌呢？"肖国清想了想说，"那我就唱一支农友和士兵的歌吧！"于是她就开唱：

农白：老总呀，你咋出来当兵的？想升官发财吗？

兵唱：因为在家受贫穷，少柴无米愁坏人，没有法子才当兵（哎咳哟），没有法子才当兵（哎咳哟）。

农白：当兵是很苦的呀，你出来当兵，你家里人同意吗？

兵唱：老娘急得双泪流，妻子拉住不丢手，农友呀！小孩儿急得直碰头（哎咳哎咳哟），小孩儿急得直碰头（哎咳哎咳哟）。

两个哨兵听肖国清唱到这里，不知不觉眼圈儿都红了。这时，从据点里走出一个匪军小头目，来到眼前大声呵斥道：

"不准唱这歌！"他先是给一个哨兵一耳光子，又上前抓住肖国清的衣领，"我看这黄毛丫头，像个小共产党！"

肖国清不惊不慌，甩脱他的手说："老总要我唱的，这也不是共产党的歌！"

"你在煽动军心，走！随我到连部去！"匪军头目拉住她

115

往村里走去。

村子就在山下边，肖国清心里可急坏了。她担心敌人会搜出她头发里的那封信。况且耽搁时间长了，会误大事的。她想着想着，忽然急中生智，弯腰装作提鞋，顺手抓起一把沙子，往那小头目的眼睛撒去。小头目毫无思想准备，两只眼里都进了沙子，只顾着去揉眼睛。肖国清趁机飞也似地跑进山上杂树林里……

小头目发觉她逃跑了，便嚎道："小共匪跑了，快给我追！"

两个哨兵赶来，故意迟迟疑疑地说："长官，怎么连个小孩儿也看不住，让她跑了！"他们还记恨着那个耳光子，心里正幸灾乐祸呢！他们虚张声势地打了几枪，便回去了。

有一次，肖国清发现敌人的大部队都开往东山去了。箭厂河街上只住着易本应"清乡"团的几十个人，整天都还在那不是打麻将，就是喝酒猜拳，乱哄哄地闹成一团。她立即连夜跑到连康山，把红军游击队领来，打了个漂亮的袭击战，除少数敌人逃跑外，其余全被打死打伤或活捉。渐渐地，肖国清引起了敌人的注意。

1933年8月，红军游击队大部分已被编入红二十五军到西山打大仗去了，仅剩下10多人的队伍在地方坚持斗争。

没想到，"清乡"团长易本应又带着队伍耀武扬威地反扑回来，奸淫烧杀，无恶不作。

不幸的是，肖国清在一次强行移民中被易本应发现了。易本应先用言语哄骗，只要她在自首书上签个名字，说出游击队在哪里，就马上放她回去。

肖国清冷笑拒绝了。易本应本来对肖国清这么个小丫头没放在眼里，心想：只要一折腾，她马上就会求饶的。没想到打手们使用了各种残酷的刑罚，把这个瘦弱的女孩儿折磨得死去活来，然而她却依然紧咬牙关，凛然不屈。

易本应恼羞成怒，他马上命令凶手们："把这个小共匪的头发，给一缕一缕地拔下来，看她说不说！"

头发快要被拔光了，肖国清脸色苍白，咬紧牙关，浑身打着战，鲜血顺着头皮流了下来。她又一次昏迷过去了。

醒来时，她被关在一座祠堂改成的监狱里。第二天早晨，她忽然听见妈妈的哭声，原来是妈妈和小弟肖永春来看她了，她强忍疼痛挣扎着站起来。

"国清，我的孩子！"妈妈一看到她就泣不成声了。

肖国清抱着妈妈，泪水忍不住夺眶而出，一下子跪在地上说："妈，我这个不孝的女儿连累了您呀！我只望革命胜利了，凭自己的汗水挣些钱，好让您老人家过几年舒心的日子，没想到……"

妈妈失声痛哭不已。她从手巾包里拿出几个熟鸡蛋，递给她。肖国清看看在一边痛哭流涕的弟弟，还是把鸡蛋塞给了他……

这天深夜，易本应亲自带领几个匪徒，把肖国清从监狱里押了出来。

"肖国清，现在回心转意，还为时不晚。"易本应冷酷地奸笑着说。

肖国清强支着身子，毅然不屈地迈着脚步向前走。她被押到一片荒坡山洼里，在火把的光亮下，肖国清看见面前已挖好一个大土坑。

"肖国清，这就是给你准备好的地方，你还有什么话说吗？"易本应又冷笑着说。

　　肖国清不理他，坦然地向土坑走去。"别慌！"一个凶恶的匪徒一把拉住她，幸灾乐祸地说，"你不是爱唱歌吗？还是先唱个歌，再送你回老家吧！"

　　肖国清怀着满腔的愤怒，看看这几个匪徒。她知道这是自己最后的时刻了。在这漆黑的夜里，虽然看不清家乡的山山水水，可她还想给乡亲们留下点什么。匪徒们的话提醒了她。她要唱一支庄严的歌，献给亲爱的党和家乡的人民。于是，她厉声喝道："好！你们好好听着，我要唱《国际歌》！"

　　起来，饥寒交迫的奴隶！

　　起来，全世界的受苦的人！

　　……

　　这激昂的歌声让易本应又气又急，歇斯底里地嚎道："不许唱这歌！快把她推下去！"

　　不等匪徒们推，肖国清唱着歌，毅然向前跨了几步，起身一跃，跳进了土坑。匪徒们开始手忙脚乱地往坑里填土。

　　激昂的歌声愈发嘹亮，久久回荡在大山之中。此时，一颗耀眼的流星从空中划过。

　　肖国清，大别山的英雄女儿，永远安息在大山的怀抱里！

李翔梧、刘志敏：革命伉俪留青史

　　李翔梧和刘志敏这对革命伉俪，是中国共产党历史上著名的英烈夫妻。他们为革命事业永葆一颗红心，用青春和热血谱写出共产党人不朽的人生篇章……

　　李翔梧，1907年生于河南洛宁县中高村一个农民家庭。父亲李振斋，略识文字，乐善好施，深受乡邻敬仰，晚年在村里创办三余小学，利用农闲，免费教穷苦孩子学些文化。李翔梧从小就跟父亲念书，他勤奋好学，是当地出了名的"神童"。

李翔梧和妻子刘志敏

受新文化运动思想影响，李翔梧小小年纪就立志投身革命，救国于危亡。

一个仲秋的夜晚，李翔梧见同室的同学都进入梦乡，便悄悄起床，到校园找一偏僻处，从衣服里掏出一本《苏联十月革命研究》，借着墙外透进的灯光，认真地读起来。

李翔梧为苏联十月革命的胜利而高兴："要是中国也来一场'十月革命'，把腐败的旧社会制度彻底砸碎，建立一种耕者有其田、人人有衣食的新型社会该有多好啊！"他越看越兴奋。

"这么晚了，看什么书这样入神？"冯老师的突然出现，李翔梧慌得说话有点打结："你，你是什么时候来的？"说着，就把书往背后藏。

"我到这儿已经十几分钟了，可你就是一点儿都没感觉到。"冯老师说着微微一笑，拉住他的手向宿舍走去。

原来冯老师名叫冯品毅，是中共河南省委新派到开封一师开展党的地下工作的。回到宿舍，冯老师从床席下翻出《共产党宣言》《新青年》《向导》几本书递给他。李翔梧一看，这几本书有的他以前偷着看过，都是学校禁止的书。

"你刚才看的书，我也看，凡是有志报国的热血青年都看，有看不懂的地方，你来找我，咱们共同研究。"冯品毅看了他一眼又说，"学校对这种书查禁得很严，今后要多注意，千万不能被黑狗子发现。"冯老师的一席话，一下子把俩人的关系拉近了，他们越谈越投机。

在冯品毅那里，李翔梧又结识了嵇文甫、王镇南、裴光等一大批进步老师和同学，他们组成河南青年学社，一起学习《马克思传》《辩证唯物主义》等进步书籍，宣传共产党的政治主张。

1924年，李翔梧加入中国社会主义青年团。他经常与同学走上街头，深入农村，开展革命宣传活动，撰文写诗，宣传革命道理，抨击旧社会的黑暗。

1925年，李翔梧加入中国共产党。同年10月受党组织派遣到莫斯科，先在中山大学学习，后到东方大学当军事课翻译。1927年四一二反革命政变的消息传到莫斯科后，中国留学生犹如头上浇了一瓢冷水，师生们连夜举行集会，抗议蒋介石的反革命暴行。

李翔梧站在讲台上，数说蒋介石的反革命暴行，愤怒的拳头砸得桌子咚咚直响："同学们，中国革命已经到了最困难的时刻，一切不愿做奴隶的人们，用我们燃烧的烈火，把黑暗的旧世界烧个精光。"

李翔梧激昂的演讲，深深打动了与会同学。集会之后，同学们唱着《国际歌》走上街头游行示威，声援国内工人阶级反对蒋介石的正义斗争。

从这以后，李翔梧多次向组织申请要求回国参加战斗。

在苏联，李翔梧时常到左翼作家曹靖华家里做客，讨论中国革命及文学问题，在那里他认识了河南同乡刘志敏，二人志趣相投，于1928年春结为革命伉俪。第二年，经组织批准，李翔梧同夫人刘志敏从苏联回到了上海，他被安排到中央军委任秘书长，刘志敏做妇女工作。

1934年10月，红军第五次反"围剿"失败后，开始实施战略转移。李翔梧和项英、陈毅等人奉命留在苏区坚持斗争。李翔梧亲自起草了《中共中央给中央分局训令的讨论提纲》《巩固我们的部队》等文件，指导苏区军民坚持斗争，有力地配合了红军主力的战略转移。

1935年2月，李翔梧所在的中央军区机关在江西会昌山区遭遇国民党军队重围。李翔梧同项英、陈毅商议后决定分路突围。傍晚时，经过激战，李翔梧、袁血卒等所在独立团从仁风山突围，向南天门嶂山转进。

国民党匪兵为了把游击队困死、饿死在山里，在山下的各村庄和交通要道，悄悄地挖些地堡，然后钻进去，伪装成没人的样子，待红军走近时，突然伏击。李翔梧摊开地图，思忖许久，然后对袁血卒说："我看，咱们就给他来个将计就计，以班为单位，摸他的哨所。"果然，几次偷袭成功，国民党军队的哨所一个个被端掉。敌人见戏法不灵了，只得收缩部队，改变部署。

李翔梧率领500余人，晓宿夜行，敌人尾随而至。在战斗展开的紧急关头，此时伤势太重的李翔梧，夺过冲锋枪，用力将战友唐继章、钟伟生推开，跃向前去。他端起枪，把一串一串仇恨的子弹射向国民党匪兵，冲在前面的匪兵被打倒了，后面的匍匐在地上不敢动弹。

这时，李翔梧也连中了几颗子弹，倒在了地上，还高喊道："同志们，不要管我，为了苏维埃，你们勇敢地前进吧，中国革命一定会胜利的……"

李翔梧牺牲时年仅28岁。他用青春和生命点燃了革命的烈焰，他走得那样坦然，那样自豪，天地浩然，正气长存！

在大别山革命老区河南罗山县的烈士陵园里，巾帼英雄刘志敏宁死不屈的英勇事迹镌刻在这里。刘志敏，一个光辉而又不太为人所熟知的名字。她以热血书写了共产党员坚贞不屈的革命情操，诠释了共产党人矢志不渝的理想信念。

刘志敏，1908年生，罗山县人。她较早受到爱国主义和进步思想的启蒙，是大别山区早期参加革命的女同志之一。1929年，她与李翔梧从苏联莫斯科学习回国，先后在中央军委、中央苏区工作。她和李翔梧结婚后，在苏联生了第一个孩子，取名叫苏生。回到上海，孩子才几个月，为了集中精力从事党的地下工作，她毅然把吃奶的苏生送回罗山交给姥姥抚养。

当时罗山县境内工农武装敌我斗争异常激烈，刘家便招来了反动政府的抄家，家人只好带着孩子下乡东藏西躲，饥寒交迫，颠沛流离。其间，孩子生病因无法医治，竟然过早地离开人间。噩耗传来，刘志敏肝肠欲断，她只有拼命地工作，以减轻失子之痛。

1931年，他们在上海生了第二个孩子，取名沪生。有一天，刘志敏见李翔梧自苏联回国后心事重重的样子，便问他有啥事。"翔梧，放心告诉我吧。从莫斯科中山大学认识，结婚到现在，你说，我什么时候没有严守党纪呢？"

"好吧，我告诉你，组织上决定叫我到中央苏区去工作，明天就走，不过，你仍然留在上海坚持工作，这是党的需要。只是沪生不到三个月，怎么办呢？"李翔梧犹豫着。

"送回家去！"刘志敏果断地回答。她深知李翔梧此时的心情。虽然他们第一个孩子苏生不幸夭折，但是现在又要把这还不满3个月的孩子送回去！李翔梧深深理解刘志敏做母亲的心，他不知怎样安慰爱人。只是，刘志敏更深刻地了解到：在党的决定面前，李翔梧是不惜一切的。正是由于他具有这种布尔什维克的高贵品质，自己才深深地爱着他、崇拜他。

第二天，刘志敏顶着烈日，冒着酷暑，千里迢迢，把沪生送回李翔梧的老家洛宁县中高村。李翔梧无暇送行，就踏上了前往苏区的征途。

刘志敏此次送子回洛宁，顺便回罗山看望年迈多病的母亲，在家只停留了7天，因形势紧张而离开。母女离别时难分难舍，潸然泪下。但是她还是强忍住别离的苦楚，安慰母亲说："别难过，等革命胜利了，我一定回来陪您过几年好日子。"哪知此次她们母女相见，竟是生死别离。

1934年，中央红军主力长征后，刘志敏奉命留在闽赣省继续坚持巩固苏区的斗争。12月，敌人对苏区军民进行了残酷的摧残，扬言"筷子过斩、茅草过烧、屋换石头、人要换种"。在这种险恶的环境中，刘志敏仍以顽强的革命意志，和其他同志一道坚持着革命斗争。

此时，刘志敏与李翔梧不通音信，她把对革命伴侣的牵挂之情暗藏在心底，一直坚持在游击战争的最前沿。12月底，部队在棠地（今属宁化县水茜乡）遭敌五十五师包围，突围战斗中，刘志敏不幸被俘。

刘志敏被俘后，先被关在福建宁化监狱，后被押到漳州绥靖公署监狱。狱中，她一刻也没放弃斗争，经常鼓励狱中战友："不管敌人耍什么花招，动什么酷刑，我们都要顶住，敌人是一时得逞，最后胜利是属于我们的。"

在她的言传身教下，战友们都表现得非常坚强。敌人对刘志敏进行多次审问，刘志敏一概回答："不知道！"敌人看软的不行，就严刑拷打。遍体鳞伤的她丝毫没有动摇过要为革命奋斗终生的决心。

半年之后，由于叛徒出卖，敌人得知刘志敏的真实身份，立即组织突击审讯。刘志敏觉察到被叛徒出卖，这时的她反而更加神情自若。她回击了敌人的一切威逼利诱，视死如归。

敌人说："你还年轻，只要说实话，马上给你自由，还给钱给官。"

她一声冷笑，严正回答："当红军，命都不要，还要钱要官吗？"敌人气得嗷嗷叫，又施酷刑，她再次晕了过去，敌人又是一无所得。

1935年6月的一天，刽子手以伪善的面孔对刘志敏说："你带上行李，现在送你回家。"刘志敏意识到敌人要下毒手了。在生命的最后时刻，她从容镇定地整理好头发和衣服，告别战友，昂首走出牢门，在漳州城西门外刑场英勇就义，年仅27岁。

就这样，李翔梧和刘志敏这对革命伉俪为革命献出了年轻的生命，他们用生命诠释了"头可断，肢可折，革命精神不可灭。壮士头颅为党落，好汉身躯为群裂"这一共产党人的高贵品格。

他们的一生，是为党和人民的事业不懈奋斗的一生，是光辉壮丽的一生；他们的一生，与中华民族解放的历史进程和中国共产党对中国革命道路的探索紧密相连。他们在革命斗争中表现出的无产阶级革命家气魄胆略，所蕴含的崇高革命精神，是我们党宝贵的精神财富，永远值得我们学习！

英雄母亲何大妈

在鄂豫皖交界处的大别山区，三面环山，层峦叠嶂。清澈的小河由东向西顺流而下，形成了一个冲积小平地，这里就是罗山县铁铺乡何家冲村。在何家冲，只要一提红军，人们就会说起何大妈。何大妈与敌人斗智斗勇的英雄故事家喻户晓，妇孺皆知。

国民党部队进入何家冲，为报复帮助过红军的村民，他们在这里实行"三光"政策，对村民进行多次"围剿"，140名村民先后被活活用石头砸死，只有逃到山里的村民，才躲过了屠戮。然而，面对空前的白色恐怖，何家冲人仍然心系革命，何大妈依然牵挂着红军。

何大妈原名吴秀真，是农民何胜群的妻子。50多岁的何大妈，性格沉稳，精力过人。无论是早年的农民暴动，或是在敌人残暴的统治下，何大妈都始终如一地在她家房后山崖下的大石洞里隐藏和照顾红军伤员。何大妈一口饭、一口水地喂着病号，不分昼夜地给伤员擦洗伤口，精心照顾。红军战士都亲切地称她何大妈。就是这样一位勤劳憨厚的农家妇女，用家中仅有的一点米糠，在后院的山洞里救活了13名红军伤员。

1934年的秋天，何大妈正在家中为红军纳鞋，突然听见对面山上响起两声枪响，她立即向后山望去，原来是几个敌兵抓住了两个正在山上砍柴的轻伤员。救人要紧！她不容迟疑，马上跑回家中，翻出自己多年积蓄的全部家底20块银元，然后拼命向对面山坡跑去。

等何大妈跑到对面山下时，几个国民党兵正要把两位轻伤员带走。何大妈冲上去问道："谁是长官？"一个黑高个说道："有啥事？我是小队长！"何大妈上前拦住敌小队长，指着被抓的伤员，说道："这是我的两个孩子，他们在山上砍柴，你们凭啥抓他们？"两位红军伤兵一听何大妈来救他们，便齐声喊道："妈妈！孩儿们遇上鬼啦！"何大妈不惊不慌地说："长官，我哪敢说谎呢？"说着她便把20块银元递给敌小队长，敌小队长一看，啥话都不再说了，他看了看身后几位士兵说道："兄弟们辛苦了，每人分大洋一块。"其余的则全部装进自己的腰包，然后向何大妈挥挥手高声说道："领走吧，以后莫让孩子们乱跑。"就这样，两位红军得救了。

机智勇敢的何大妈就这样一次次躲过了敌人的耳目。还有一次，一名红军伤员被"清剿队"抓走了，何大妈心急如焚。当看到自己身材高大的儿子时，她心里便有了想法。何大妈带着儿子立即去找"清剿"队长，她先是捏着5块银元悄悄塞到"清剿"队长手中。看到"清剿"队长脸色有所缓和，她便趁机说："我小儿子受了伤，你们抓去也干不了什么活，他大哥身体壮，就让他给你们干几天活吧。""清剿"队长捏着手中的银元，对手下说："这事划得来，病秧子换壮劳力，那就换了吧。"何

127

大妈把伤员带回家，自己精心照顾，而自己的儿子呢，则给国民党"清剿"队干了5天活才回来。

何大妈对红军战士的爱，已远远超越了神圣的母爱。为了革命，她早已把自己和家人的安危置之度外了。

国民党民团知道何家冲一带的群众和红军早有联

何大妈事迹展板

系，但具体人员并不太清楚。有一天，反动民团突然包围了何大妈的院子，然后里里外外到处搜查。几个团丁，还顺便忙着追捕何大妈喂养的三只肥母鸡。

在石洞里隐蔽的几个红军伤员，听到了外面的叫骂声和砸东西的动响，他们透过洞口的缝隙，看见何大妈和他的儿子儿媳，都被赶到了院中。敌人搜了半天，啥也没搜到，于是，就不分青红皂白地将何大妈的儿子何老大捆起来吊在门前的大树上。

何大妈面不改色，从容镇定，背对着隐蔽的石洞。当她看到身旁的儿媳在哭泣，就趁势厉声道："老总捉两只鸡子，有什么好哭的？我们以后再喂养就是了！"躲藏在山洞的伤员们心里明白，这话其实是告诉他们千万不能轻举妄动。

敌人挥舞着皮鞭，一鞭鞭地猛抽在何老大的身上，何老大就是一声不吭。何大妈依然站在那里，纹丝不动。过了好大一会儿，敌人见实在问不出线索来，只好走了。

　　暮色中，何大妈叫儿媳解开了吊在树上的何老大，而自己则赶忙提了一个土罐子，一溜儿小跑到石洞里，对伤员们说："孩子们，苦了你们啦。"她赶紧把手中的水罐，轻轻凑到一个重伤员的嘴边喂水。重伤员看着何大妈，再也忍不住了，哽咽着说："大妈，真难为您老人家了……"

　　何大妈沉默了一下，安慰道："何老大身强力壮，受得住。只要你们不出事，我就放心啦。"在何大妈的心中，红军的安危比啥都重要，甚至于超过自己的生命。

　　红军长征出发后，有一次敌人进村，不巧一位在村里养病的红军伤员余占海被抓住了。何大妈便主动上前说他是自己的儿子。敌人当然不信，何大妈便愤然向敌人发起毒誓，说她可以用自己的眼睛担保余占海不是红军。

　　就在相持不下的那一刻，何大妈突然抓起敌人的枪柄狠狠砸向自己的右眼。顿时，何大妈脸上鲜血直流，惨不忍睹。更让人没想到的是，此时的她竟然以惊人的意志忍住剧痛，奋力从敌人的手中夺过余占海。在场的所有人，都为之惊愕不已！

　　何大妈就是这样一位普通的农村妇女，但她又是不平凡的，她的英勇无畏、大义凛然让人肃然起敬。

　　新中国成立后，余占海成了武汉军区的一名少将，因感念何大妈的恩情，他专程回到何家冲看望何大妈，一见面就跪倒在何大妈面前，要给何大妈当儿子，一辈子照顾她，并希望把她接到武汉去居住，但老人家坚决不同意。1989年，何大妈去世，但她的故事却一直流传至今。

　　何家冲这片革命的热土，作为红二十五军长征出发地，书写了何家冲革命历史上光辉的一页，这里也成为具有重要纪念意义的红色圣地。在何家冲村有一座古朴的明代建筑何氏祠，现为红二十五军长征纪念馆。在纪念馆里，有一座半身的中年妇女人物塑像，神情凝重，目光坚毅——她，就是我们永远的英雄母亲何大妈。

　　数不清的红军故事，说不完的鱼水情深。一部长征史，其实就是一部军民鱼水情谊史，就是一部党与人民群众的血肉联系史。何家冲乡间山坳里的感人故事，再次向人们证明了这一点。

吴焕先：共产党员跟我来

在长征中，红军经历了许多我们难以想象的艰难困苦，一次次挑战着人类生理所能承受的极限。但就在这样恶劣的情况下，红二十五军凭着对革命必胜的信念，最终胜利完成了伟大的壮举。

1934年11月16日，红二十五军在鄂豫皖省委率领下高举"中国工农红军北上抗日第二先遣队"的旗帜，在罗山县何家冲含泪告别了根据地的乡亲，向西挺进，开始了长征。

11月25日晚，红二十五军在象河关西北地区打了尾随的敌"追剿队"后，继续朝方城县东北方向前进，打算越过许（昌）南（阳）公路，西入伏牛山区。

这天夜里，适逢寒潮来袭，气温骤然下降，加上北风呼啸而来，雨雪交加，给行军带来了许多不便。但是部队依然不敢稍有迟缓，在风雨中坚持疾行。

就这样，到了次日下午1点左右，当部队赶到靠近公路的独树镇附近时，雪更大了，天地间茫茫一片，几步以外什么也看不清。凛冽的寒风刮来，战士们裸露的手和脸像刀割般钻心地疼。尤其是单薄的军装早已冰冷湿透，紧贴在身上，冻得人浑身哆嗦，牙齿打战。最苦的是那些草鞋被烂泥黏掉的同志，冻得发紫的双脚被冰碴、石块和荆棘划开一道道口子，边走边淌着血。

饥饿、疲劳、寒冷一齐袭来，红军战士们咬紧牙关硬撑着，拖着沉重的双腿，一步一步艰难地向前挪动。大家心里只有一个愿望：坚持下去！等过了公路就能休息一下，弄点吃的先填填肚子。

突然，前方响起一阵激烈的枪声。"是敌人！我们碰上敌人啦！"队伍猛地停下了。

原来，国民党庞炳勋的四十军一一五旅一个骑兵团已先红军到达了公路边，他们提前设下埋伏，向红二十五军部队突然发起袭击。红军先头部队因雨雪影响前方视线模糊，发现敌人较迟。战士们极度疲劳，冻僵的手指根本不能灵活拉开枪栓，只得被迫后撤。就在这时，个别连队发生了一些混乱，敌人趁机猛攻，并从两翼包围上来，情况万分凶险！

越是艰难危急的时候，指挥员的作用越显得尤为重要。就在这紧要时刻，政委吴焕先及时赶到。他向战士们大声疾呼："同志们！就地卧倒，坚决顶住敌人，决不能后退！"吴焕先的到来，迅速稳定了军心。战士们趴在泥泞的地上，利用地形顽强抗击敌人。吴焕先从交通队一名战士身上抽出大刀，大声喊道："同志们！现在是生死存亡的关头，决不能后退！"随即他举起大刀喊道："共

吴焕先

132

产党员跟我来！"他奋不顾身地向前冲去，与敌人展开搏斗。

这激昂的声音，震撼着每个战士的心。红军战士们热血沸腾，勇气倍增，纷纷端起刺刀，冒着敌人密集的火力，奋不顾身地冲上去与敌人进行一场肉搏——有的刺刀折断了，就用枪托砸；有的武器没了，就干脆抱住敌人扭打起来……

战斗正在激烈进行，此时，徐海东副军长率领后梯队二二三团及时赶到。政委吴焕先立即和军长程子华、副军长徐海东商量对策。他们设法找来一盒干火柴，点燃了小草垛，让大家轮换着手先把枪烤热。

不一会儿，我军几十挺机枪、数百支步枪突然齐鸣，子弹雨点般地射向敌人。敌人惊恐万状，摸不着头脑，瞬间乱成一片："完了，完了，是共军的大部队来啦！"敌人纷纷扔下武器，抱头鼠窜。

敌人的突然袭击虽然暂时消除了，可是眼前的形势依然不容乐观：敌人数万步骑已把这支不满3000人的红军团团围住。加上这一带地势平坦开阔，既无险可据，又不便部队行动。这可是决定部队命运关键的一仗啊！怎样才能冲出重围？大家紧绷着的心，还没有来得及为刚才的胜利放松一下，又紧绷起来。

面对险情，吴焕先镇定自若。他和程子华、徐海东等仔细观察了敌情，迅速制订了突围方案。他们先组织二二三团打开缺口，但因敌顽强阻击未能成功。于是决定开始实行第二个方案，指挥全军人员都先坚守几个小村庄，等天黑后再伺机突围。

谁知没多久，敌人发起了进攻。在枪林弹雨中，吴焕先始终和战士们在一起战斗，并不时高声鼓励战士们狠狠打击敌人。警卫员廖辉担心他的安全，多次想拉他下去，他发火说："现在是什么时候，我怎么能离开阵地！"

激烈的战斗整整进行了一天，红军终于打退了敌人多次进攻。

吴焕先一回到军部，没顾上喝口水就赶紧去看望伤员。他挨个查看伤势，安慰大家："同志们打得很勇敢，为革命流血挂彩吃苦了。再坚持一下，夜里突围出去就好了。"然后，他向有关同志详细安排了护送伤员突围的事项，特别交代要注意安全，千万不能丢掉一个伤员。

部队吃完饭休息片刻，稍微恢复了体力，便在村中一块空地上集合起来。吴焕先表扬了作战勇敢的同志，然后坚定地说："同志们，考验我们共产党员的时候到了。拿出我们红二十五军的威风来，一定要冲出去！任何敌人都挡不住我们英勇无畏的工农红军！"

吴焕先的话，激起了每一个战士的信心和豪气。顿时群情振奋，大家都充满了必胜的信念。

夜幕降临，天空下起了蒙蒙细雨，这正是突围的好时机。红军有条不紊地做好了突围的一切准备，紧张而又焦急地等待行动命令。

决定部队命运的突围即将开始，吴焕先再一次向几个老乡详细询问了这一带的地形和道路，又和其他领导同志一起仔细对照了地图。经过反复研究，最后确定了行动路线。他站起来果断地说："好，就这么办，行动吧！"

突围开始。

由精心挑选的六七十名机枪手组成突击队，走在最前面，随时做好战斗的准备。大队人马紧跟在后，穿过敌人防守空隙，绕道急行，经叶县保安镇以北的沈庄附近通过公路。拂晓时，红军已经神不知鬼不党地抵达伏牛山东麓，在山脚下早摆开了阵势，把尾追的敌骑兵痛揍了一顿，算是赠给敌人一个"回礼"。

爬上山顶，一轮红日从东方冉冉升起，红军终于胜利地冲出了重围，大家一片欢腾。敌人围歼的阴谋又一次破产了！

独树镇战斗，是一场关系到红二十五军生死存亡的决定性一仗。政委吴焕先在关键时刻临危不惧，身先士卒，指挥有方，表现了共产党人英勇无畏的革命气概，为全军将士树立了光辉榜样，无愧于红二十五军军魂的称号，无愧于徐向前"赤胆忠心，英勇善战"的题词，无愧于毛泽东"红二十五军远征为中国革命立了大功，吴焕先功不可没"的称赞！

一个人、一个军队、一个国家，任何时候都要有信仰，有理想，有一种精神。红军正是靠着不畏艰险、勇往直前的革命精神和坚定信念，才完成了中国革命伟大的长征壮举。

陈廷贤：军史布衣第一人

在三门峡卢氏县，提起货郎陈廷贤为红军带路的故事，很多人耳熟能详。1985年出版的《中国工农红军第二十五军战史》中，用了300多字的篇幅，记录了一个老百姓陈廷贤为红军带路，立下不凡功勋的事迹。作为一个普通百姓被载入军史，陈廷贤被誉为"军史布衣第一人"。

陈廷贤

1934年12月4日，在国民党豫鄂皖三省"围剿总队"大批兵力的围追堵截中，红二十五军战略转移到达卢氏县。

红二十五军原计划取道五里川、朱阳关进入陕南，但是这时却发现前有国民党六十师在五里川、朱阳关等入陕大道上设伏，后有敌军5个旅紧追不舍，左右有国民党四十军、四十四师和九十五师紧逼合围。陷入敌军"铁桶合围"的红军队伍，随时都有全军覆没的危险。

红二十五军进入了敌军设下的布袋阵，此时的蒋介石得意忘形，认为红二十五军"插翅亦难逃遁"，将要和隋末瓦岗农民军一样，全军覆没于卢氏群山之中。

在严重形势面前，军领导沉着冷静，决定一方面稳定军心，另一方面从多种角度考虑入陕之策。最后一致决定，改变原定路线，另择小路前进。走小道，关键要有向导。于是分头入村进寨打听熟悉这里地理山川河流的人。

正好这时，红二十五军外出侦察的手枪团遇到前往青山赶集的货郎陈廷贤。

陈廷贤是山西晋城人，从小就来到卢氏县，做了货郎卖糕点。他每日肩挑一副货郎小担，摇着拨浪鼓儿，行走在羊肠小道，攀登悬崖峭壁，常年奔波于卢氏群山之中，四山八乡走个遍，旮旮旯旯山庄窝铺都晓得。

人熟了，当地群众都欢迎这个小老西儿，于是他就在卢氏县横涧乡卜厢峪认了个干娘。在大伙帮助下，他用土坯修了两间平房，从此落户于豫西山乡。

军长程子华亲自与货郎谈话，熟悉的乡音，一下子把两个人的距离拉近了。同为山西人的程子华一声"小老乡，你辛苦了"更深深感动了陈廷贤。

得知红二十五军面临危境、急需突围之后，陈廷贤毅然决定给红军带路。他向程子华军长表态："这山里的小路我熟，赶快走吧，我给你们带路，我做货郎生意，走过只有放羊人知道的小道，这条小道虽然险要，崎岖难走，但可以绕过五里川和朱阳关两个隘口，可直插陕西洛南。"

军领导当即进行了研究，决定采纳货郎建议。程子华就把领军突围的重要使命交给了这位"小老乡"。

经过周密部署，为迷惑敌人，当下派出手枪团，到朱阳关东15里处的村子佯装主力"号房子",贴标语,造声势,给敌人造成错觉。

1934年12月5日凌晨,红二十五军主力在陈廷贤的带领下从叫河镇出发了。

队伍从姬家岭进入水峪河峡谷,经香子坪、大石河沿着一条"七十二道水峪河,二十五里脚不干"的深山大峡谷"一线天"通道,隐蔽前进。

当夜,红二十五军主力到达涧西、南窑时,远远看见卢氏城头灯笼火把通明,还听到人喊马叫,经侦察,才知道蒋介石电令从陕州调来的援兵进驻了县城,军领导当机立断,绕过县城,沿洛河南岸向西急行军,赶到河口望云庵一带在柏树林里露营。

第二天红二十五军主力在横涧镇方向虚晃一枪,实向龙驹寨推进,并消灭了驻扎在此的保安队。第三天红军主力多路行进。先从徐家岭、潘河向灵宝秦池一带虚张声势,实向官坡镇迂回。主力由陈廷贤带领翻过大夫岭、石门,经香山庙向官坡镇挺进。

经三天三夜翻山越岭,8日,先头部队直扑豫陕交界处的安塞铁锁关,陕军败逃。陈廷贤终于将红军带出了重围,进入了陕西南大门。

陈廷贤的义举,挽救了红军,使蒋介石欲聚歼红二十五军于卢氏群山中的企图成为泡影。

陈廷贤为红二十五军带了三天路。临别时,红二十五军送给他200块大洋作为酬谢,被他谢绝了。军领导十分感动,称赞陈廷贤"为红军立了大功,我们永远也不会忘记你"。

陈廷贤连连说:"你们为穷人打仗,我办事应该的!"

后来，军长程子华交给陈廷贤一张他和政委吴焕先联名写的盖有红印的字条，上边注明陈廷贤为红军带路的功绩，并告诉他："小老乡，从此你就是共产党的人了，把这张字条保存好。"后来，日军攻陷卢氏，那张字条和陈廷贤租住的老屋一起被毁。

路途虽短，影响深远。对陈廷贤来说，短短数日的带路经历给他一生指明了方向。从那以后，陈廷贤就以红军为榜样勉励自己，以共产党人的标准要求自己。

红军脱险后，蒋介石恼羞成怒，命令驻卢氏部队和地方武装严加追查，认为一定是当地人带的路。

陈廷贤送别红军后，返回到卢氏卜厢峪的家。第二天，民团把他押到城隍庙审问，说他是给红军带路的嫌疑人。经干娘联络了几个乡亲向民团证明，货郎这几天确实一直在串乡没远走，要求放了小货郎。

由于陈廷贤只身一人，在山区游走四方，走到哪儿住到哪儿，一半天不定，又是一人所为，查无凭证。经民团捆打、罚跪折磨了3天才把他放了出来，出来后他遍体鳞伤，经干娘尽心调养，一个月后，才能出来走动。

新中国成立后，陈廷贤成了卢氏县副食品公司门市部的一名售货员。因为当年"你就是共产党的人了"那句话及那张被烧毁的字条，陈廷贤认为自己已经是一名共产党员，就一直以党员的标准来要求自己，工作非常出色，被评为省、市、县劳模。陈廷贤还要求向组织补交党费。组织上问及原因，他才讲起了曾为红二十五军带路这件事。他说："我给红军带路突围，首长给过盖有红色大印的字条，但是日本鬼子侵占卢氏后把房子烧了，字条也不见踪影。"因空口无凭，组织上就没有承认他是共产党员，陈廷贤也没再作说明。"文革"期间，陈廷贤却因此受到"说假话"的指责，背上了"编造历史"的恶名，遭到无休止的批斗和嘲弄。他伤心透了，再也不敢提及此事。直至1984年去世，他都没有实现加入党组织的心愿，他的遗愿就是把自己埋在卢氏县委党校旁，他说："即使我死了，也要天天听党课。"

但红二十五军的领导们始终没有忘记这位当年"有救命之恩"的"货郎兄弟"。其间，程子华在担任山西省委书记时，曾先后6次派人前往晋城寻找"小老乡"陈廷贤，因当时以"陈廷献"的名字为线索进行寻找，所以一直未曾找到。刘华清将军也曾到河北寻找，都没有结果。

1983年，中央军委红二十五军战史编写组再次提起此事，把调查地扩大到晋冀豫，最后获悉陈廷贤的下落。调查人员赶到卢氏，终于找到了这位货郎。但此时的陈廷贤患病卧床，已经神志不清。

1984年1月，陈廷贤病逝，享年72岁。其女儿陈爱芳深深遗憾："至死，父亲也不知道当年的红军找到了他。"

1996年为纪念红军长征胜利60周年拍摄了大型历史文献片《北上先锋》，在卢氏县拍下了许多画面，其中就有三次关于陈廷贤的珍贵镜头。

根据陈廷贤的生前要求，他被安葬在卢氏县委党校旁边的公墓里。1996年，卢氏县委、县政府郑重为货郎陈廷贤立了一块墓碑，碑文铭刻着他为红二十五军带路的功绩。

大别山"江姐"晏春山

在河南新县西南面的鄂豫两省交界处，矗立着一座雄伟的山峰——鸡公寨。山上有一沟深万仞的悬崖，名叫大花台，这里是共产党员晏春山跳崖壮烈牺牲的地方。苏区人民在这里修建了一座纪念碑，永远缅怀先烈的英雄事迹。

晏春山1893年出生于湖北黄陂一个贫苦农民家庭，14岁

晏春山跳崖处

141

因生活所迫，到武汉纱厂当童工，后来与码头工人潘家年结了婚。1926年冬，北伐军攻克武汉以后，共产党动员了很多有觉悟的工人、青年学生，回到农村去宣传革命。晏春山和丈夫响应党的号召一起回到丈夫的老家河南新县郭家河潘湾。不久，他们便与当地党组织负责人阮德成取得了联系。在党组织的教育和培养下，晏春山进一步懂得了革命道理，自觉地为党做工作。1927年冬，晏春山在郭家河附近的杨家洼加入中国共产党。

1928年5月，工农革命军第七军开辟柴山保根据地，晏春山不分昼夜地协助革命军，为建立和巩固柴山保根据地积极工作。1929年7月1日，中共鄂东特委发动柴山保附近的万余农民举行了"白沙关暴动"，晏春山和党的其他负责同志一起，带领潘湾一带的贫苦农民奋勇参战。白沙关解放后，她担任光山县弦南区第四乡妇联主席。她工作积极，吃苦耐劳，翻山越岭到各村宣传扩大红军的意义，深入细致地做群众的思想工作，组织广大妇女积极拥军支前。由于晏春山的辛勤工作，参加红军的人数不断增加，出现了一幕幕"父母送子上前线，妻子送郎上战场"的动人情景，那首在鄂豫皖边区广为流传的新县民歌《送郎当红军》正是那个时期所创作的，歌曲以质朴的词曲、优美感人的旋律至今仍广为流传。1929年冬，第四乡一次就有30多个青年参加了红军，晏春山也因此被称为"支红模范"。

1934年秋，红军主力先后撤离了鄂豫皖根据地，接着敌人便疯狂地向根据地人民进行反扑，党组织只得转入地下活动。

国民党反动派强令群众合乡并村，妄图切断游击队和群众的联系。情况复杂，斗争更加艰苦。这时，晏春山担任潘湾党支部副书记。她按照党的指示，一面隐蔽主力保存实力，一面积极组织群众，配合游击队坚持革命斗争。当时，她的丈夫潘家年已经参加了红军，家中有一位80多岁的婆母和3个幼小的孩子，生活十分困难。敌人知道晏春山的丈夫是红军，就把晏春山列为重点监视对象，强迫她迁到周湾去住，并放火烧毁了她的家。

敌人的残暴更加激起晏春山内心的无限仇恨，使她坚持斗争的意志更加坚定。晏春山冒着白色恐怖的威胁，不顾家庭的困难和个人安危，千方百计为革命工作。她经常提着篮子以卖香烟为名，来往于七里坪、郭家河一带，进出于国民党的兵营、敌人的巢穴，为红军搜集情报，散发革命传单。

一次，她进入郭东河敌人据点卖香烟时，探听到敌人准备偷袭驻仰天窝的鄂东北道委和游击队的消息，她心急如焚，连夜翻山越岭，绕过敌人的层层封锁线，迅速找到了游击队，使游击队得以转移，敌人的偷袭落了空。

红二十五军撤离大别山时，留下了一些伤病员，上级党组织把隐蔽在一处秘密岩洞里的伤病员交给晏春山看护。为了增加伤病员的营养，她还在敌人眼皮底下，巧妙地给红军伤员送了两头猪。

在那个兵荒马乱的年月，猪肉是很少有卖的，别说是两头猪了。晏春山拿出自家仅有的几块银元，又动员群众捐了些银两，通过给两家喂猪准备给孩子操办婚事的农户做思想工作，才买下两头猪。可是屠夫哪里找呢？怎样躲过敌人的盘查把肉送进山里呢？难题一个接一个。晏春山左思又想，找到自家娘家的堂叔来帮忙，先是让他写好一张张欠条："欠张三猪肉3斤，欠李四猪肉5斤……"反正都是欠偏远山村的。在当时，偏远山村的人很少赶集，总是先交些钱，等有肉了，屠夫集中送。然后把欠条送到各户，并串连群众对好证词。这边开始屠宰，按欠条切成块，并一一写上标签。屠夫挑着担大摇大摆地通过敌人的检查站，果不其然，敌人拦住盘问，并派人一路对质，因为事先准备充分，与群众一一都对上证词，敌人只好作罢。到了晚上，晏春山就组织革命同志重新收集猪肉，连夜送进山里，使伤病员吃到了猪肉。

在白色恐怖下，地下党的工作非常困难。晏春山想尽一切办法，为红军游击队刺探敌情，购买药品，掩护伤员，做了许多工作，因而潘湾被红军游击队称作"革命堡垒湾"。

1935年5月17日，由于叛徒告密，晏春山不幸被捕，敌人把她带到郭家河国民党军团部，进行严刑拷打和审问，逼她说出红军游击队的去向。她毫不畏惧，一言不发，敌人对她奈何不得，施行更加残暴的手段：灌辣椒水、上压杠、钉竹签、烙烙铁，妄图从她嘴里得到地下党和游击队的情况。

极度的痛苦并没有使晏春山屈服，她坚贞不屈，大义凛然，怀着坚强的信念：自己是一名共产党员，决不能在敌人面前给党丢脸，为了保存革命力量，保守党的机密，就是粉身碎骨也在所不惜！她守口如瓶，丝毫没有暴露组织的任何情况。弄得敌人一筹莫展，无计可施。

凶恶的敌人并不肯就此罢休，将她双手反绑着，歇斯底里地狂叫："今天，你就带我们去找游击队，你要是想活，找到了，立刻放你。想死，很容易，就在山上用石头把你砸死！"面对敌人的威胁，晏春山面不改色，一字一顿地说："走，跟我去找游击队！"她从容地站起来，强忍着身上的剧痛，拖着沉重的脚步，坚定地朝着远山走去，敌人荷枪实弹紧随其后。

晏春山边走边环顾四周，看到峻秀的山峰、清澈的河谷、金黄的山岗、善良的人们，她是那样依依不舍。但当看到眼前那一片片被敌人烧毁的房屋、一群群面黄肌瘦的难民，不禁怒火中烧。大好的河山，勤劳的人民，竟惨遭国民党反动派如此蹂躏。她坚信这种日子不会长久，革命一定能够成功，穷苦人民一定能够翻身得解放。她是党的女儿，对党的事业怀着坚强的信念，她只是惋惜不能亲自将革命进行到底。她深深懂得革命的胜利是要用鲜血和生命换取的。今天，党需要她这样做，为了保护革命力量，为了同志们的安全，死得其所，死得光荣！

那时，红军游击队驻在西北方向，晏春山却把敌人引向西南的鸡公寨。由于受刑过重，上山走不动，脚拖着地，鞋袜也磨破了，沿路拖出了一条长长的血迹。当走到大花台崖顶时，晏春山转身面向群敌，昂首挺胸，怒目而视，愤怒地说："狗强盗，吃人的野兽，你们的日子不会长久的，共产党人是杀不绝的，红军游击队就在这崖下边，跟我一块去找吧！"接着高呼："中国共产党万岁！""红军万岁！"说完纵身跳下悬崖，壮烈牺牲，时年40岁。

晏春山牺牲后，乡亲们找到她的遗体时，发现她头上缺了一大块头皮，都不敢想象她当时受了什么样的折磨。她那一绺被树枝挂掉的头发，至今珍藏在湖北省博物馆。

晏春山被后人誉为大别山的"江姐"，在历史的长空中演绎了一曲撼天动地的悲壮之歌。她的英姿像大花台悬崖一样，永远傲立鸡公寨。她用鲜血和生命诠释了共产党员坚守信念、威武不屈、视死如归、不怕牺牲的革命精神，成为大别山区无数英雄烈士的杰出代表。人们将永远纪念她！

忠孝义勇的许世友

许世友原名"许仕友"，是父母按照家谱上的"仕"字辈给取的名。参加红军后，许世友学了文化，认为"仕"就是做官的意思，他不愿与官僚为友，于是将"仕"改为"士"，要做士兵们的朋友。

许世友

1935年6月，红一方面军与红四方面军在四川懋功会师。不久毛泽东到红四军视察，接见了许世友。毛泽东问他："我经常听到你的名字，没看到你这个人。你的名字是哪几个字？"许世友告诉毛泽东自己的本名，以及改名的情况，并问道："毛主席，您看我这个名字要得不？"

毛泽东哈哈大笑说："好，不过，咱俩再商量一下，把'士'改成世界的'世'咋样？叫世友，世界之友。我们这次北上抗日，眼光要往远看，放眼世界嘛。"许世友高兴地紧握住毛主席的手说："要得，我听主席的指示！"从此，许世友的名字正式确定下来了。

在鄂豫皖革命根据地和川陕革命根据地，许世友曾7次参加敢死队，5次担任敢死队队长，4次受重伤。最著名的一次是在1934年的万源保卫战中。当时，他已经是红九军副军长兼二十五师师长。按照红四方面军总部"收紧阵地"的战略战术，许世友率领部队坚守万源正面的大面山。失去大面山，万源将无险可守。这是一场激烈而又残酷的战斗，战斗持续40多天。凶残的敌人如饿狼般发起了一次又一次进攻，防守的将士们子弹打完了，部队组成敢死队，许世友亲自担任敢死队队长，挥舞大刀和长矛，与敌人展开了肉搏战，最终取得了胜利。

许世友的重情重义广为人知。许世友与同为开国上将的陈锡联是红四方面军的老战友。在一次战斗中，陈锡联为救许世友负了伤。长征路上，许世友安排壮小伙儿分组轮流抬着陈锡联，翻越雪山草地，还给这些小伙儿下了死命令："谁把陈锡联弄丢了，拿命来见！"陈锡联后来在多个场合讲："不是许世友，我早在长征路上就去见马克思了。"

长征期间，曾任南京军区副司令员的肖永银将军还是一名普通士兵，他作战勇猛，肺部被子弹击穿。肖永银不想给大家当累赘，让大家不要管他。长征途中缺医少药，战事紧急，伤员行动不便，如果没有战友的照顾就意味着放弃和牺牲。这时，许世友说了一句话："还是抬着他继续跟着走吧。"红四方面军长征途中，肖永银是唯一一位过雪山草地时享受了担架待遇的普通士兵。

许世友幼年丧父，兄妹8人，生活的重担全部落在了母亲一个人的身上。许世友参加革命后，南征北战，出生入死，心中始终牵挂着自己的母亲。

1932年的一天晚上，部队在许家洼附近的西张店村扎营，许世友得以回家探亲。天快亮的时候，许世友来到母亲床前，轻轻地喊道："娘，我该走了，您老就不用起来了。"母亲披衣下床，把一兜鸡蛋塞到许世友手里："儿啊，娘下半夜就把鸡蛋给你煮好了，带着路上吃。"

"娘，我年轻力壮的，用不上这个，还是留着给娘补补身子吧。"许世友把鸡蛋塞到母亲手里。母亲不由分说，解开儿子的衣扣，把鸡蛋塞进儿子怀里，重新把扣子扣好。在即将迈出大门的时候，许世友忽然转过身，流着泪喊道："娘啊，儿这一走不知什么时候才能回来，您老就受儿一拜吧！"说着便跪在地上，既是对母亲说话，又是对天发誓道："我许世友活着不能伺候娘，死后也要埋在娘的身边，日日夜夜陪伴娘。"

1949年11月，时任山东军区司令员的许世友刚刚有了一个稳定的住处，就立即派人回到家乡寻找母亲，将母亲接到了济南。当晚，他在客厅里端端正正地放了一把椅子，让母亲坐好。然后向母亲跪拜说："母亲，您受苦了！"他让母亲留在身边安享晚年，可勤劳善良、深明大义的许母怕影响儿子工作，不愿意过"衣来伸手，饭来张口"的日子，两个月后，坚决要回家乡。这一别，又是9年。

1958年，身为南京军区司令员的许世友，到大别山检查工作期间，抽空回家探望母亲。当他来到家门口，看到紧锁的家门，便凭着儿时的记忆，顺着山路去寻找母亲。当他看见白发苍苍的老母亲正背着一捆柴向山下蹒跚走来时，许世友快步迎上前，不顾警卫人员在场，一下子跪在母亲的面前，涕泪交流，失声痛哭："娘，孩儿不孝，儿活着没能为娘尽孝，死后要为你守坟。"对母亲的这个承诺，后来成为许世友要求回老家土葬的最直接原因。

许世友将自己要求回老家土葬的申请书递交到中央，其中写道："叶落归根，我生在大别山，长在大别山，死后要魂归大别山，我活着为国家尽忠，死后要睡在母亲身边，为母亲守坟……"

考虑到母亲年老体弱，风烛残年，独自一人在家，身边需要亲人照顾，1965年5月，许世友让在海军北海舰队当舰艇长的儿子许光回到老家，代他尽孝。

1985年10月22日，许世友在南京病逝。原中顾委副主任王震受邓小平的委托到南京吊唁，他在讲话中一连提到了七个"特殊"："许世友同志是一位具有特殊性格、特殊经历、特殊贡献的特殊人物。他的这次土葬，是毛泽东同志默许的、邓小平同志签发的特殊通行证，这是特殊中的特殊。"

一生忠勇的许世友终于魂归故里，实现了生前尽忠、死后尽孝、为母守坟的夙愿。

徐海东：对中国革命有大功的人

在鄂豫皖革命根据地创建时期，有一首流传甚广的歌谣："黄安出了个赵赐吾，麻城出了个邱江甫，黄陂出了个臭豆腐，光山出了个蹦天鼓。"这四句话分别说的是鄂豫皖革命根据地四位擅长游击战的将领。黄陂的"臭豆腐"说的就是徐海东大将。"臭豆腐"这个绰号是怎么来的呢？是因为徐海东家里很穷，到10多岁了，还穿着破衣服，一身泥巴，别人说他简直就像一个臭豆腐。

徐海东，湖北省黄陂县徐家桥村（今属湖北省大悟县）人。原名元清，1926年参加北伐军时，改名徐少奎。黄麻起义失败后，徐海东的家被抄，房子被烧，亲属中有66人惨遭杀害。但徐海东毫不退却，毅然改名为"徐海动"，以示决心要像哪吒一样把大海闹动起来，把反动的统治搞它个天翻地覆。后来，人们把"海动"听成了"海东"，叫他"徐海东"。徐海东也认为这个名字很好，于是就有了"徐海东"。

徐海东带领部队在大别山打游击时，神出鬼没，打得敌人闻风丧胆。徐海东每次作战，身先士卒，冲锋陷阵，身体受到严重损伤，平时总是躺在担架上，但一旦打起仗来，立即精神抖擞、勇猛无比，所以人们给徐海东起了个绰号叫"徐老虎"。

1932年潢川战斗中，敌人集结20多个团，洪水般涌来。陈赓派徐海东率领红三十六团在前面死守。徐海东带领部队与敌人血战三天三夜，打退敌人20多次冲杀。战斗结束后，陈赓向师政委说："三十六团这一仗打得好啊，徐海东同志真是个老虎！"政委笑着说："他这个'臭豆腐'，真有诱人的味道！"陈赓大笑："蒋介石很怕这个'臭豆腐'哩，他们一沾上，就跑不脱了！"

徐海东在红军将领里是出了名的能打，一次他以2000人的部队击溃了敌人一个师，并俘获了敌军师长。被俘的国民党师长输得不明白，问他："你是黄埔几期？"并没有上过军校的徐海东幽默地说："我是'青山大学'毕业的！"

徐海东不仅英勇善战，而且襟怀磊落，处处以大局为重。1934年11月，奉中央军委指示，徐海东与吴焕先、程子华等率领红二十五军撤离鄂豫皖根据地，北上长征。后红二十五军历尽千辛万苦，创建了鄂豫陕根据地。1935年7月，当得知中央红军与红四方面军在川西会师并有北上动向的消息后，鄂豫陕省委立即召开紧急会议，决定红二十五军西进甘肃，牵制敌人，迎接党中央和一、四方面军。徐海东在会上表示，我们能牵制敌人，保证中央北上，这对中国革命有重大意义。1935年9月，徐海东率红二十五军先期到达陕北，为把中国革命大本营放在大西北作出了巨大贡献。

1935年11月，毛泽东等到达陕北甘泉县。徐海东原本在指挥部队与杨虎城作战，听说中央来了，立即命令部队停止战斗，亲自骑马100多里地前去迎接，终于在一个窑洞里见到了毛泽东、彭德怀等人。

毛泽东一看见徐海东，连忙说海东同志辛苦了。徐海东见到毛泽东等中央领导同志和红一方面军将领，也感到十分亲切，连忙问候起来。就这样，红一方面军终于有了一个歇脚的地方。之后徐海东特意用红烧肉招待毛泽东等人，中央红军感到了家庭般的温暖。

最令毛泽东念念不忘的是，徐海东克服重重困难，借钱给中央红军，使中央红军度过了陕北的第一个寒冷的冬天。

那是1935年严冬，中共中央和中央红军主力胜利到达陕甘宁边区，与陕北红军会师。部队面临着严重的经济困难，缺吃少穿，连温饱都成问题。如何筹到粮被，让战士们顺利过冬成为摆在红军领导人面前的首要问题。

毛泽东同周恩来、彭德怀、林伯渠等多次开会商讨解决部队给养等问题，还在凤凰镇专门设采办处，由陕甘支队后方部部长杨至成任主任。杨至成走马上任盘算家底后发现，部队满打满算也只有1000多元钱了。当时红一方面军有7000多人，要想渡过眼前的给养难关，至少需要两三千元。

杨至成将情况向毛泽东、周恩来作了汇报。周恩来着急道："上哪儿去弄这么多的钱啊？"毛泽东听了，突然想到了前几天刚见面的红十五军团军团长徐海东。他对杨至成说道："我给你写个借条，你拿去找徐海东如何？我相信，只要有可能，他一定会帮我们这个忙。"

毛泽东亲自写了借条："海东同志：请你部借2500元给中央，以便解决中央红军吃饭穿衣问题。"借条后面落款，还客气地写上此致敬礼！

杨至成拿了借条找到了徐海东。看到借条，徐海东陷入了深深的自责和愧疚中。自从和中央红军会师后，早该想到中央的困难了。虽然让经理部给中央几位领导做了几套棉衣，送去了几包银耳，但就是没有想到该拨出一部分钱款去为红军解饥寒。如今反倒让毛主席亲自打条子来借钱，这可真是不该啊！

杨至成走后，徐海东叫人把供给部长查国桢找来，问他："咱们现在总共还剩多少钱？"

查国桢答道："还剩7000元钱。"

徐海东手臂用力一挥，果断地说："留下2000，其余全给中央。"

一向对钱看管得很严的查国桢坐在炕沿上，没有言语。十五军团的日子并不好过，徐海东作为军团首长，伙食和战士们是一样的，每天都是酸菜、山药蛋和小米稀粥。自己尚且填不饱肚子，怎么还要去帮助别人？查国桢有些想不通。军团首长决定了的事，当然不该反对。可是，部队眼下正需要花一大笔钱支付部队伤病员过冬的费用啊……

徐海东明白查国桢心里是怎么想的，他对查国桢说道："是啊，这点钱我们自己就不够用，若拿出5000元钱，就更不够用了。可是，你想过没有，毛主席向我们借钱，说明党中央、中央红军比咱们还要困难。我们就是不吃不穿、挨冻受饿，也要支援党中央，也要保证他们度过陕北的第一个冬天啊。"

查国桢毕竟是一名经历了长征生死考验的老红军、老党员，听了军团长的一席话，坚定地点了点头，说："我们在陕南的时候，天天想中央、盼中央。你和吴政委当时都说，我们哪怕3000多人都牺牲了，也要迎接中央的到来。现在送去几千块钱，这算得了什么？我这就去办。"

第二天，供给部派人把5000块钱送到中央红军后勤部。杨至成高兴地说："这下可救急了！"彭德怀说："徐海东同志这是雪中送炭。"

很多人不知道毛泽东亲自写条子借钱这桩事。但毛泽东却一直记着，好多年之后，他还说："那时候，多亏了那5000块钱啊！"

开国大将徐海东是无产阶级卓越军事家，久经考验的共产主义战士。毛泽东曾高度赞扬他是"对中国革命有大功的人"，是"工人阶级的一面旗帜"。

金刚台上娘子军

"巾帼不让须眉！"土地革命战争期间，在信阳商城县东南有一处叫作金刚台的地区，在这里开展游击战的红军队伍里，就活跃着一支非常特别的小分队，分队成员全部都为女性，她们就是当地大名鼎鼎的商南妇女排，又称"红色娘子军"。

1934年11月中旬，红二十五军离开鄂豫皖苏区根据地，开始新的革命征程。国民党反动势力组织10万余人的正规军，在当地反动民团、保安队等反动派的配合下，不惜重兵全力"清剿"赤城、赤南苏区，一时间，处于根据地腹心地带的金刚台，面临着严峻的斗争形势。

从地图上看，金刚台地处商城县东南部，是大别山在河南省境内的最高峰，海拔1584米。金刚台腹地，山高林密、沟壑纵横，大小山峰此起彼伏，连绵不断，方圆约为130平方公里。进出金刚台，四周有十几条大道和许多小沟口，地形上的便利，有助于游击战争的开展。

在金刚台地区坚持游击斗争的红军里，商南妇女排格外引人注目。商南妇女排的成立，有其深刻的历史背景。

为适应新的斗争形势，1935年6月，红二十八军政委高敬亭批准决定，在金刚台铁瓦寺成立中共商南县委。新成立的商南县委，统一领导赤城、赤南、六安二区及固始、霍邱等地撤退到商城的我军人员。在此基础上，联合各地在金刚台的女同志、原红军医院的部分护士以及红军家属近40人，合编为商南妇女排。

商南妇女排成立的目的，主要是负责留守金刚台，同时参与护理红军伤病员、便衣队后勤等工作。商南县委妇女委员史玉清同志，分管妇女排工作，袁翠明任妇女排排长。面对生与死的考验，她们英勇无畏，克服常人难以想象的困难，义无反顾地和敌人作坚决的斗争。

敌人得知红军战士上了金刚台，为了一举消灭红军，各路敌军从四面八方蜂拥而至，在通往金刚台上的大小沟口开始修建碉堡，还在四周集镇驻扎重兵把守，妄图将红军战士困死在金刚台。

为了达到这一目的，以顾敬之等人为首的当地反动民团，强行实行"移民并村"的政策，不遗余力地推行"户籍连坐"制度，附近山区的群众，被他们强行迁到集镇或围寨中居住。尤其是对于重点地区的金刚台周围，严控粮、油、盐、火柴等生活物资。

反动势力还狂妄地叫嚣："车干塘中的水，捉尽离水的鱼。"试图彻底割断红军和群众的联系，让红军战士插翅难飞。

而新成立的商南妇女排，就在中共商南县委直接领导下，坚持在金刚台的深山老林里同敌人、同艰苦的环境进行殊死的斗争。

金刚台一带有着众多的天然石洞，但为何妇女排和伤病员基本不在山洞里面居住呢？

当时刚刚上山的妇女排，缺乏游击战的经验。有一次在躲避敌军的追捕中，几十个同志和伤病员找到了一个自认为非常安全的地方，这是一处名叫"水帘洞"的山洞。谁知刚躲进去不久，搜山的国民党军突然围拢了过来。

敌人大摇大摆地从洞口走过，连呼吸和脚步声都听得清清楚楚。幸运的是，在"水帘洞"的洞口前面，因瀑布的遮挡，有效地隐蔽了洞口，这才使妇女排庆幸地躲过了敌人的搜捕。

虽然是有惊无险，但是如果一旦稍有闪失，后果不堪设想。加上狡猾的敌人随时随地开展搜山活动，他们派出的暗探也常年在山上从事侦察活动。因此从这件事情之后，妇女排在宿营的时候，就远远地躲开了山洞。

天然山洞不能居住，大家就只能在转移的时候，分散睡在山沟里、树脚下、石板上。如果遇到下雨天，就只好将树头压倒，系在一起拴在树桩上，然后躲在里面避雨。倘若连大树也遇不到，大家就穿着蓑衣，冒雨坐在地上。

尤其是到了寒冬季节，

红军洞

缺乏给养的商南妇女排，依然身穿上山时的单衣，脚上是单薄的草鞋。寒夜漫漫，大家为了取暖，只能背靠背地坐着休息。在金刚台前后长达3年游击战争的日子里，妇女排的同志们从来没有住过一天房子，就是那些潮湿的山洞，她们也不敢奢望进去好好休整一番。有一首歌谣真实地反映了她们的战斗生活：

"山沟石洞是我房，树枝稻草盖身上，山菜野果能当粮，三天不吃打胜仗。"

1934年冬，妇女排初上金刚台时，红二十五军在这里留下了一座简易医院。医院里有伤病员30余名。妇女排成立后，看护、治疗伤病员的任务，就落在了她们的肩上，从此，妇女排就成了红二十八军的流动山林医院。

据当时的便衣队员曾少甫回忆："金刚台上的伤病员加上妇女排，共有70多人，妇女、孩子有近40人，伤病员有30多人。"

由于敌人的严密封锁，造成红军山林医院药品、手术器械奇缺的局面。为克服困难，妇女排的同志们想方设法，胆大心细的她们，采用中草药、土手术等办法，完成了许多难以完成的救护伤员任务。

有一次便衣队员肖九仇在战斗中受伤，子弹钻进了他的脚背。为了尽快解除肖九仇的伤痛，曾在红军医院工作过的彭玉兰，被众人推举为"主治医生"。她小心翼翼地取下头上的簪子，慢慢地探出子弹的位置，然后准确地在伤员的脚背上划开一个口子，终于将这颗罪恶的子弹取了出来。

每当敌人搜山时，为防敌人搜捕，妇女排每隔几天，就需要给伤病员换一个新地方隐蔽。每次转移时，她们就背着米袋子、干粮袋子、药包等必需物资，伤员走不动，就抬着或背着走，尽可能为伤员寻找最为安全的地方。

缺少必要的药品时，妇女排的同志们就地取材，在山上采长筋草、七叶一枝花等草药为伤病员治疗。遇到敌人搜山时，她们先将伤病员隐蔽好，分散躲藏，等到夜晚来临时，就悄悄来到一个个隐蔽点，为伤病员们送饭、换药。

1936年冬天，金刚台遭遇了一场罕见的大雪，纷纷扬扬的雪花，接连下了15天的时间。敌人喜出望外，认为这是消灭山上红军的大好时机。为此他们开始活跃起来，一方面加强把守，另一方面派出暗探和搜山队，四处寻踪觅迹。

敌人的严酷封锁和不断骚扰，给山上的妇女排以及伤病员们带来了严重的影响。没有多少粮食的她们，先是将仅有的粮食留给伤病员。粮食吃完了，大家都只能用树皮和雪下的毛草根来充饥。饥寒交迫之下，死亡随时威胁着她们，但她们凭借顽强的意志和毅力，坚持不懈地与搜山的敌人作斗争。

为了给妇女排送去救命的粮食，有两位便衣队员背着粮食，在深山雪地里和敌人周旋了7天7夜，这才摆脱跟踪，来到了妇女排的驻地。谁知眼前的场景让便衣队员大吃一惊，长期的饥饿，妇女排成员的生命趋于极限，一个个躺在地上，摇晃和呼喊都没有反应，一个个只是睁着眼睛却不能答话。

两名便衣队员一边哭着，一边急忙生起一堆大火，煮了一锅姜水，每人喂上一碗，过了好长时间，她们才渐渐有了知觉。

还有一次，敌人搜山"清剿"时，女红军张敏还在吃奶的孩子饿得哇哇直哭。随着敌人的一步步靠近，孩子的哭声随时都会暴露十几个战友的藏身之处，那样后果将不堪设想！来不及多想，张敏毅然地将空瘪的乳头紧紧地堵住孩子的嘴，紧紧地捂着。敌人走远后，张敏发现孩子面色发紫，早已没有了呼吸。她含着泪说："孩子，娘对不起你啊！娘实在是没有办法啊！"为了战友们的安全，张敏牺牲了孩子幼小的生命！

高敬亭夫人史玉清曾回忆说："在三年游击战争期间，妇女排几十名女同志，在金刚台上过着野人一样的生活，时刻面临生与死的考验。不过无论何时何地，大家的革命信念依旧坚定无比，她们靠着不屈的信念，渡过了一个个难关，始终坚守在金刚台上。"

回首往昔，英勇的商南妇女排，她们凭着"不牺牲，就要革命到底"的坚强信念和坚韧毅力，克服各种艰难困苦，一次次圆满地完成商南县委交给的救护伤员、后勤留守等任务……她们用鲜血和生命，保护革命火种，让革命的红旗，一直高高地飘扬在金刚台上！

少年英雄马骥宸

在共产党早期的革命活动中，一大批仁人志士为了中华民族的独立和中国人民的解放，为了新中国的成立，做出了巨大的努力。正是这些革命先辈们的忘我付出和牺牲，才换来了我们今天和平安定的幸福生活。

在河南安阳，有一位年仅16岁的革命烈士，他就是被誉为"少年英雄"的马骥宸，小小年纪的他，又为何惨遭反动势力的杀害呢？

1920年8月7日，马骥宸出生在安阳城里马号后街。他6岁的时候，父亲去世。家庭的变故，让马骥宸渐渐变得独立和成熟起来，日常行为谈吐，都比一般孩子懂事，像个文静的小书生，深受长辈和同龄人的喜爱。

1928年秋，马骥宸进入安阳第一小学读书。在校期间，他刻苦学习，是班级里面门门功课全优的"尖子生"。

1930年，深受五四运动思想启迪的青年教师张仲房，出任第一小学校长。张仲房思想进步，同情共产党，在他的引领下，安阳第一小学成为进步人士的集中联络地点，人称"小苏区"。马骥宸在这样的环境中，逐步成长为一名儿童团员、一名少年先锋战士。

1931年九一八事变后不久，日本帝国主义侵占中国东北三省，妄图以武力征服中华民族。在民族危亡的紧急关头，蒋介石却实行"攘外必先安内"的反动方针，将枪口对准了共产党领导的工农红军。张仲房看清了国民党反动派的真实面目，一步步向共产党靠拢。

为了在学校发展进步势力，在张仲房的聘请下，一大批进步人士纷纷来到第一小学。其中何高民任训育主任，高其寿任总务主任，薛蔚余、吴菊馨（女）等人任教员。其间训育主任何高民还创办了《儿童新报》，对少年儿童开展反帝救国宣传，鼓励少年儿童抗日救国。

马骥宸的班主任薛蔚余，是一位20多岁的热血青年，后在何高民的介绍下，光荣地加入了中国共产党。在上课时，他经常向学生讲解日本侵略者侵占东北三省的种种暴行和企图鲸吞全中国的狼子野心；为了培养少年儿童的爱国精神，他还大量地讲述了历史上岳飞、戚继光等民族英雄的故事，同时也编写了不少抗日歌谣。

在学校进步氛围的影响和熏陶下，马骥宸幼小的心灵上打下了深深的爱国烙印，从内心坚定了宁死不当亡国奴的决心。每逢学校、班级组织开展社会活动，他总是踊跃参加。在党的培养和考验下，马骥宸的学习和思想进步都非常快。

1933年11月，经何高民介绍，13岁的马骥宸光荣地加入了中国共产主义青年团。成为团员后，他更加努力向党的组织靠近，经常以学生的身份秘密进行革命活动，为党送情报，组织赤色儿童团员写标语、撒传单，被人们赞誉为"党的小助手"。

1934年，随着全国掀起抗日救亡运动的高潮，中共安阳地下党的负责人在第一小学、男师附小等学校里，发展积极分子，秘密地成立了赤色儿童团。表现出色的马骥宸，被分派为赤色儿童团的领导者，这也使他有了更多与党组织接触的机会。这一年，马骥宸年仅14岁。

虽然年纪小，但马骥宸做事机智勇敢，思维敏捷，口齿伶俐，他能结合时事给同学讲解革命道理和英雄人物的故事；他领导下的赤色儿童团，无论是送情报，还是张贴标语、散发传单等，都可以出色圆满地完成，让人无比敬佩。

1934年夏，马骥宸以优异成绩从第一小学毕业了。为了更好地从事革命工作，他毅然回到赤色儿童中间，继续为党工作。在何高民的帮助下，第一小学同意马骥宸留在学校图书馆工作。在学校，他一边刻苦自学，一边努力从事革命工作，安阳城里九府十八巷七十二胡同，几乎都留下了他的足迹。

在党的领导下，马骥宸充分利用在学校从事图书馆工作的便利，不断到十一中、彰德中学、大公中学活动。在十一中，他秘密发展了常百川、王佩等人加入了共青团组织。

同年10月，中央红军开始了北上抗日的战略大转移。马骥宸得知消息后，便和常百川等人积极组织声援活动，他们半公开地发动了一次欢迎红军北上抗日的募捐活动，在短短的十几天时间内，他们就募捐到了2000元。随后马骥宸等人又将这笔捐款寄给了中共中央驻上海留守机关。为此，上海一家进步报纸还发表了《向安阳青少年学习致敬》一文。

赤色儿童团的活动，自然引起了国民党特务组织的注意。1935年2月19日，洹北安阳桥村举办庙会，马骥宸带着传单、书籍走向郭家湾、纱厂方向，前去张贴传单，宣传进步思想。当他走到郭家湾南边的石桥上时，叛徒王斌领着地方团队队长郭志武一班人，将马骥宸抓走了。

在安阳羁押所里，敌人见他小小年纪，便用甜言蜜语哄骗他招供："只要你说出谁印的传单，谁印的书籍，谁让你送的，你的同伙是谁，就让你回家，并奖赏你金钱……"

马骥宸机智地回答："你们说的这些，我一个小孩子怎么能知道呢？"

"那你的传单和书是从哪里来的？"敌人恶狠狠地问。

"我是从桥上捡的。"马骥宸应对如流。但心狠手辣的敌人，认定他接受过共产党的教育，问不出什么的他们，怒气冲冲地对他下了毒手，将他打得遍体鳞伤，死去活来。

尽管如此，坚贞不屈的马骥宸依然不肯透露半点党的机密，坚持说自己姓段，其他一无所知。无可奈何下，敌人只好暂且将他关入监牢。

马骥宸二婶的两个兄弟在县监狱里当看役，他们认得马骥宸，因此赶忙通知马家。马家上下慌作一团，最后商议决定，先让马骥宸二叔家的儿子马骥忠去监中认人。

马骥忠来到监狱中和马骥宸相见。马骥宸临危不惧，告诉他一定要坚强起来，不用为自己担心。几天后，马骥宸的三叔马福元为他写了状子。在正式过堂前，托亲戚见到马骥宸，嘱咐他说："明天审你，你说出真名实姓，如何如何……便可以得救了。"

马骥宸却不以为意地说："这事与你无关，你不要管了，明天你说由你，我说由我。"

三叔无奈，只能返回。第二天过堂时，马骥宸仍然坚持说：

"我姓段，传单是捡的，写状人与我无关！"恼羞成怒的敌人，对他又是一阵鞭打。

在县监狱里关押的"犯人"中，马骧宸的年龄最小，但骨气最硬。他不怕坐牢，不怕鞭打，其他"犯人"对他佩服万分。

党组织得知马骧宸被捕的消息后，也想方设法和他取得联系，竭力营救他出狱。有一次，党组织趁着小女孩郭保珍给其哥哥郭福来（地下党员）送饭的机会，在碗底贴了一个火柴盒大小的信件，上面写有几段话。

谁知紧要关头，这封信件被敌人发现了。他们如获至宝，忙提审马骧宸："你和郭福来、郭保珍是什么关系？"

马骧宸一口咬定说："我不认识他们！"

怒气万分的敌人，又开始对他一顿毒打，然后给他加了重刑，命牢役严加看管。几天后，敌人再次提审他时，满身伤痕的马骧宸，虽然戴着手铐脚镣，但仍然昂首挺胸，斗志不减。

当路过自己家所在的马号街时，有不少人认识他，为了怕家里大人看到，他下意识地低下头加快步伐。回来时，他说服了牢役，顺着前街回来。马骧宸这样做，是为了避免家里大人看到后伤心。

接连经过几番审讯，马骧宸始终坚持"传单、书是我捡的"的说法。没有办法的敌人，因为抓不到更多的证据，便以"莫须有"的罪名，判处马骧宸有期徒刑三年。不久后敌人又反悔，说马骧宸的案情复杂，将他作为重大"政治犯"，押送开封河南省第一监狱。

在省第一监狱，一个姓李的叛徒，指认马骧宸是赤色儿童团首要分子。敌人大喜，又对马骧宸酷刑逼供，以死相威胁。无论敌人如何严刑拷打，志坚如钢的马骧宸，始终坚贞不屈，守口如瓶。恼羞成怒的敌人，为了折磨他，故意不给他食物。就这样，1936年11月，这位年仅16岁，血气方刚、壮志未酬的英雄少年，被活活饿死在狱中。

新中国成立后，安阳市政府追认马骥宸为革命烈士。他是安阳党史上牺牲的革命烈士中年龄最小的一位。1961年1月，安阳市民政局专程给马骥宸的母亲送去了由中央人民政府毛泽东主席签署的烈士证，上书"永垂不朽"四个金光闪闪的大字，以告慰烈士英灵。

马骥宸的事迹陈列在安阳革命史纪念馆

赵崇德：英雄夜袭阳明堡

2020年立秋后，大别山金刚台脚下，山清水秀，风中传来阵阵稻花香。这样的景象，岁岁相像，可今年与以往不同。抗日英烈赵崇德的遗骸从千里之外运回家乡，埋葬在金刚台脚下。听说抗日英雄"夜老虎"回来了，人们纷纷奔走相告，干部群众自发来到金刚台脚下，在赵崇德墓前祭拜瞻仰。

1914年，赵崇德出生于河南商城伏山乡里罗城村一个贫苦农民家庭，兄弟姊妹5人，赵崇德排行第四。赵崇德自幼秉性刚强，聪颖灵巧，8岁入学，课余喜欢习武练艺。父母相继去世后，赵崇德辍学，与兄妹相依为命，靠给地主放牛、种地为生。

1929年5月，商南起义爆发，赵崇德参加了少年先锋队。有一天，赵崇德带领少先队员帮助红军家属插秧，突遭地方民团一个班包围。赵崇德机智过人，

赵崇德

167

带领队员巧妙突围，一时传为佳话。第二年秋天，赵崇德加入了中国工农红军，正式编入红军第四军十师二十八团当战士。他随军转战大别山区，立下了不少战功，不久被调入十二师特务队任班长。后来，他参加了黄安战役、花山寨阻击战，屡立战功。19岁那年，赵崇德加入中国共产党。

1937年，全国性抗战爆发，八路军第一二九师东渡黄河，开展敌后抗日武装斗争。赵崇德被任命为第一二九师七六九团第三营营长。1937年10月，正值忻口会战，一批批日本战机，从早到晚，狂轰滥炸。面对日军的空中优势，忻口战场守军伤亡惨重。

为了掌握日军机场的位置，团长陈锡联带着赵崇德等3位营长化装侦察得悉，敌人的机场就在十里外的阳明堡，共有24架飞机，守卫部队200余人。团首长研究决定夜袭阳明堡机场。赵崇德毫不犹豫地请求："把这次突袭任务交给我吧！"并拍着胸脯说："请首长放心，我保证完成任务！"陈锡联遂把这一艰巨任务交给了赵崇德率领的第三营。

10月19日夜，开始行动前，赵崇德神情严肃地对战士们说："这个任务非同小可，无论如何我们也要打好这一仗！"接着，他从口袋里掏出党费证和仅有的3元钱交到了营支部书记手中："要是我阵亡了，这些钱作为党费交给组织。"战士们深受感动，他们举起钢枪，表示一定完成任务。

天黑后，赵崇德带领大家悄悄地出发了。战士们一律轻装，棉衣、背包都放下了，刺刀、铁锹、手榴弹，凡是容易发出响声的装具，也都绑得紧紧的。长长的队伍，顺着漆黑的山谷神速行进，在向导的帮助下，第三营很快涉过了滹沱河，逼近机场。战士们爬过铁丝网，神不知鬼不觉地摸进了日军机场。赵崇德带着十连向机场北端运动，准备袭击敌警卫部队，十一连则直接向机群扑去。

机场上一片寂静，日军正在酣睡。只有几个游动哨兵一会儿走过来，一会儿转过去。战士们摸到离飞机50米处时，日军还未发现。十一连二排的战士们最先看到飞机，它们分3排停在那里。多少天来大家日夜盼望着打日军，现在猛然看到飞机就摆在眼前，真是又惊喜又愤恨。不知谁悄声骂道："龟儿子，在天上你耍威风，现在该我们来收拾你啦！"说着就要接近飞机。

突然，西北方的敌兵哇啦哇啦地呼叫起来，紧接着响起一连串清脆的枪声。原来十连与敌哨兵遭遇了。就在一瞬间，十连和十一连从两个方向，同时发起了进攻。战士们高喊着猛扑上去，机枪子弹、手榴弹一齐倾泻，团团的火光照亮了夜空。正在机群周围巡逻的敌哨兵慌忙应战，和八路军战士绕着飞机互相角逐。机舱里值勤的驾驶员被惊醒了，惊慌中盲目开火，后边飞机上的机枪子弹接连打进了前面的机身。冲进机群中的战士奋力地向飞机轮子、机身下塞手榴弹，向机身顶上甩手榴弹，炸得日军飞机晃动燃烧起来。

在战士们一阵猛冲猛打下，敌10余架飞机很快冒烟起火，机场上顿时浓烟滚滚，火光冲天。燃烧的飞机不时地发出爆炸声，火焰腾起几十米高，带火的碎片又溅落到邻近的飞机上。互相引燃，烧得噼啪直响。

机场北端的日军拼命向南冲击，被第十连火力顽强压制，难以有效支援，日军气得眼冒金星。这时，赵崇德带一个班来到机场南端，指挥部队快打猛打。他看见机枪班长老李和两个战士正用铁铲猛劈飞机翅膀、机身，着急地连续高喊："别劈了，快炸，手榴弹快往飞机肚子里扔。"战士们急忙把手榴弹往机舱里塞。只听"轰！轰！"几声，两三架飞机燃起大火。火乘风势，风助火威，片刻，滚滚浓烟卷着熊熊烈火，弥漫了整个机场。赵崇德果断指挥部队与敌拼杀，激战近一个小时，他带领战士们炸毁了全部敌机共24架，歼敌100余人，圆满完成了任务。

然而，在队伍撤退时，敌人密集的子弹打了过来，赵崇德为了掩护身边的战友，不幸中弹倒地。看着营长倒在血泊中，战士们哭喊着跑向他："营长……营长……"他却用尽最后的力气大喊："不要管我，快……快撤退……"话未说完，就闭上了双眼，年仅23岁的赵崇德就这样永远地离开了战友们。

次日清晨，部队在刘家庄村为赵崇德开了简单的追悼会，战友和老乡将他和同时牺牲的两名战士埋葬在一起，地点就在村西头栽笔山柏树嘴。

赵崇德率部夜袭阳明堡机场，是八路军抗日战场上取得的一次重大胜利，沉重打击了日军的嚣张气焰，极大地鼓舞了全国军民的抗战士气。从此，忻口战场的上空再也看不到日军飞机的影子。八路军第一二九师师长刘伯承称赞夜袭阳明堡战役："首战告捷，打得好！打得好！"11月4日，卫立煌在太原见到周恩来后，赞扬道："阳明堡烧了敌人24架飞机，是战争历史上从来没有过的事情。我代表忻口正面作战的将士对八路军表示感谢，感谢！"1938年，赵崇德被追授"好干部"称号。1940年7月1日，赵崇德的英雄事迹被收入第一二九师政治部编印的《烈士传》，彭德怀称赞他："忠肝赤胆，与日月争光。"

身经百战的赵崇德带兵机智果敢，身先士卒，以夜间作战和近战见长，被战士们称为"夜老虎"，他率领的第三营曾被授予"以一胜百"锦旗。硝烟远去，但时间的流逝并不能埋没人们对英雄的回忆和追思。英雄的遗骸回归故里，人民政府用他的名字命名了一条大道"赵崇德大道"，烈士陵园里也兴建了赵崇德广场。2014年，民政部公布首批抗日战争中的300名著名抗日英烈和英雄群体名录，赵崇德赫然在列。他的英雄事迹在家乡广为流传，家喻户晓，还被后人写诗歌颂：

万里长城万里长，雁门关下古战场，阳明堡里烧怒火，敌人飞机一扫光。

七六九团英雄多，誓死捍卫我中国，出征抗日第一仗，功在千秋赵崇德！

吴先恩：人民的勤务长

一

1986年9月，曾任北京军区副司令员的开国中将吴先恩病危，他对儿子和医生说："我的病可能治不好了。我死后，遗体解剖，把病搞明白，为救治更多的人积累经验。"他还嘱咐子女：丧事从简，能为国家省一点儿是一点儿；不准干涉组织对他的评价；不能向组织提出任何要求；叶落归根，将骨灰撒在大别山。

吴先恩将军是久经考验的无产阶级革命家，人民解放军优秀的军事、后勤指挥员，忠诚的共产主义战士。50多年来，吴先恩一直在部队后勤领导岗位上工作，虽然经手的钱财无数，但从不为自己谋求利益，更没有留下任何遗产。平凡而又伟大，光荣而又充满传奇，他的一生具有很多特殊的经历。

1907年8月30日，吴先恩出生于河南新县的一个贫农家庭。8岁起给地主家放牛，1927年参加黄麻起义，1929年加入中国共产党。曾任红四方面军总经理部军需处处长、总兵站部部长、红九军供给部部长等职。

1926年夏季的一天下午，吴先恩正在田里薅秧草，突然听到背后有人喊："老二，今年的谷长得不错吧！"

吴先恩回头一看是吴焕先，就回答说："今年可以打二三十担谷，交完租自己可以落一半，可是把去年、前年两年荒年欠的十四五担租谷一还，再把借谷利息一加，是一粒也落不到了。"

吴焕先说："这有办法，今年的租子不交或者少交，来个二五减租行不行？去年欠的债也不还。你不要怕，有人支持。再说穷人多，你不交，他也不交，大家都不交，富人有什么办法，现在就看你们愿不愿意站在多数穷人一边。"

从此，吴先恩积极参加农民运动，开展抗租抗捐斗争。先后任村农民协会宣传委员、乡农民协会自卫队中队长。

1927年11月，吴先恩参加黄麻起义，与吴世安等攻城义勇队员奋勇当先，跃上城墙，攻下了北门，不幸的是吴先恩胸部中弹受重伤。看着被敌人占领的黄安城，看着身边牺牲的总指挥潘忠汝和受伤的战友，吴先恩问吴焕先："今后怎么办？"吴焕先说："不死就要干革命！"

1928年夏，吴先恩伤愈归队。他从吴焕先那里才得知，哥哥吴先旺、弟弟吴先勤都被敌人杀害了，母亲死在监狱里，妹妹不知被卖到哪里去了。吴焕先问吴先恩的打算，吴先恩坚定地回答："还是你那句话：不死就要干革命！"

二

1929年5月，吴先恩参加红军。先后参加了鄂豫皖苏区反"围剿"和川陕苏区反"围攻"作战。在红四方面军撤离鄂豫皖苏区途中，经历许多大仗恶仗，但他负责保管运输的6万多块白洋和2000多两黄金等钱物却分文未失。

1934年11月，红四方面军长征到了川西北，那里地广人稀，又是少数民族地区。吴先恩任红四方面军总兵站部部长，整个部队都面临一个严峻问题：军粮储备已经严重缺乏，本地青稞产量又很低，怎么办？

吴先恩考察周围藏区的情况，发现有一处喇嘛寺内香火旺盛，里面的僧侣较为富裕，囤积了大量粮油。他想，何不试试做一做僧侣的工作？

于是，他就和红四方面军总政治部主任张琴秋、红三十三军军长王维舟一起，带着礼物走进喇嘛寺与僧侣"谈判"。他们首先按照藏族的习俗跪拜活佛，然后宣传党的政策，并立下红军队伍一定遵守当地习俗规矩的誓言。

最终，一席话解决了粮食补给问题。他们为部队筹集到牦牛1000头、羊3万只、青稞5万斤、布500匹、酥油20万斤等。吴先恩经常说，做部队后勤工作离不开群众的支持和帮助。

1936年，红四方面军第三次过草地时，吴先恩是兵站的负责人。面对一批住在兵站的伤病员，他正在为如何把他们安全地带过草地而发愁。

朱德对此非常关心，派人把吴先恩找来，问："你们兵站有多少伤病员？""600多个伤员，100多副担架，200多头骡马。"

朱德关切地问："有没有能够坚持走路的伤病员？""绝大多数都不能走。""你们打算怎么办？"朱德望着吴先恩问。

吴先恩沉默了。朱德踱了几步，突然问："200匹牲口驮的是什么？""全部是枪支。""能不能把枪支腾出来驮伤病员？"

吴先恩为难了："那这么多枪支怎么办呢？"

"统统毁掉！"朱德毫不犹豫地说。

吴先恩望着朱德说："按照规定，毁枪是要受处分的。"

朱德动情地说："这个规定好。但是，同志！情况不同了，过去是人多枪少，现在是人少枪多。人是最宝贵的。多一个人，革命就多一份力量，有了人，不愁将来没有枪。"接着，朱德坚定地说："就这么办，要人不要枪。把枪统统毁掉，如果受处分，由我替你顶着。"

朱德看到还需要一些马匹才能把所有伤病员带走，就亲自打电话给各部队，要求把能抽出的骡马和牦牛都抽出来，领导干部有两匹牲口的抽出一匹，他自己带头抽出了一匹牲口，最终把所有伤病员带出了草地。

这件事，让吴先恩难以忘记，特别是朱德那种生命至上、官兵情深、身先士卒的高尚品质和优良作风，让他钦佩不已！

三

1936年2月的一天，吴先恩带领一队红军战士翻越党岭山。党岭山是红军翻越的几大雪山之一。

途中，他们看见很多"冻僵"红军的遗体。当时，天上正下着大雪，很多红军都被大雪覆盖住了。他们忽然发现：在一个雪包当中，有一只手臂高高举起。

吴先恩走上前去仔细查看，只见这只手紧紧地攥着！他用力把手掰开，发现这只手手心里面紧攥着一个党员证和一枚银元。他把这个党员证打开一看，上面写着：刘志海，中共党员，1933年入党。

这时，吴先恩明白了，大家也都明白了，许多红军战士都流下了热泪。

吴先恩默默地说：志海同志，您安息吧！您向党组织交的最后一次党费，我们一定把它交给党组织。这只手臂，这个党员证，这浮雕般的造型，这对党始终如一、坚贞忠诚的信念，让吴先恩和所有在场的同志刻骨铭心、受益终生！

1936年10月，吴先恩任红九军供给部部长，随红四方面军一部西渡黄河，转战河西走廊。西路军失败后，吴先恩带着40余人冲出重围，迅速通过沙漠，进入祁连山深处。

随后，他们向东南翻过两个山头，夺取了国民党军的一个马场后继续转移。在路上，他们再次与一股敌人骑兵相遇。好不容易突围后，吴先恩身边仅剩下22名战士，其中还有3名战士是轻伤员。

吴先恩下令杀了两匹马作食物，放了其余的马，改为步行，沿着祁连山继续朝东南方向，夜行晓宿，边走边打听红军的消息。他带着小战士史明华化装通过黄河大桥，进入兰州城。可是，在这里并没有和红军联络上，两人决定经汉中去延安。

到了汉中，史明华留下养伤。吴先恩孤身一人继续向延安方向走去。6月中旬，吴先恩历尽千辛万苦，靠讨饭、打短工、下煤窑、当挑脚夫，终于来到了红军前敌总指挥部所在地——陕西云阳镇，见到了总指挥彭德怀。他紧紧地握住彭德怀的手，激动得不知说什么才好。彭德怀说："你回来就好，留得青山在，不怕没柴烧。"于是，就派车把他送到了西安红军联络处。吴先恩又从西安再搭乘汽车，在路上整整走了108天，终于回到了延安。多年后，吴先恩回忆道："当时革命没有成功，我们的任务没有完成啊！"

吴先恩经常告诫家人："国家的钱是烈士用生命和鲜血换来的，一分钱也不能浪费。"他常用《红薯地里埋银元》和《一元钱党费》的故事教育子女，干干净净做人，实实在在做事，公私分明，勤俭节约。三年困难时期，吴先恩任北京军区后勤部部长，掌握着物资分配调度大权，但他家也和普通百姓家一样，一切凭票供给，没有谋取任何私利。

1987年3月15日，吴先恩从昏迷中清醒过来，不顾病痛的折磨，以超人的毅力，用了近2小时亲笔写下了一封遗书——《向党告别》：

亲爱的党，我是你把我从苦海里救出来的，并把我引进革命队伍。六十年来，在党的领导、教育下，锻炼成为一个革命战士。但我对革命工作没有做出成绩，辜负了党的教育，在我将要离开党的时候，我衷心希望中央更加紧密的团结，率领全党全民向资产阶级自由化作斗争，坚持四项基本原则，使四个现代化更快的发展。我在北京军区党委领导下，做了多年后勤工作，但也没做出成绩，对不起党委，对不起同志们。在我将要离开党的时候，是多么想念党，想念我的战友啊！

弥留之际，将军仍在检视自己，矢志不渝，一心向党。吴先恩将军的一生，是革命的一生、为共产主义理想奋斗的一生。他坚持原则、顾全大局、胸怀坦荡、刚直不阿，为广大党员干部树立了人生标杆，作出了率先垂范，不愧为人民的勤务长。

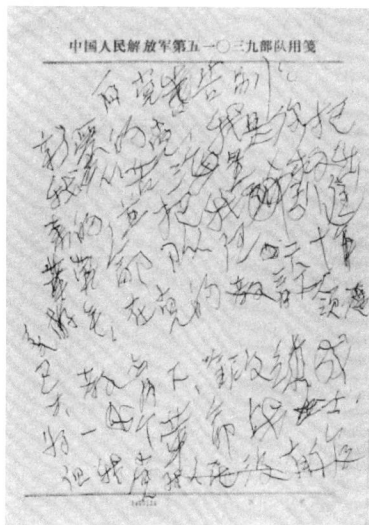

吴先恩手书

张体学:"党员干部的一杆旗"

张体学出生在河南新县一个贫苦人家,自幼随父亲在村旁炸油条、烙烧饼以维持生计。父亲为了不让他做"睁眼瞎",咬紧牙关把他送去私塾读了两年书。张体学聪明胆大,在孩子当中有很强的号召力。十几岁时,他当上了儿童团分队长,在潢光战役中配合红军作战,出色地完成了任务。他不满18岁便加入中国共产党,同年正式参加工农红军,在红二十八军任首长贴身交通员、警卫员。

在一次转移时,军长徐海东将部分公款(银元)交给张体学背着,并嘱咐他一定要保管好。途中,军部机关部队被敌人包围,徐海东带领十几名警卫人员为军部打开通路,战斗到晚上突出重围,第二天早上清点人数时发现张体学不见了。

徐海东派人回原路寻找。如果找不到张体学,战士们吃饭都成问题。三天过去了,仍无张体学的下落,大家十分焦急。部队要行军,怕是走得远了,更加联络不上。正当人们不抱希望时,张体学背着沉重的钱袋回来了。他费尽周折,躲过敌人层层关卡，终于在第四天找到了自己的部队，将银元一块不少地交给军部。

1934年4月，张体学被任命为红二十五军军部交通队队长。1935年，在直罗镇战役中，张体学主动向徐海东请缨，带领交通队，追击敌人，将敌一〇九师师长牛元峰击毙。随后，入延安红军大学学习。

1937年全国抗战爆发后，党中央派张体学等人返回鄂豫皖边区，发动抗日游击战争。张体学任独立游击第五大队大队长，在鄂东敌后抗日根据地，打得日伪军闻风丧胆。1945年3月下旬，张体学带领部队驻扎在吴家湾。一天吃中午饭时，张体学看到桌上加了一碗热气腾腾的荷包蛋。他指着碗问警卫员道："山里群众招待贵客才用荷包蛋，这是后勤供应的，还是我们买的？"

"不，是一个老婆婆硬要端来的。"战士答道。

张体学马上严肃地说："这哪行呐。这里生活十分困难，一碗鸡蛋来之不易。我们是老百姓的队伍，一针一线都要为老百姓着想。你把这碗鸡蛋给老婆婆端回去，向老婆婆道声谢，说明我们的纪律。"

警卫员把这碗鸡蛋端给老婆婆后，老婆婆感慨地说："真是老百姓的好队伍啊！"

中原突围前夕，中原军区司令员李先念紧急召见张体学，决定让独二旅掩护中原局、中原军区首脑机关撤离。张体学接替了首脑机关的警卫任务，为了迷惑美、蒋代表，他特邀美、蒋代表到军区礼堂看文艺演出。美、蒋代表津津有味地看着台上的京剧《空城计》，中原局、中原军区首脑机关则悄悄地撤出了宣化店。直到三天后，张体学告知美、蒋代表，李先念已率中原军区部队突围。美、蒋代表顿时目瞪口呆。中原突围后，张体学率部留在大别山区坚持游击战争。

1956年，张体学担任湖北省省长。张体学到恩施考察，从来凤步行前往鹤峰。雨后初晴，泥稀路滑，来凤县委准备了5匹骡马，供工作组驮行李和骑乘。大家都劝省长骑马，张体学坚持不骑，一走就是600多里。一天少则走五六十里，多则走八九十里。走了一两天，大部分同志脚上都磨了泡。他告诉大家用头发穿水泡，用热水烫脚。山区生活条件差，沿途吃的是苞谷饭、合渣拌辣椒，住的大多是骡马店。他和大家一样挤通铺，牲口就拴在隔壁。住下来后，他就到群众家里到处去看，有时向骡马店老板了解情况。张体学走到哪里，就同哪里的干部群众打成一片。他拒绝宴请，总是到食堂和干部一起排队买饭，与干部围坐一桌吃饭。

张体学结束对恩施一个多月的考察后，到宜都县跟当地干部开会。在谈到干部作风问题时，张体学突然扬声说："我这次在恩施犯了个大错误！路上在群众家里吃饭，老百姓专门为我杀了一头猪，我吃完饭才知道这事。省长来了就要杀猪，这不脱离群众吗？"他解释道，知晓此事后，自己一赔礼、二赔款，主动赔了老百姓一头猪钱……

1958年9月，丹江口水利枢纽工程正式开工，张体学担任工程总指挥长。一天凌晨2点，张体学冒着初冬的寒风，探访河南省民工宿营地。在邓县民工住地，他发现部分民工竟睡在寒气逼人的野外。张体学对邓县的带队领导说："我们总部的工作做得太差了，民工来了几天，还没有把住宿的事情安排好，我这个总指挥没当好，让大家在寒冷的天气里露宿野外，我对不起大家。"

张体学住在丹江口工地上，办公室设在一只挖泥船上。1959年春节，张体学没有回家，在工地上与民工一起欢度传统节日。时任国务院副总理李先念前去视察时，看见他住在工地、吃在工地，曾风趣地问他道："体学呀，你到底是省长还是库长啊？"

1964年至1966年，张体学在随县洪山镇蹲点3年。他在洪山百姓家吃饭订有"三不吃"的约定，即不吃鱼、不吃肉、不吃蛋，而且吃完饭，每人每顿饭还要付半斤粮票和8分钱。当时，洪山镇的乡亲们看到工作队为大家操劳，十分辛苦，派饭到自己家时，就想尽办法为工作队改善生活。有的老百姓到河里抓鱼，有的偷偷杀掉家养的老母鸡……张体学知道后，大发雷霆。为此，他专门开会进行整风。他首先开展自我批评，然后和同志们讲道理："老百姓都很困难，靠一只鸡下蛋换点油盐吃。我们吃了鸡，他们半年就没了油盐吃。这和土匪有什么区别？"干部们个个都惭愧地低下头。此后，张体学和干部在百姓家吃饭就约定不吃鱼、不吃肉、不吃蛋"三不吃"。

1972年，张体学身体日渐虚弱，被医院确诊为肺癌。他知道自己的时间已经不多了，建设湖北的许多设想还没实现，他进一步加快了工作节奏。中央领导听说张体学得病，催促他迅速进京治疗。张体学说："我感谢中央领导同志对我的关怀，目前我感觉还好，请中央批准我在湖北再多待一段时间吧。"他带病坚持工作，召开全省林业会议，加快全省绿化进程。召开全省农村工作会议，宣传落实党在农村的方针政策。到了年底，全省召开粮食工作会议。为了不影响他治病，领导不让通知他，但他听到消息后，还是主动参加了会议，与会人员无不感动。

1973年5月下旬，张体学病情恶化，不得不进京治疗，但体内癌细胞已经扩散，只能保守治疗。20日下午，周恩来总理到医院看望他，带去了党中央的慰问，并嘱咐医务人员一定要照顾好，保证张体学能出席党的第十次全国代表大会。8月24日，张体学作为大会主席团成员，带病出席了会议。9月3日，张体学在北京病逝，年仅58岁。

张体学同志是大别山的优秀儿女，他出生入死、浴血奋战，在土地革命战争、抗日战争和解放战争时期立下不朽的功勋，被称为新四军第五师的"开路先锋"；新中国成立后他长期主政湖北，吃苦耐劳，体察民情，为党和人民的事业耗尽心血，以至于积劳成疾，英年早逝。张体学被毛泽东同志誉为"党员干部的一杆旗"，被人民群众称赞为"我们的好省长"。他的革命精神和公仆情怀，至今仍被广大党员干部和人民群众交口称赞，广为传颂。

叶成焕：热血染沙场，将士同悲歌

　　叶成焕，1914年10月19日生，河南新县郭家河乡吴河村人。叶成焕出身贫苦农民家庭，虽然家境不富裕，父母却非常支持他读书学习，小时候的他，在本村就读了8年私塾。这一段时间的学习，让叶成焕掌握了一定的文化知识。

叶成焕烈士故居

　　1929年，对叶成焕来说，是他人生道路上极具转折点的一年。这一年，熊熊的革命烈火燃烧到了叶成焕的家乡，抱着为穷人打天下的理念，叶成焕义无反顾地参加了革命，同年加入中国共产党。1930年2月19日，他被编入红四军某团当通信员。

　　1932年，在红四方面军撤离鄂豫皖苏区时，他随部西征入川。凭借着优秀的军事素养，他历任班长、排长、指导员、营政委、团政委、师长、师政委等职。尤其在创建川陕苏区以及

183

红四方面军长征中，每逢战事，叶成焕总是身先士卒，屡挑重担，为他所倾心的革命事业，作出了重要的贡献。

徐向前曾在回忆录中，对叶成焕给予高度评价："他是鄂豫皖时期参加红军的，作战勇敢、沉着，善于团结同志，在群众中有很高的威信。"1937年全国抗战爆发后，陕甘宁地区的红军主力改编为国民革命军第八路军，叶成焕出任第一二九师三八六旅七七二团团长。同年10月，八路军第一二九师奉命东渡黄河，赶赴抗日前线，经过半年的艰苦战争，初步创建了晋冀豫抗日根据地。

在一二九师，叶成焕是师长刘伯承、政委邓小平麾下一名年轻有为的虎将，也是旅长陈赓的得力助手。这一历史时期，一二九师几乎所有著名战斗，叶成焕都参与其中。每当前线战斗激烈，僵持不下时，为战事焦虑的刘伯承，如果等不来捷报，他就会追问："谁在前面指挥？"

当回答是"叶成焕"时，刘伯承的心情便会放松很多，他相信有叶成焕坐镇指挥，没有攻克不下的难题。因为叶成焕所指挥的七七二团，被誉为"攻如猛虎，守如泰山，百战百胜的七七二团"，叶成焕被战友称为"叶老虎"，以能征善战闻名当时。

1938年3月中旬，日军在神头岭遭到第一二九师痛击后，加强了对邯长线的警戒。3月底，日军有大批辎重准备通过邯长大道，副师长徐向前决定在响堂铺歼灭该敌。作战部署方面，七六九团和七七一团担负主力伏击敌军；七七二团集结于马家洼一带，以阻击由黎城向东阳关出援之敌，掩护八路军伏击部队右后方的安全。

3月31日，作战行动前，国民党军高级将领组成的参观团也受邀参加，他们齐集在伏击区之南的一个山头上。叶成焕对全团战士作战前动员，要求必须打好这一仗，让国民党军将领参观团见识到八路军的战略战术，以彰显八路军的威力！

上午9时许，日军第十四师团山田辎重部队所属的两个汽车中队，共180辆汽车，在毫无察觉中全部进入伏击圈，一声令下，战斗正式打响。

一瞬间，山谷雷动，硝烟弥漫，在猛烈的炮火中，敌人一批批地倒下。紧接着，七六九团、七七一团的战士们飞奔而出，与日军短兵相接，展开了激烈的白刃格斗。

响堂铺激烈的枪声，惊动了驻守黎城和东阳关的敌人，他们快速集结步兵300余人，骑兵100余人，迫击炮4门，向马家洼进攻，企图解救响堂铺被围之敌。奉命阻击来犯之敌的七七二团战士们，奋勇拼杀，一鼓作气将敌人击退到东阳关下。

这时，黎城城内的敌人，又调派200余人的增援部队到达东阳关，再次向七七二团的阵地扑来。战斗异常残酷，阵地反复争夺，最终在七二二团的顽强阻击下，成功守住了阵地。

与此同时，驻涉县的日军，也快速组织了400人的增援部队，倾巢而来，但在椿树岭，他们遇上了第一二九师的七六九团的顽强反击，战斗到最后，这些日军溃不成军，仓皇而逃。

整个响堂铺一战，毙伤日军森木少佐以下400多人，击毁汽车180辆，缴获迫击炮4门、步枪130余支，其他战利品无数，取得了辉煌的胜利。

1938年4月初，日军为了消灭晋东南的八路军，解除后方威胁，出动3万重兵，分九路向晋东南抗日根据地气势汹汹地杀来。为粉碎敌人的围攻，第一二九师主力部队发动了长乐村奇袭战斗。4月14日，七七二团接到作战指令，命令他们尽快向太行山武乡一带集结。在叶成焕的指挥下，全团指战员一夜奔袭100里，第一时间到达前线。

其实在这次战斗打响之前，叶成焕已身患肺病，多次咳血。陈赓爱惜地劝他先去后方疗养一段时间。叶成焕坚决不同意，执着地说："我的身体没事，早已经习惯了，还是让我打了这一仗再说吧！"陈赓见他态度坚决，只好同意了他的请求。

4月15日，侵入武乡的日寇精锐部队一〇八师团，对县城实施残酷的烧杀抢掠后，弃城沿浊漳河向东逃窜。刘伯承得知情报后，当即电令七七二团和七七一团沿浊漳河两岸山地，实施平行追击。

16日晨，武乡长乐滩附近的山路上车尘滚滚，人喊马嘶，全副武装的日军辎重部队，此时正旁若无人地向东行进着。看到敌人已基本进入包围圈，叶成焕果断地摇响了师部的电话："师长，请下达攻击命令吧，不然到口的肥肉就跑了。"

"好，开打！"对面传来刘伯承浑厚有力的回话。一声令下，忍耐许久的七七二团全体战士火力全开，将愤怒的子弹射向敌寇。顷刻间，机枪、炮弹、手榴弹如急风暴雨般，飞向敌群。一阵弹雨之后，我军战士英勇向前，和敌人短兵相接，喊杀声、刺刀碰撞声震天动地。

战斗进行到下午5时，长乐滩上尸横遍野，血流成河，敌人丢下的武器辎重堆积如山。看到这种场景，叶成焕高兴地说："痛快！太痛快了！"脸上也露出了少有的微笑。

这时通信员跑步前来报告："团长，师长来电，3000多名敌兵赶来增援，命令我团立即撤离战斗。"

"什么？你再说一遍！"叶成焕似乎不太相信自己的耳朵，此时撤离战斗，实在是太可惜了。

但军令如山，加上敌人的增援部队正步步赶来，叶成焕遗憾地看着战场上敌人丢弃的枪支弹药，一想到这批武器可以装备我们多少兵力，他浑然忘记了生死，抓紧撤离前的有限时间，再次举起望远镜，观察着战场上的动态，考虑有没有消灭来援之敌的可能，或者在敌人增援部队到来之前，以最快速度将战场上的武器归拢过来。

忽然间，一声枪响，站立在山坡上观察敌情的叶成焕，头部中弹，栽倒在地。

"不好了！团长负伤了！"

听到警卫员的呼救声，特务连的战士们冲上前去，抬着叶成焕急速向山下撤退。虽然身负重伤，处于半昏迷状态中的叶成焕，嘴里却依然挂念道："哎，队伍，队伍呢？"这是大家听到他唯一的一句话，也是他临终前留下的最后一句话。

由于出血过多，伤势严重，第二天，年仅24岁的叶成焕壮烈牺牲了。刘伯承得知消息后，第一时间奔赴七七二团，望着平躺在担架上的叶成焕，刘伯承俯下身子，用力抱着他的身体，泣不成声地连声呼唤："成焕哪，成焕！"

4月18日，八路军第一二九师全体将士在山西榆社县郝北村召开万人追悼大会。叶成焕的灵柩上面，覆盖着中国共产党党旗。刘伯承在致悼词时悲恸地说："古人讲，死，有的轻于鸿毛，也有的重于泰山。叶成焕等烈士的死，是光荣的死，永垂不朽的死。"朱德总司令专程从八路军总部赶到郝北村，向叶成焕的遗体告别。安葬烈士的灵柩时，刘伯承、邓小平、徐向前和陈赓等人，与干部战士代表们一起，依次铲起一锹锹黄土，垒起了一座新坟。

新中国成立后，叶成焕的遗体迁葬于河北省邯郸市晋冀鲁豫烈士陵园。2009年9月，叶成焕被评为"100位为新中国成立作出突出贡献的英雄模范人物"之一；2014年9月，叶成焕入选中国首批300名著名抗日英烈和英雄群体名录。

赵伊坪：烈火中永生

在伟大的抗日战争中涌现出了无数抗日志士，他们为国家的独立和民族的解放，抛头颅、洒热血，谱写了一曲曲浩气长存的英雄赞歌。被日寇残忍杀害的赵伊坪烈士就是其中一位。

赵伊坪

赵伊坪，1910年7月出生于河南郾城县。他家境并不富裕，父亲是一名私塾先生，靠着微薄的薪水养活一家老小。小时候的赵伊坪，聪明伶俐，爱好读书学习。1918年，他以优异的成绩考入县立高等学校。

1924年，赵伊坪从县立高等学校毕业后，又进入北平育德中学学习。育德中学的前身，是冯玉祥创办的第十六混成旅军官子弟学校。因此这所学校不仅教授学生们文化课程，还开设了严格的军事训练科目。

在学校学习期间，刻苦勤奋的赵伊坪，深受同学们的喜爱。在读书期间，他先后结识了彭雪枫、赵子众、牛连文、张维翰等进步青年。志同道合的年轻人走到一起，共同探讨救国救民的真理。

1925年，五卅惨案爆发后，赵伊坪和其他进步学生一道走上街头，声援上海工人，展开了声势浩大的游行活动。经过这次锻炼，赵伊坪更加深刻地认识到了旧中国的黑暗，思想境界也得到了很大提升。不久，经彭雪枫介绍，赵伊坪光荣地加入中国共产主义青年团，1926年，他转为中国共产党党员。

1927年春，赵伊坪受党组织派遣，回到自己的家乡郾城从事革命活动。在此期间，赵伊坪和田方、蔡永令等人一起成立了城内党支部，赵伊坪任书记。为了更好地开展工作，在此期间，赵伊坪还和同志们一起，先后在西南大刘和东北黑龙潭建立农民协会，发动群众开展农民运动。

同年，在中共郾城县委领导下，成立了"文化促进会"，赵伊坪出任负责人。担任促进会负责人之后，赵伊坪和大家一起，联合创办了刊物《扶轮》，宣传革命真理；还成立话剧团，教唱革命歌曲、张贴革命标语，想尽一切办法，开展多种形式的革命教育活动。尤其是他和同志们创办的平民子弟小学，使得贫困家庭的子弟，有了读书受教育的机会。

1927年大革命失败后，国民党反动派四处抓捕迫害共产党员，白色恐怖一时如阴云笼罩。在严峻的现实面前，中共郾城县委一面有计划地转移党员，一面让赵伊坪等人以平民子弟小学为阵地，继续在隐蔽战线开展革命活动。在赵伊坪的正确领导和坚持斗争下，他和同志们争取到了国民党左派的支持，取得了平民子弟小学和高等学堂合并的胜利。

两校合并之后，改称为郾城第一完全小学。学校内部实行男女同校，这在郾城教育史上是一次前所未有的革命。赵伊坪抓住有利时机，以郾城第一完全小学为阵地，积极地开展和壮大郾城共青团组织的工作。

虽然白色恐怖的阴云不散，但赵伊坪无所畏惧，他的家成为郾城党、团组织的秘密活动地点。每逢党、团员们开会时，他的父母、兄弟，都主动担负起联络员、交通员的任务，负责放哨、传送情报等工作。

国民党反动派对赵伊坪的革命活动也有所察觉，他们曾多次通缉抓捕赵伊坪等人。但有着深厚群众基础的赵伊坪等人，屡次虎口脱险，逃脱了国民党反动势力的追捕活动。在这种暗无天日的高压氛围下，赵伊坪依然保持高涨的革命热情，他克服重重困难，机智灵活地和敌人作斗争。

1928年秋天，鉴于国民党反动派不断加大对赵伊坪的抓捕力度，他只得离开家乡，再次返回北平。不久，在组织的安排下，赵伊坪化名赵罗萍，前往冯玉祥部从事兵运工作，担任西北军田春芳第二十四师军械处录事一职。

中原大战冯玉祥失利后，1931年春，赵伊坪又转到杨虎城所辖西安警备司令部工作，担任秘书一职。一年后，赵伊坪担任鲁南第四民团军谢书贤部一团一营营部文书。在此期间，在他的努力下，鲁南第四民团军成立了中共党的支部，赵伊坪任支部书记。

不久，根据中共山东省委的指示，赵伊坪计划在鲁南第四民团军发动起义，不幸消息泄露，赵伊坪只得离开山东，回到河南，以小学教师的身份作掩护，继续从事党的秘密工作。

1935年春，赵伊坪来到新创办的杞县私立大同中学任教。大同中学是由民主人士王毅斋倡导创办的。在王毅斋的邀请下，一些中共地下党员和进步知识分子纷纷来到大同中学任教，其中有梁雷、郭晓棠、王乐超等中共党员。

在学校里，赵伊坪担任国文老师。他同梁雷、郭晓棠、王乐超等共产党员一起，在教学间隙，和学校的进步教师以及青年学生共同开展抗日救亡活动，建立起了各种群众性的革命组织，其间还参与办起了校刊《群鸥》。

大同中学的师生，对思想进步的赵伊坪都非常拥护和爱戴，他们赞誉赵伊坪为"大同学校的三个灵魂之一"。后来当赵伊坪离开大同中学时，在师生们的欢送会上，他给大家讲了一个红灯笼的故事，故事寓意党在向他们发出召唤，并积极鼓励广大师生努力投身到中国共产党领导的抗日救亡运动中去。

全国性抗战爆发后，赵伊坪奉命到鲁西北创建抗日根据地。在这里，组织上任命他担任中共鲁西区委委员、秘书长兼统战部部长等职务。赵伊坪到新的工作岗位上后，通过他的争取，赢得了国民党聊城专员范筑先的认同，范筑先约定与共产党一同抗战，并向全国发出通电"誓死不渡黄河南"，为巩固和发展鲁西北抗日根据地，作出了重要贡献。

赵伊坪拥有出众的才华，在担任鲁西区委委员、秘书长等职务时，为鲁西北特委和政治部起草了很多重要文件和报告。作为聊城《抗战日报》社论委员会成员，赵伊坪经常为报刊撰写重要社论和文章。

1938年10月，在日军进攻下，聊城失守，范筑先和700余名守城将士为抗击日寇，血染疆场，付出了宝贵的生命。

危急时刻，赵伊坪带领政治部机关和政治干部、学校师生，迅速地向聊城西南的莘县转移，不久又来到了冠县。1939年3月初，鲁西区党委机关与八路军第一二九师先遣纵队由冠县、馆陶向茌平、博平挺进。3月5日，先遣队同日军合击部队在茌平县（今高唐县）琉璃寺一带遭遇，经过一天激战，多次打退了日军的进攻。

在战斗突围转移时，赵伊坪不幸中弹负伤，坠落马下，很快被日军捕获。日军抓捕了赵伊坪之后，在许楼村的十字路口，对他施展各种严刑拷打。生死关头，赵伊坪大义凛然，英勇不屈，痛斥侵略者的暴行。他的行为，激怒了凶残的日军，他们将赵伊坪捆在村外的一棵枣树上，周身浇上煤油点燃，将其活活烧死。

临死前，赵伊坪大声高呼："中国共产党万岁！""打倒日本帝国主义！"从容就义，时年29岁。赵伊坪牺牲后，许楼村的群众将他的遗体安葬在村西的四新河岸上。新中国成立后，迁入徐庙烈士陵园。

受赵伊坪的教育和影响，他的3位弟弟都先后走上了革命道路。二弟赵晓舟曾随刘邓大军千里跃进大别山，参加过淮海战役，后来成长为共和国的少将；三弟赵涵辉（堂弟）、四弟赵廉超，经彭雪枫介绍，奔赴延安抗大学习，后来先后在革命斗争中英勇牺牲。

为纪念赵伊坪烈士，中央军委原副主席刘华清题写了"抗日殉国，一门忠烈"的匾额，悬挂在赵伊坪故居，供后人缅怀。

鲁雨亭：只知有国不知有家的抗日英雄

少有大志

1899年，鲁雨亭出生于河南省永城市芒山镇一个书香世家，原名鲁鸿逵，后改名鲁雨亭。"雨亭"二字，寓意羽翼国家，雨露人民。少年时期的鲁雨亭，就显示出了他非凡的胸襟和气度。

1918年，对于鲁雨亭来说，是人生的一个重要转折点。这一年，他顺利地从河南法政学堂毕业。然而彼时的中国，正处于军阀混战之际，内忧外患的现状，旧中国积贫积弱的现实，让青年的鲁雨亭内心生出了无限愤慨，他在毕业感言中写道："前人创业非容易，后代无贤总是空"，"妙算龙韬虎略，英雄铁马金戈"。此时的他，已经找到了日后人生的方向，这就是弃文从武，报效国家。

怀着这份爱国的信念，鲁雨亭先是考入河南开封宏威士官学校，毕业后从军入伍，凭借个人优秀的军事素养，先后担任军法官、军法处处长等职。1925年年初，任靖国豫军军法处处长兼总部秘书，后又担任武安县县长一职。在此期间，他曾向国父孙中山建言献策，在信中写道："吾等拥护孙先生联俄联共之策。对内联共，则精神足；对外联俄，则军实不患无备。"一片忧国忧民的拳拳爱国之心跃然纸上。

但纷纷攘攘的军阀混战，很难让鲁雨亭有充分施展抱负的机遇。从1926年到1931年，在长达5年的时间里，遭受排挤的鲁雨亭，闭门谢客，读书自娱，直到九一八事变爆发之后，在友人的劝说下，为抗日大局计，他出任孙殿英部军长代表一职，为推动孙殿英部抗战行动作出了重要贡献，受到了时人的一致赞誉。

1937年年初，在高树勋的力邀下，他出任河北省保安处秘书长。当全国抗战爆发后，他主动请缨，上阵杀敌，然而他的一腔斗志却遭遇兜头冷水，看到国民政府在抗战中软弱消极的表现，心灰意冷的他，返乡避居。不久后，在李宗仁的积极推荐下，鲁雨亭担任永城县县长一职。在担任县长期间，鲁雨亭多方奔走，全力支持永城县抗日救亡动员委员会的抗日救亡活动，并多方筹款开办青训班，为抗日运动培育青年骨干。

1938年春，永城被日军攻占后，鲁雨亭在王卓然、陈建平等人的协助下，发动成立永城人民抗日游击队。在永城陷落后及建立游击队期间，鲁雨亭一次次地向国民党军政机关争取对他返回永城坚持抗战的支持，谁知他的要求不仅没有得到应有的帮助，还遭到了冷嘲和讥刺。鲁雨亭一面忍受着抗战受挫的痛苦，一面密切关注着全国的抗战局势，并苦苦追寻着中国抗日救亡的民族解放道路。

值得称道的是，鲁雨亭在发动成立抗日游击队之后，通过夏邑太平集之役、孔庄之役、火神店夜袭、鱼山抗战、梁河洼摸敌等主要战斗，队伍迅速发展，逐步形成了以芒砀山、山城集为中心的方圆200多里的抗日游击根据地。

揭竿而起

1939年1月，彭雪枫司令员率领新四军游击支队东进到达永城一带。彭雪枫率领新四军坚持抗战、爱护百姓的传奇佳话，给鲁雨亭留下了深刻印象。善于分析和思考的鲁雨亭，亲耳聆听了共产党坚决的抗战态度和英明的抗战政策，身为国民党军队少将的他，不由坚定了跟着共产党走，实现驱逐日寇、民族独立的决心。

1939年8月，鲁雨亭率部近千人，毅然加入新四军游击支队。他对参谋长张震说："我下决心了，干新四军！跟共产党走！"

彭雪枫派孔石泉、张先舟带几十位军政干部到鲁雨亭的部队工作，并把这支部队命名为新四军游击支队第一总队（1940年2月改为新四军第六支队第一总队），由鲁雨亭担任总队长，孔石泉担任政治委员。在此期间，鲁雨亭由张震、张先舟介绍，加入了中国共产党。

张震后来回忆道："当鲁雨亭得知他被接纳为中国共产党党员的消息时，高兴地流下了激动的眼泪。"

从此之后，鲁雨亭如虎添翼。在党的领导下，他率领新四军健儿，驰骋于豫皖苏边区。他们偷袭日军运输据点砀山黄口、李庄火车站，切断敌人的供给线；歼灭袁楼汉奸武装王璞臣部70余人；夜袭日军大房庄据点，击毙日军横山少佐等21人、伪军17人，烧死敌人2匹马，炸毁敌军火药库一座，狠狠打击了日寇和汉奸的气焰，鼓舞了军民斗志。

1940年2月24日，第一总队在磨山一带据险阻击从砀山、大房庄前来进犯的百余名日军。日军分乘7辆汽车、3辆坦克，企图对新四军部队进行突袭。第一总队一团三营的勇士们与敌人激战9个小时，最终让敌人拖着被打坏的汽车和坦克，载上两汽车死亡的士兵落荒而逃。

1940年3月，日伪军分五路对萧宿永地区实行规模空前的"大扫荡"。鲁雨亭指挥第一总队同日伪进行了大小20余次战斗。主要战斗有：

3月16日，进袭驻萧县张寿楼之敌，予敌重创；

3月19日，夜袭萧县高窑，毙敌30余人；

3月23日，伏击日军天皇御慰团，毙敌佐野联队长、北山大尉以下60余人，击毁敌汽车4辆；

3月24日，迎击萧县李石林出扰之敌骑兵，毙敌60余人；

3月25日，与驻萧县王白楼之敌170人激战，毙敌20余名、马3匹；

3月28日，进攻日军李石林据点，毙敌10余人；

3月30日，与支队一部协同作战，毙日军160余名，击毁汽车4辆；

3月31日，在永城阎井、蒋庄伏击日军车辆8辆，毙伤敌70人。

在这些战斗中，以3月23日对日军天皇御慰团的伏击战最为突出，影响最大，沉重打击了日寇的士气。日军在蒋庄召开了气氛低迷的追悼仪式，直接震动了日军高层指挥机构。敌人气急败坏，恼羞成怒。驻永城的日军司令官叫嚣道："若不消灭永城的鲁雨亭，则我们在苏豫边区就不能立足……不惜一切代价，也要将鲁雨亭第一总队一网打尽！"

在几个月的战斗中，鲁雨亭所领导的第一总队，先后毙伤日伪军数百人，部队发展壮大到近3000人。屡建奇功的他，也使得第一总队成为豫皖苏边区一支新四军抗日劲旅。在他的指挥作战下，芒砀山抗日根据地也初具规模。

壮烈殉国

1940年3月下旬，日军驻徐州司令部决定对以永城芒砀山为中心的永夏砀萧抗日根据地进行一次大规模的"扫荡"，企图消灭新四军第六支队第一总队。驻萧县、砀山、永城、宿县的日军出动3000多人，以步步为营方式向芒砀山区靠拢，同时在萧县西部的张大屯、王白楼、李石林及永城的宋河等靠近芒砀山的集镇安设了据点。活动在砀山、萧县的新四军第六支队第三总队与萧县总队被迫转移到芒砀山周围地区。

4月1日晨，日军步兵、骑兵3000多人，汽车、坦克50多辆从砀山、黄口、萧县、永城分路向芒砀山区围攻。

在敌人发起进攻之际，鲁雨亭命令鲁健到山上瞭望。鲁健带人立即上了芒山主峰。但当时山上有雾，加之山下群众正在做早饭，炊烟缭绕，瞭望困难，于是鲁健建议鲁雨亭派出步探侦察。之后，负责瞭望的同志就到山城集去吃早饭。饭后再次上山，鲁健拿着望远镜四处观察，发现王白楼的敌人开始出动，立即派人报告鲁雨亭。不久，发现宋河、砀山和张大屯的敌人也都纷纷出动。

这时，第一总队队部的勤杂人员开始从窑山集向西北疏散，其余人员顺着王引河向南突围。鲁雨亭率部走到李黑楼南边时，敌人首先占领了王枣园，鲁雨亭便命令部队向南突围，撤退到李黑楼。

鲁雨亭烈士墓

在李黑楼村南的壕沟里，一块弹片划破了鲁雨亭的鼻尖，鲜血直流，染红了他的胡须。鲁雨亭为鼓舞战士们的斗志，包扎后仍沉着指挥战斗。战斗从早上9点打响，一直打到黄昏。战斗中，鲁雨亭虽然身负重伤，但他一直和战士们一起对敌作战，还利用战斗的间歇看望伤员，鼓励战士们勇敢杀敌。

在他的指挥和影响下，战士们增强了胜利的信心，战斗中个个争先恐后，打退敌人多次冲锋，一直坚持到天黑。谁知在战斗即将胜利结束时，鲁雨亭不幸身中数弹，壮烈牺牲在李黑楼东门外的壕沟里！

鲁雨亭的牺牲，震惊了新四军部队和豫皖苏边区大地。

彭雪枫说："豫皖苏边最大的不幸、最大的损失、最沉痛的日子，是在这次反'扫荡'的胜利中失去了我们的雨亭同志！失去了一个最亲密的战友！"并称他是"一个只知有党不知有己，只知有国不知有家的真正的出色的民族的布尔什维克的英雄"。

2009年，鲁雨亭被评为河南省为新中国成立作出突出贡献的60位英雄模范之一；2014年被国家民政部公布为第一批在抗日战争中顽强奋战、为国捐躯的300名著名抗日英烈和英雄群体名录之一。

吴凤翔：成功刺杀日军少将

1940年，正当日军凭借优势装备在中国大地上攻城略地、对华北各抗日根据地进行疯狂"扫荡"之时，在其统治的"王道乐土"——古城开封，发生了一件让日寇震惊的特大事件：日本侵华特务机关重要人物、"华北五省特务机关长"吉川贞佐少将和数名日军头目，于5月17日被吴凤翔（又名吴秉一）刺杀于该特务机关驻地山陕甘会馆。这一事件震动了当时日本国内和日军上层。

吴凤翔是河南郏县人，1936年加入中国共产党。1939年6月，因向延安输送进步青年被捕，关押在郏县监狱。1940年3月初，中共郏县工委派人到郏县监狱，买通看守，将枪分解成零件和铁锉等工具一起带进牢房。吴凤翔将零件重新组装成枪支，于3月10日带领狱友冲出监狱。此后，他便在郏县和襄城交界的小磨山组织游击队，从事抗日活动。

吉川贞佐是日本昭和天皇裕仁的亲外甥，在日本陆军士官学校毕业后，开始其特务生涯。1939年秋，他被日军委任为华北五省特务机关长，特务机关总部设在开封。从此，他不仅为日军搜集情报，还疯狂地抓捕地下抗日分子，杀害抗日人士。据伪河南警务厅资料统计，特务机关仅在1939年下半年就抓捕共产党员466人，国民党人员105人，军统豫站人员10余人。吉川贞佐本人一次就下令杀害抗日志士120余人，罪孽深重。

中共河南地方党组织为打击日军的野蛮行径，决定让中共地下党员牛子龙设法除掉吉川贞佐。此时，牛子龙已打入国民党军统豫站，刺杀了不少死心塌地为日寇卖命的汉奸。其中最出色的行动，是遵照党的指示暗杀了伪开封警备司令刘兴周。接着，他又派人成功刺杀大汉奸徐宝光。

刘兴周、徐宝光被刺杀后，日军驻开封的司令官非常惊恐，责令吉川贞佐火速派人打入军统豫站，刺探情报，进行报复。牛子龙探知日军的阴谋后，决定将计就计，派人去诈降，然后再寻找机会刺杀吉川贞佐。

牛子龙经过反复思考，最后选定了一个人，这个人就是吴凤翔。吴凤翔在郏县师范上学时，是牛子龙的学生，所以牛子龙对他非常了解。他知道吴凤翔胆略过人，枪法出众，是一位有强烈爱国心的青年。

另外，牛子龙选派吴凤翔前去刺杀吉川贞佐还有一个原因，即吴凤翔是国民党政府通缉在案的越狱要犯。假如吴凤翔前去特务机关诈降，容易取得日军的信任。

牛子龙派人把吴凤翔接到郑州，告知他的打算，吴凤翔听后，当即表示同意，并说："为抗日救国，视死如归。"随后，两人就商定了行动计划。

1940年3月19日，吴凤翔按牛子龙的指示到达开封慈悲巷牛子龙岳父董文学家。不久，他通过了解得知，吉川贞佐的亲信、汉奸特务组长权沈斋贪财好利。他决定从此人身上打开缺口，设法接近吉川贞佐。

经过多次努力，吴凤翔终于打通了关节，获得了与权沈斋见面的机会。他带着麝香、烟酒等礼品，到权家拜访，向权沈斋讲了自己越狱后，被国民党通缉走投无路的情况，假称他愿带领他的一支部队归顺"皇军"，再也不抗日了。可是，权沈斋反应冷淡，存有戒心，只表示"愿意通融"。

权沈斋向吉川贞佐做了汇报，吉川贞佐听说吴凤翔要带领一支抗日游击队"归顺"皇军，非常高兴。但是吉川贞佐是一个狡猾心细的人，鉴于刘兴周、徐宝光被刺的教训，他又怕其中有诈，便指令权沈斋转告吴凤翔，将小磨山抗日游击队的花名册送来，让他过目之后再做定夺。

吴凤翔按照要求，在牛子龙的帮助下迅速编造了一份小磨山抗日游击队的花名册。当他拿着花名册再次见到权沈斋时，权沈斋突然问："你可知道牛子龙吗？"

吴凤翔不禁一怔，但马上承认了和牛子龙曾经是朋友，因为坐监同牛子龙失去了联系，不了解他现在的情况。吴凤翔知道敌人急于捕捉牛子龙，就将计就计地说："如果你们相信我，我可以想办法把牛子龙骗到开封来。"

权沈斋听说吴凤翔能骗来牛子龙，就兴冲冲地说："姓吴的，如果你能骗到牛子龙，老兄不才，一定在机关长面前保举你！"

吴凤翔连连作出保证，又把携带的"花名册"呈给权沈斋。权沈斋仔细地看了看，没有发现破绽，就把"花名册"交给了吉川贞佐。吉川贞佐毕竟是受过训练的特务高官，生怕其中有诈，于是便命令权沈斋继续拉拢吴凤翔，同时严密监视吴凤翔的动向，并设法对其进行考验。

一次，一个补鞋人突然窜到吴凤翔的身边，压低嗓门告诉吴凤翔他是地下党的交通员，有几位"同志"在禹王台被捕，"请设法营救"。有着多年地下工作经验的吴凤翔立刻识破了这个冒牌货，甩手几个大巴掌将其打得眼冒金星。没过多久，街面上又突然警笛大作，紧接着两个披头散发的青年女子闯到吴凤翔的店里，声称自己是抗日人员，正被日伪特务追捕，请吴凤翔给予救助。吴凤翔一眼就看出这又是权沈斋搞的把戏，上前一手抓一个将两人扔出了门外……

通过多次考验，狡猾的吉川贞佐逐渐解除了对吴凤翔的疑心。5月15日，吉川贞佐下达命令，要求吴凤翔率领"归顺"日军的先遣队驻扎在开封西边的董章镇，余部驻扎镇西，听候改编。

吴凤翔立即向牛子龙汇报，牛子龙命王宝义、刘胜武、姚栓紧、张茂亭等人，在吴凤翔指挥下，执行刺杀吉川贞佐的任务。牛子龙亲自带领10名手枪队员到中牟县，准备接应。5月15日晚，吴凤翔带领王宝义等人进驻董章镇。

吴凤翔按约前去会见吉川贞佐。吉川贞佐见到吴凤翔后，试探性地询问了一些关于共产党、游击队和军统豫站的情况。吴凤翔早有准备，胸有成竹，用编造的情况对答如流，神态从容不迫，吉川贞佐很是满意。

当吴凤翔退出时，吉川贞佐命令卫士拿出两张特别通行证交给他，并说，"后天带你的游击队副司令王宝义来见我，决定你的游击队收编和驻防问题"。

5月17日下午6点多钟，吴凤翔、王宝义按照与吉川贞佐约定的时间，持特别通行证顺利地跨进了山陕甘会馆的大门。进

山陕甘会馆

门之后，穿过走廊，到了吉川贞佐和翻译官陈凯住的后院。按照事先的计划，吴凤翔打西屋的吉川贞佐，王宝义打南屋的陈凯。

吴凤翔慢慢走到西屋门前，刚欲推门，吉川贞佐的卫士就开门出来。吴凤翔眼疾手快，抬手一枪把卫士打死在门槛上。枪声惊动了屋内的吉川贞佐，屋里一片混乱。吴凤翔趁机封锁屋门，又一枪把正欲拔枪的日军驻开封宪兵队长藤井治击毙。接着，吴凤翔掉转枪口朝吉川贞佐射击，不料连扣两下都是瞎火。吴凤翔急中生智，扔掉左轮手枪，拔出一支二十响盒子枪，将吉川贞佐打成了"蜂窝"。

王宝义在南屋没有见到人，也迅速赶来配合吴凤翔，两人从窗口和屋门向里猛烈射击，将屋内敌人全部消灭。之后，两人跳进屋里，收集了部分文件、手枪等，迅速撤离。

因为吉川贞佐住的院子深，又是靠近街面，街面的噪声大，门卫没有听到后院的枪声。吴凤翔、王宝义顺利撤出，会同等候在山货店街口的张茂亭等人，顺着省府街直奔正西，来到西城墙下。

就在这时，全城电灯突然熄灭，警车发出刺耳的怪叫声，城里开始了搜捕刺客的行动。吴凤翔等人乘隙出城向中牟县方向急速撤退，同接应的牛子龙所率手枪队会合，终于安全撤到了郑州，刺杀任务圆满完成。

吴凤翔刺杀吉川贞佐后，先后在周口扶沟县、开封朱仙镇等地组织队伍，游击抗日。1946年9月，他赴延安参观学习，受到毛泽东、朱德的亲切接见，被誉为"大无畏的民族英雄"。

走上开国大典主席台的女英雄

这一天，是李秀真一生中最幸福的日子。

1949年10月1日下午3时，天安门广场上彩旗招展，欢声雷动。在这庄严神圣的历史时刻，一位年近半百、满头白发、裹着小脚的农村劳动妇女，与毛泽东等党和国家领导人一起登上天安门城楼，出席开国大典。这位妇女不是别人，她就是专程从河南滑县老家前往北平出席首届全国政协会议的敌后女英雄李秀真。

李秀真，1901年出生于滑县一户贫苦的农民家庭，1939年加入中国共产党。抗日战争时期，她担负党的地下联络工作，经常冒着生命危险出入日伪统治区，侦察敌情，散发传单，传递情报，替游击队买子弹，掩护同志抗日，被称为"红色交通员"。多少次，她凭着沉着和机智，逃脱敌人的魔掌，化险为夷……

一

1940年秋，伪军孙殿英部下张体安独立旅一团盘踞在滑县的董固城，他们在这里修碉堡、设关卡，妄图把冀鲁豫抗日根据地的西南边陲变成"围剿"的前沿阵地。为了及时获取敌伪的活动情报，李秀真夫妇根据上级党组织的指示，在董固城以炸油条为掩护，建立了地下联络站。

1941年初夏，一连下了几天的滂沱大雨终于停了，李秀真夫妇就在街上支起了油锅。第一锅油条刚刚捞出，只见一个戴墨镜的伪军官向摊点走来，李秀真一眼认出他就是打入敌人内部任上尉副官的中共地下党员庞剑。

李秀真热情地招呼道："老总早啊，买几斤？""来两斤吧！"庞剑随口答道。李秀真赶忙去称油条。庞剑四周看看，边掏钱边低声说："驻滑县县城的日本司令部，两天后要全体出动突袭八路军在卫南县的驻地。"李秀真捏了捏庞剑递过的"钱"，点头会意，又随便找了几张零钱，笑着打发走了这位"顾客"。

之后，李秀真匆忙炸了几锅油条，装了半篮子，打扮成走亲戚的模样，急忙向八路军驻地五合寨奔去。

40余里地的路程，全是沙丘地，这对于一个小脚妇女来说更为艰难。不觉间，汗水浸透了衣服，沙粒磨破了脚掌，李秀真全然顾不了这么多。迟一点把情报送过去，八路军就多一分危险。她咬着牙坚持向前走着。这时，突然迎面来了一队敌人，躲藏已来不及了，怎么办？

决不能让情报落入敌人手中。情急之中，她瞅见篮中的油条，顿时有了主意。

她马上蹲下来佯装系鞋带，悄悄从鞋里取出情报，顺手抓起一根油条，一起塞到嘴里，狼吞虎咽地全吞进肚里。

这时，敌人已到眼前，几把明晃晃的刺刀对着她，两个匪兵上前把李秀真揪起来喝问："老太婆，到哪里去？"李秀真镇定地说："前两天娘家带信说，我娘病得厉害，我是去看她老人家的。"说着便哭了起来。匪兵不信，上前把她的衣缝、绑腿、鞋里、袜里甚至发髻都搜了个遍，什么也没有找到。最后把油条抢了个精光，扬长而去。

中午时分，李秀真赶到了五合寨。但是，八路军已于头天转移到了大王庄，大王庄距五合寨又是三四十里路。

此时，脚板的疼痛，肚子的饥饿，让人难以忍受，但时间紧迫，情报要紧，哪还顾得上这些，李秀真一扭头便出了村子，直奔大王庄。

才走出几步，李秀真傻眼了！老天真是和她过不去，前几天的大雨积水早已淹没了道路、庄稼，一眼看不到边的水拦住了她的去路。

就是刀山火海自己也得朝前走！李秀真果断地将裤腿向上一挽，顺手折过一根树枝，探着水一步一滑地向前走去。水，越来越深，淹没了膝盖、大腿，齐了腰，旋涡越来越多，水底的淤泥越来越滑。突然，她脚底一滑，身体失去了平衡，跌倒在水中。她又挣扎着起来，继续前进。整整三个多小时的艰难跋涉，才蹚过只有5里多长的泥水路。

来到大王庄时，天早已黑透，李秀真顾不得包扎脚底磨破的伤口，赶紧把敌人突袭之事向八路军进行了汇报。

由于情报及时，八路军避免了一次重大损失。李秀真这才大松了一口气。

二

1941年10月的一个深夜，凛冽的寒风将树枝吹得"嚓嚓"作响，人们早已进入梦乡。

突然，一阵急促的枪声划破长空，村里的狗也跟着"汪汪——"狂叫起来。

李秀真从睡梦中惊醒，她立刻意识到可能有情况，便一把将丈夫推醒，他们披衣下床，紧贴房门，屏息静气倾听着外面的动静。

不一会儿，门外传来急促的脚步声，随之响起紧急而有节奏的叩门声。从敲门的节奏上她听出了是自己同志的暗号，赶忙打开房门。

是侦察员王林！只见他满脸是汗，左臂受伤。李秀真一把把他拉入屋内，赶紧关上了门。王林上气不接下气地说："大嫂，我已被发现，敌人追得很紧，你赶快把情报送走，我掩护。"李秀真沉思了下说："老王，你快从后窗户跳出去，那儿通向后街，向西走，再往北一拐就出了村，我在这儿缠住他们。"说完将王林推出后窗。

敌人很快追上来，"嗵嗵嗵"的砸门声和粗野的叫骂声混作一团。

李秀真假装睡意朦胧地问道："谁啊？半夜三更有什么事儿呀？"她边说边点着灯。

开了屋门，一伙儿伪军拥了进来，领头的是伪军军需处主任张光亮。

李秀真赶忙说："哟！是张主任啊！这么冷的天，快和弟兄们进来暖和暖和，我给你们烧点热汤去。"

张光亮平时就怀疑李秀真，今天明明看见有个人朝这个方向跑来，料定是躲在李秀真的家里。于是一进门就下令搜查。李秀真为了拖延时间，走到张光亮的跟前说："慢着！张主任，你们这是干啥？要打要罚总得先说个原因吧！"张光亮吼到："老娘儿们，你把八路军的侦察员藏到哪里去了？赶快交出来！""张主任，你深更半夜来我家要人，这不是故意糟践我的名声吗？亏得孩儿他爹在家，要不，我跳进黄河也洗不清啊！平日里我待弟兄们不薄，弟兄们心中都有数，怎么能说我窝藏八路军？"说着哭了起来。

张光亮哪管这些，依然下令："给我搜！"伪军们把屋里翻了个底朝天，可王林早已出了村子。

三

1946年6月，全面内战爆发。9月，国民党孙震兵团之四十一师、四十七师占领滑县。地方上的土匪、反动地主武装也随之猖獗起来。

滑县中共党政人员和人民群众被迫撤到沙区。上级党组织研究决定让李秀真带领部分家属向北转移。当李秀真一家与几名干部家属一行走到高墙营村南时，不幸被土匪王三祝的部下逮捕。

李秀真被关到一个戒备森严的屋子里受审。匪军官问："谁是共产党员？"李秀真心想，就是我死了也决不能出卖一个同志，于是装作愣了愣神儿反问道："啥圆？我当了九年老妈子，见到的生瓜梨枣都不算圆，只有人家少爷玩的皮球才圆，你说的是不是那个圆呢？"

"老太婆，少贫嘴，我看你是不打不招！"匪军官气得一阵吼叫，"给我打，狠狠地打！"于是几个匪兵举起枪托雨点般地砸向李秀真。她咬紧牙关，愤怒的目光瞪向敌人，心里想：你们别想从我嘴里掏出一个字儿。

一阵毒打过后，匪军官又问："谁是八路军的干部？"李秀真强压怒火，故意说："你说啥是'干木'？我丈夫是木匠，他说过从庙上拆下的大梁解成的板是干木，我又听说南天门上的过木是最干最干的干木，到底是不是，我也拿不准。"

就这样，李秀真和敌人不断周旋。一连几天审问，敌人问天她答地，敌人说圆她说方，李秀真装成一个什么也不懂的地道农村妇女，故意与敌人打岔，把敌人弄得哭笑不得。

敌人心不甘，又用尽各种刑具，严刑拷打，李秀真还是未吐一个字。敌人实在抓不到什么把柄，不得不把她释放。

李秀真迅速找到自己的部队，消灭了这股匪徒。

1949年3月，李秀真出席全国第一届妇女代表大会，被选为中华全国第一届妇女联合会执行委员会委员。4月，《人民日报》以《坚持敌后斗争的女英雄李秀真》为题作了报道。9月，李秀真再次赴京，以农民代表的身份出席全国第一届政治协商会议，被选为全国政协第一届委员会委员。接着，她又相继参加了全国儿童保护工作会议和政法工作会议，当选为全国儿童保护委员会委员、政法委员会委员。其间，李秀真曾两次受到毛泽东的接见，并同毛泽东合影留念。10月1日，李秀真与党和国家领导人一起登上天安门城楼，参加开国大典。

清廉朴素的张祖谅将军

在艰苦卓绝的革命战争中，在中国人民解放军的行列里，涌现出一大批优秀将领，他们品德高尚、信念坚定、胆略过人、生活朴素、襟怀坦荡。他们身上的奋斗精神和忘我牺牲的品质，犹如长夜星空中那一颗颗闪亮的星辰，永远闪耀着不灭的光芒，照亮后人前行的道路，也令人心中升起无限的敬仰之情。

在这之中，曾任中国人民解放军第十八兵团六十军军长兼成都警备司令部司令员、川西军区司令员、中国人民志愿军第三兵团六十军军长、南京军区参谋长，1955年被授予中国人民解放军中将军衔的开国将军张祖谅，就是一位清廉朴素、永远值得我们怀念的老一辈共产党人。

张祖谅

张祖谅，1911年生，河南省商城县白塔集乡人。1931年6月加入中国共产主义青年团，同年9月参加中国工农红军。

加入红军队伍后，张祖谅作战勇敢，表现优秀。1932年2月，他光荣地加入中国共产党，成为一名共产党员。全国性抗日战争爆发后，张祖谅凭借过硬的军事素养，先后担任八路军第一二九师三八六旅政治部主任、太岳军区第二军分区政治部主任等职务，为抗击日军作出了重要贡献。

1941年秋，为"蚕食"我抗日根据地，打击抗日军民，凶顽的日军对太岳抗日根据地展开了残酷的"大扫荡"。在一次作战中，担任三八六旅政治部主任的张祖谅，由于遭到日军飞机的轰炸，行李全被烧光了，只剩下身上穿着的单衣，连换洗的衣物都没有了。

在这种窘迫的情况下，张祖谅在换洗衣服时，衬衣和外褂只能分开洗，因为同时洗的话，就只能穿警卫员或秘书身上的衣服了。所以这时常见的场景是：晚饭过后，张祖谅就赶忙将身上的衣服脱下来，抓紧时间洗一洗，第二天早上晾干以后再穿上。

警卫员和秘书看到这种情况，劝说张祖谅穿他们身上的衣服。可是张祖谅身材清瘦，个子又高，别人的衣服他穿起来很不合体。问题是，衣服还不是最棘手的事情，最难办的是被褥。没有了被子的他，晚上睡觉的时候，只好用旧棉大衣当被子盖，以抵御深秋的寒冷。

由于他的个子较高，盖上旧棉大衣，往往是上身盖住了，就盖不住下身了。太行山的秋天，早已是寒意渐浓。深夜中，张祖谅每天晚上睡觉时，都要将自己的身子蜷缩成一团。同志们见状都纷纷开玩笑说："张主任一到晚上，就成了'团长'。"

警卫员于心不忍，提议到旅供给处给他领套衣服和被子，但每次都被张祖谅拒绝了，他总是对警卫员说："现在咱们的作战部队，没有衣服的人多了，不只是我张祖谅自己。再说供给处也有困难，何必给他们添麻烦呢？等大家都解决了以后再说吧！"

一天，警卫员吴安良正低头给张祖谅补衣服。旅供给处的杨国朴处长无意中看到后问："小吴，你补的是谁的衣服？怎么那样破？"

吴安良看到是杨处长，赶忙回答说："这是我们张祖谅主任的内衣。"

"都破成这样子了，还能补好吗？"对方问。

"报告处长，张主任的行李在这次鬼子'扫荡'时被烧光了，没有换洗的，不补没有穿的。"吴安良回答道。

"你们为何不反映一下，给他领一套呢？"杨处长一边说着，一边拿起缝补的衣服夸赞道："你的手艺真不简单，这么破的衣服还能补好，补得真不错。"听着杨处长的称赞，吴安良不好意思地笑了。

两三天后，供给处的通信员，给张祖谅送来了被褥、床单和一件外衣、两件内衣。张祖谅晚上洗完澡换衣服时，一看是新的，不由大声喊道："吴安良，这是怎么回事？"

吴安良跑进屋子里，看到张祖谅指着的衣服和被褥，立即明白了是怎么一回事，于是解释道："这些都是供给处送来的。"

"谁叫他们送的？"张祖谅生气地问道。

"我不知道。"吴安良低下头，小心翼翼地回答道。

"怎么可能不知道？是不是你说了呢？"为了查清事情的原委，张祖谅挨个追问警卫班的小战士们，大家都回答说不知道。

吴安良想起前几天供给处处长杨国朴看见他补衣服的事，就向张祖谅说明了情况。

张祖谅依然生气地说："吴安良，这不是你说的吗？你是不是向杨处长要了？"

"我没有。"吴安良委屈地答道。

"好，我这就打电话给供给处，如果事情属实就算了；若是你要的，非处分你不行。从今天开始，警卫班一律不准向供给处要任何东西，一根线也不行。一个革命战士，首先要想到党，想到革命，想到人民群众，不能光想自己。即使将来革命胜利了，条件好了，也不能忘记党和八路军的光荣传统……现在马上把衣被送回去，是吴安良引起的，就叫吴安良去送。"张祖谅非常严肃地说着。

衣服和被褥送回去后，张祖谅一如既往地盖着旧棉大衣。直到后来供给处统一补发，张祖谅才留下一套衣服和一床被子。

1943年6月，八路军第一二九师政委邓小平前往山西视察抗日根据地。途经太行山时，他专门来到三八六旅主持召开旅领导的党小组会议。

在听了大家的发言以后，邓小平严肃地说："三八六旅到太岳军区以后，工作是有起色的。但个别同志在生活中不注意影响，群众反映强烈。这方面你们要向张祖谅同志学习，他在工作中兢兢业业、埋头苦干，在生活中严格要求，从来不搞特殊化。"

说到这里，邓小平扫视了一眼在座的指战员们，继续说道："祖谅同志的爱人王华，患有严重的伤寒病，走路都很困难，但是，当敌人前来'扫荡'时，他仅叫一个警卫员搀着她转移，自己全力指挥作战。这并非祖谅同志不爱他的爱人，他是遵守党的纪律，注意群众影响。据说祖谅同志的内衣都是补了又补，总舍不得换新的。为了治胃病，他叫警卫员去炊事班要一把捉麻雀的小米都坚持给钱。这些虽是小事，但精神可贵。共产党员、革命干部，特别是高级干部，就要处处做表率，就要从小事做起。在高级干部身上没有小事，都是大事，因为你身后有千军万马，有千万只眼睛在看着你！"

邓小平对张祖谅的赞誉和评价，实事求是，没有一点儿夸大。

新中国成立后，张祖谅任川西军区司令员兼成都警备司令部司令。

进入大城市后，生活条件好了很多，但张祖谅始终保持着谦虚谨慎、艰苦朴素、联系群众的作风。他时时提醒下属说："你们对我有什么意见没有？听到同志们对我有什么反映没有？听到有什么反映可要随时告诉我，提醒我。"

他的卧室兼办公室的墙壁破旧不堪，管理科的同志想给粉刷一下，把窗纱换一换。张祖谅听到后，立即制止了，连声说："太浪费了，能节约一点儿就节约一点儿嘛！"就这样，他在这间简陋的办公室兼卧室里一直住到1952年9月离开成都，奔赴朝鲜前线为止。

1960年秋，张祖谅因病入住上海华东医院，最终因病情严重，于1961年5月13日不幸逝世。在他的追悼会上，他的一位老战友写下了这样一首悼诗：

为民为党一忠心，

智勇双全儒将风。

不幸中年离世去，

华东各处悼英雄。

这首悼诗，是对张祖谅崇高品行的赞美和褒扬，也是对其革命一生的最大肯定。

216

狼牙山壮士宋学义

在抗日战争中，中国军民奋勇杀敌，浴血奋战，涌现了一大批可歌可泣的传奇人物，"狼牙山五壮士"之一的宋学义，就是其中一位典型的杰出代表。

宋学义，1918年生于河南焦作沁阳县北孔村一户贫苦农家。在旧社会，出身贫苦家庭，就意味着要时刻遭受地主等反动势力的盘剥。宋学义的家庭也是如此，虽然祖父、父亲、哥哥常年累死累活辛勤劳动，最后反而还欠下了高达40块银元的高利贷。家中赖以生存的几亩田地，也被地主趁机巧取豪夺。走投无路的宋学义一家，只好走上了逃荒要饭的道路。

1939年夏，宋学义在济源王屋山要饭的路途中，遇到了八路军。看见真正为穷人撑腰、一心抗日的八路军，宋学义的心里乐开了花，他主动请求加入八路军的队伍，后被编入晋察冀一分区一团七连六班，成为一名光荣的革命战士。

1941年秋，穷凶极恶的日寇，为消灭八路军有生力量，打击我军民高涨的抗日热情，调集重兵，大举进犯晋察冀根据地。根据情报，日军指挥部认为，八路军一支主力应当在河北易县境内的狼牙山附近活动，为此他们调派日伪军3000余人，大张旗鼓地在狼牙山地区寻找我军主力，妄图实现聚而围歼的目的。

八路军战士面对敌人的疯狂进攻，也针锋相对地开展了"反扫荡"斗争，和敌人周旋，其间大小战斗持续了两个月之久。9月23日凌晨4点，日军悄悄逼近狼牙山，午时已靠近棋盘陀峰。

狼牙山的棋盘陀附近，隐藏着八路军作战指挥机关、部队以及数万名群众，在多次击退敌人的进攻之后，面对步步紧逼的日军，晋察冀军分区决定由机关带领群众转移，主力部队负责牵制日军，其余部队采取分段阻击的方式，最大限度为群众的转移提供宝贵的时间。

当时宋学义所在的二排六班奉命把守东山口，为确保主力部队和人民群众能够安全顺利转移，上级首长决定，宋学义所在班负责担负牵制敌人的重任，为整体行动断后。

命令下达时，首长还特意交代他们："第二天午前，不能让敌人越过棋盘陀！"

接受命令后，班长马宝玉带领副班长葛振林，战友胡福才、胡德林、宋学义等5人，开始为阻击日军作积极的准备。

如饿狼一般的日本军队，此时正疯狂地向狼牙山主峰扑了过来。主力部队拼死突围，终于撕开了一条口子。负责断后的宋学义和战友们一起，牢牢地扼守崖口，给追踪而至的日军以沉痛打击，弯弯曲曲的山路上，横七竖八地倒伏着敌人的尸体。时至傍晚，在五壮士的坚守下，分区司令部已安全撤到棋盘陀峰下，只是还有部分群众没有完全转移。

随着夜幕的降临，为有效延缓敌人的进攻，宋学义他们不顾疲劳，不畏艰辛，又连夜将手榴弹捆绑在一起，悄悄地埋在了敌人进攻的必经通道上。

拂晓时分，日军再次发起攻击行动，粗心大意的他们，误踩了宋学义他们事先埋设的手榴弹，剧烈的爆炸声响后，日军倒地一片。

恼羞成怒的日军集结重兵继续强攻。看到敌人攻势凌厉，宋学义和他的战友们，一边还击，一边向棋盘陀峰撤退。

从地形上看，棋盘陀有两条路，一条供主力转移使用，从这条路走下去，可以迂回下山；另一条通往顶峰，但是是一条没有退路的绝路。

生死关头，宋学义和他的战友们没有丝毫的犹豫，无须商议便决定，宁愿牺牲自己的生命，也要换来主力部队和群众的安全。五个人抱着必死的决心，果断选择顺着绝路的方向，一点一点引诱着敌人向棋盘陀顶峰攻打而来。

当五壮士登上狼牙山的顶峰棋盘陀时，深知自身已陷入绝境之中。棋盘陀顶三面悬崖，无障可凭，无路可退，唯有死战到底。

此时不知情的日军，还以为已经将我军主力围困在了棋盘陀的峰顶，于是更加疯狂地向被围困的宋学义等五壮士发起潮水般的冲锋。

虽然已困入绝境，然而宋学义等五壮士临危不惧，沉着应对，他们此时最大的心愿，就是能多杀伤日军。

凭借着居高临下的地形优势，英勇的五壮士对日军展开了猛烈的射击，一连打退敌人10多次进攻。

但激战了一天一夜的五壮士，已经打光了所有子弹。没有了子弹，五壮士就搬起石头，拼尽力气砸向下面的敌人。猝不及防的日军，伤亡惨重。被石头砸中的日军，嘴里发出绝望的惨叫声，不时地滚落深沟。

午时已过，首长要求掩护部队的任务也已完成。在弥漫的硝烟中，班长马宝玉举起仅剩的一颗手榴弹，大义凛然地说道："同志们，我们的掩护任务已经圆满完成，在咱们班组里面，我和副班长葛振林是共产党员，你们三人在这次战斗中的英勇表现，证明了你们已经是一名合格的共产党员了，现在我就在火线上介绍你们入党。"

同志们纷纷围拢过来："班长，拉火线吧，咱们宁死也决不当俘虏！"与此同时，疯狂的日军又向峰顶扑来。

班长马宝玉拉掉火线，将最后一颗手榴弹向敌人扔了过去。伴随着手榴弹爆炸的声响，马宝玉大义凛然地高声喊道："同志们，让我们一起用实际行动表达对党的忠诚吧！"说完他带头纵身一跳，跃下万丈深渊。

在马宝玉跳下去的瞬间，宋学义等其他四位壮士也紧咬牙关，义无反顾地紧跟其后，纷纷跳下悬崖。

"风萧萧兮易水寒，壮士一去兮不复还。"宋学义等五壮士悲壮跳崖的一幕，被下面的日军看得清清楚楚。他们不敢相信自己的眼睛，一时间愣在了原地。

等到日军回过神来，冲上峰顶时，才震惊地发现，在棋盘陀和他们顽强交锋周旋，拖延了他们整整一天一夜的对手，竟然仅仅只有这五个人？可现实，又让他们不得不选择相信。

什么是英雄呢？狼牙山五壮士给了我们最好的答案。面对凶顽的日寇，五壮士英勇无畏，和敌人展开殊死的搏斗。子弹打光了，他们就投掷滚石消灭敌人；手榴弹掷完了，他们就将日寇掷到前沿阵地时尚未引爆的手榴弹重新捡起，反掷敌群以杀伤敌人。当他们胜利地完成牵制、掩护的任务之后，在生与死之间，他们以视死如归的大无畏革命精神，折断枪支，高呼口号，纵身跳下万丈悬崖。在那段血与火的抗战岁月里，五壮士用满腔热血谱写了一曲震撼中外的抗日英雄赞歌。

值得庆幸的是，五壮士之一的宋学义，跳崖时被悬崖间伸出的树丛拦住，只是折断了腰骨，经后方医院抢救得以幸存下来，成为这段历史的见证者。1944年，宋学义转业到河北省易县管头村任农会主席。1947年返回家乡沁阳，历任民兵连指导员、党支部书记，王曲公社委员会委员、沁阳县委委员。在长期的革命斗争中，宋学义积劳成疾，于1971年6月在郑州逝世。

狼牙山五壮士不怕牺牲的大无畏革命精神，崇高的爱国主义理想，革命英雄主义气概以及坚贞不屈的民族气节，将长存世间，被后人永远铭记和缅怀。

狼牙山五壮士雕塑

奇袭八公桥

1943年下半年，抗日战争处于相持阶段，但穷凶极恶的日寇，一面加大对国民党当局的诱降力度，一面驱使大量伪军，在敌后抗日根据地实行大规模的"扫荡""蚕食"等政策，妄图将华北变为其巩固的"兵站基地"。

10月12日，1.5万名日本兵在数万伪军和天上飞机、地面坦克的配合下，杀气腾腾地直扑冀鲁豫中心濮（县）范（县）观（城）地区。反"扫荡"开始时，我军避开敌人的锋芒，迅速跳到战场外围。

狂妄嚣张的敌军，疯狂向中心区推进，寿张的伪军占领了中心区东部的侯庙、莲花池；郓城的伪军刘本功部占领了东南的黄楼、朝城；伪军文大可部，占领了北面的贾庄、虞铺。其中实力最强的国民党降将孙良诚所属二方面军两个军，兵力约2万多人，趁机控制了中心区西南侧两濮（濮县、濮阳）之间的广大地区，设置了坚固的大小据点百余处。孙良诚本人，也亲率其总部进驻濮阳城东南的八公桥，不可一世。

反观此时的我军，已经从东平地区返回内线，控制着范县、观城之间方圆不过百余里的腹心地区。四周强敌环伺，形势极为严峻。

为了迅速打开局面，恢复和巩固冀鲁豫根据地，在冀鲁豫军区首长的指挥下，二分区奉命主动出击，11月6日和7日，接连攻占了侯庙、莲花池、虞铺3处，全歼守敌，取得了辉煌的胜利。

如何才能彻底粉碎敌人的"蚕食"政策呢？其中的关键点在于想办法拔除装备精良的孙良诚部所建立的据点。一旦除掉孙良诚部，日寇就会丧失其锋利的爪牙，再也无力发起大规模的"蚕食"进攻了。

我军指战员开会讨论对策，一番集思广益后，认为强攻不可取，会带来较大伤亡。最好的解决办法，就是采用"掏心"战术，快速迂回到敌人背后，抓住其兵力分散、思想麻痹的弱点，出其不意，攻其不备，将其首脑机关打掉。

整个作战计划得到了大家的一致认同。但其中的风险在于八公桥附近集中了伪军的优势兵力，必须快速秘密地进行，以快打慢，一旦攻下八公桥，敌军必将军心大乱，根据地的整盘棋也就全面盘活了。

在激烈的商讨后，军区司令员杨得志第一时间表态，肯定了这个大胆的计划，并指出："奇袭八公桥，是摆脱被动力争主动、集中优势打敌弱点、破其一点牵动全局的一着好棋。只要我们能改变和避开不利条件、创造和利用有利条件，一定可以顺利达到战役的目的。这要靠大家共同努力。"

二分区司令员曾思玉参加会议回来，高兴地传达了杨得志司令员的指示，大家异口同声地说："战役计划真妙！"

冀鲁豫军区的部署是：二分区的七、八两团，负责主攻八公桥。鄄北、郓北、昆吾等县大队钳制八公桥外围据点，展开政治攻势，相机夺取。四分区十六团、五分区十九团和二十团等部，分别部署于八公桥西侧、濮阳至东明一线，对付伪第四军，并提前行动，攻打敌人后方的据点两门镇，以吸引敌人西援，减轻对我主攻部队的压力，同时在战斗打响后，阻击可能来援之敌。三分区三十二团、回民支队带领中心区各县区武装、民兵，在濮县一带袭扰、牵制伪五军，阻止其回援。

领受任务后，二分区的几位负责同志又具体商议了一番，认为在严守作战秘密的同时，还要给敌人以错觉，待其麻痹时，再突然发起攻击。

麻痹敌人这项任务，交给了侦察股长丘克难。他带领二分区侦察员，故意在帮城、刘口、肖皮口等敌伪据点附近活动，给敌军造成我军准备攻打刘本功部的错觉，以迷惑孙良诚，最后给他们来一个"声东击西"。

二分区的侦察员，各显神通，故意到各地散布消息。有的侦察员找到伪乡保长，假装恫吓说："我军在这一带集结，走漏了消息要找你们算账！"有的则告诉来往于敌占区的商贩："你看到了我们部队在造梯子，可不准告诉敌人！"有的将敌伪哨兵抓来，假意详细讯问据点的设防情况，然后又故意让其逃回。种种计谋的实施，让刘本功部高度紧张，他连忙收缩部队，龟缩不出，据守待援。

另一边八公桥的情报传来，孙良诚部误以为我军要攻打刘本功部，防守松懈。机不可失，我军指挥机关和部队向孙良诚部靠拢，准备随时出动。

11月14日，十六团在八公桥侧后的两门镇打响了战斗。这是战前预定的一步棋，按照作战目标，是将八公桥附近的敌人调出西援，我们就可以放手攻打防守空虚的八公桥了。但敌军能否"上钩"，是指战员们最为关心的事情。

第一个侦察员回来了，说敌人毫无动静。

第二个侦察员回来了，说还是不见敌人有什么动静。

莫非敌人察觉了我们的意图？大家不由暗暗着急。

直到第二天下午，侦察股长丘克难气喘吁吁地赶回分区司令部驻地葛庄。一进门，他就兴高采烈地大声嚷道："两门镇战斗，已经歼灭了敌人两个连，徐镇敌人的一个团已经赶去增援了！"

一切条件成熟。二分区司令员曾思玉用红笔在地图上画了一条长长的弧线，目光灼灼地笑着说："出发！"

16日拂晓，二分区作战部队到达了黄河故道大堤边的火神庙，此处距八公桥仅40余里。这时，司令员曾思玉、政治部主任尹斌分头到各团进行战前动员，为最后的攻击做积极准备。

与此同时，昆吾县委的同志们主动找上门来了，积极表示全力配合作战，并带来了向导和200副担架，准备工作做得非常充分。

16日下午4点左右，军区二分区作战部队从火神庙出发，沿黄河大堤继续西进。一口气走了20里，到达陈砦附近，迅速跨过大堤，直向正北飞速前进。

这时，夕阳西下，天色渐渐暗淡了下来。陡然间，狂风大作，卷起阵阵黄尘。全体将士逆风而行，眼睛被黄沙吹得都快睁不开，每逆风跨一步，都要费很大劲。行军序列中，最苦的要数梯子组了，他们要抬着数丈长的木梯，顶风前进，一个个都气喘吁吁，不过却精神饱满，斗志昂扬。

午夜时分，我作战部队赶到八公桥，进入预定位置，指挥所设在史家楼。刚挂上指挥所标志的红灯，各团通信员就纷纷前来报告："作战部队接近外壕，攻击行动已经准备好了！"此时二分区司令员曾思玉，早就赶往突击部队去了。每次打仗，他总是冲在最前边直接指挥部队。

战斗打响后，进行得非常顺利，七团三连的战士们，从东北角越过外壕，翻过围墙，打开寨门。紧接着，后续部队一拥而入。直到此时，敌人才发觉大事不妙，但为时已晚，他们已经被我军战士堵在碉堡里动弹不得了。

17日9点左右，歼灭伪二方面军首脑机关八大处的捷报，就到达了指挥所。乘胜突击，我军作战部队又趁势攻占了顽抗的敌兵工厂和街心大碉堡，一举将敌特务团的两个营全部歼灭，活捉了伪二方面军参谋长甄纪印。

敌军军长孙良诚却迟迟不见踪影。

通过审讯甄纪印才得知，15日下午，孙良诚已坐汽车逃亡到了开封城。算他运气好，侥幸漏网了。

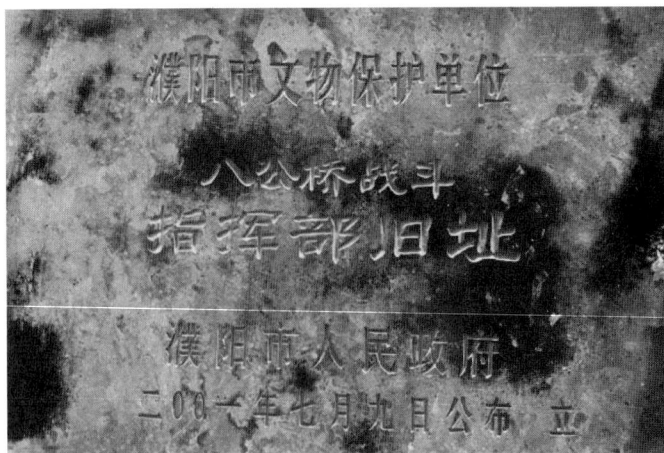

八公桥战斗指挥部旧址

审讯期间，甄纪印这个"参谋长"一口一口倒吸着冷气，连声絮叨着："实在是想不到……"他确实想不到我军会打到这里。有趣的是，直到下午，濮阳的敌邮差还前往八公桥送信呢！

打下八公桥之后，二分区部队又借机横扫了保安集、王郭村等据点，并伏击歼灭了东明方向援敌的两个营。一个胜利接着一个胜利，一时间声威大振。

反观敌军，惊慌失措，人人自危。其中濮县伪五军慌忙撤退，龟缩在濮阳、柳下屯一带。当我军部队返回中心区时，濮县周围也不见敌人踪影了。可笑的是，孙良诚不仅没有占到地盘，反而丢失了老窝。冀鲁豫根据地，倒是比敌人大"扫荡"前更加扩大了。

彭雪枫：功垂祖国，泽被长淮

"为民族，为群众，二十年奋斗出生入死，功垂祖国；打日寇，打汉奸，千万同胞自由平等，泽被长淮。"这是1945年2月8日中共中央委员会为新四军第四师师长彭雪枫战死沙场所作的挽词。

彭雪枫英勇善战，屡建奇功，是我党我军历史上一位德才兼备的杰出将领。他很早就参加了革命，在红军时期，参加了反"围剿"、攻打娄山关等著名战役。全国抗战爆发后，彭雪枫率领新四军游击支队开辟豫皖苏抗日根据地。皖南事变后，任新四军第四师师长兼政委，进一步巩固和发展淮北抗日根据地。从1938年至1944年，彭雪枫所率领的新四军将士进行了大小战斗3700余次，累计歼敌4.8万余人。1944年9月11日，彭雪枫在抗日前线作战中壮烈牺牲，年仅37岁。

彭雪枫的"三件宝"

彭雪枫创办和建立的骑兵团、《拂晓报》和拂晓剧团，被称为彭师长的"三件宝"。

在华中抗日前线、淮北抗日民主根据地，活跃着一支年轻的文艺队伍，它就是"拂晓剧团"。而精心培育拂晓剧团的就是彭雪枫，这也是他的第一件宝。

1938年年初，彭雪枫率新四军游击支队向豫东、皖北进军时，考虑到在敌后开展游击战争，除以武装打击日寇的侵略外，还要向沦陷区的广大人民宣传抗日救亡，组织民众保家卫国，联络友军，巩固抗日民族统一战线，他就有了抽调有文艺特长的人员组建拂晓剧团的计划。

游击队在进军鹿邑途中，正好来了一批杞县大同中学的学生，集体要求参军。这批学生抗日热情很高，能说会唱。彭雪枫就和政治部主任研究决定，就以这批学生为骨干力量，组建"拂晓剧团"。

剧团组建后，彭雪枫就对剧团的同志说："要编一些配合当前抗日斗争的小话剧和活报剧，向群众宣传抗日必胜的道理，同时揭露汉奸和伪军罪行，打击日寇气焰。这样，既活跃了部队文化生活，也教育了广大群众。"

根据彭雪枫的要求，拂晓剧团随军到达鹿邑双楼，第一次演出了活报剧《打鬼子》。该剧讲的是两个日本兵残酷杀害某村镇居民，群众恨之入骨，报信给游击队，结果游击队将其抓获并消灭的故事。演出结束后，彭雪枫对扮演日军小队长的王挺说："演得不错嘛！就是你们唱的那支日文歌，我和战士们都听不懂。"

1939年11月初，徐海东随刘少奇由竹沟到华中路过新兴集，彭雪枫让拂晓剧团组织一个晚会，以示热烈欢迎。拂晓剧团接受任务后，大家争分夺秒，只用了一天时间，就集体创作排练出京剧《徐海东粉碎日寇"扫荡"》。

帷幕拉开，扮演徐海东的演员在一阵"急急风"的锣鼓声中上场，只见他战袍一撩，战刀一舞，亮相自报家门道："我乃徐海东是也，湖北人士，窑工出身……"

此时，正坐在台下陪同徐海东看戏的彭雪枫不禁哈哈大笑起来，对徐海东说："昨天我才交代他们搞一个晚会欢迎你，不想今天他们就现编现演了这出京戏，而且是就地取材，连你是湖北人、窑工出身都调查得一清二楚，写进了戏里。"

徐海东听后也不禁连声大笑叫好，感叹道："好好好，雪枫同志这'彭家班'真是名不虚传哩！"

一支笔胜过两千支毛瑟枪，一张党报的"威力赛过千军万马"。彭雪枫以儒将著称，他和报纸注定结下不解之缘。

1938年9月，彭雪枫在支队东征干部动员大会上宣布支队随军报社成立。彭雪枫说："我们办了个拂晓剧团，'拂晓'象征光明，象征胜利，是我们的追求，是我们的希望，这份报纸就叫'拂晓'吧！"于是，报纸名称就被定为《拂晓报》。这便是彭雪枫的第二件宝。

一群没有办报经验的年轻人，热情高涨，决心办好一张战斗的油印报纸。彭雪枫欣然挥毫为《拂晓报》题写了报头，并撰写了题为《拂晓报——我们的良友》的创刊词。他满怀激情地写道："拂晓代表着朝气、希望、革命、勇敢、进取、迈进、有为，胜利就要到来的意思。军人们在拂晓要出发、要进攻敌人了；志士们在拂晓要奋起、要闻鸡起舞了。拂晓催我们斗争，拂晓引来了光明。"

《拂晓报》9月29日正式创刊，第二天即随军出征。30日清晨，当一份草纸三版、油渍斑斑的《拂晓报》创刊号出现在整装待发的指战员们面前时，他们受到了巨大的鼓舞。此后，《拂晓报》就随着支队东去的征途，横越平汉，东渡黄水，征战在"涡河岸上"和"淮水两旁"。1939年12月5日《拂晓报》一百号纪念，毛泽东发来贺信，并亲笔题词"坚持游击战争"。

彭雪枫领导和运用《拂晓报》这一法宝，在挥刃杀贼之余，七年如一日地为党的新闻、文化事业呕心沥血，付出了巨大精力，培养了淮北年轻一代的新闻工作者，也为我国新闻、文化等战线培养了一批人才，为革命事业作出了重要贡献。

骑兵团是彭雪枫的第三件宝。1941年8月1日，新四军第四师在淮宝县（今洪泽县）岔河镇召开了师骑兵团成立大会，这是彭雪枫在总结反顽斗争经验教训中作出的决定。他抽调各部队中机灵勇敢的战士组建骑兵团，全团仅有指战员250余名，所辖只有3个连队，这是新四军唯一的骑兵团。

骑兵团成立后，战士们很快就投入紧张的军事训练中，准备驰骋战场，杀敌立功。8月25日和9月29日，骑兵团于淮泗老陈圩子两次与土顽进行战斗，虽歼其一部，但亦暴露出不少弱点。

彭雪枫感到骑兵团还要下功夫加快建设。他调熟悉骑兵的周纯麟接任团长，拨款解决马匹缺乏、马具不全、武器不足问题，并要求拟订一个训练计划，开展骑兵团各项基本建设。

骑兵团经过整训，军政素质大大提高，以崭新姿态投入到新的战斗中。1942年5月下旬，骑兵团痛歼从屏山、黑塔等据点出来抢粮的日伪军300余人，保卫了群众的夏收。此后，骑兵团在反"扫荡"中，发挥骑兵特点优势，捷报不断，威名远扬。

彭雪枫卖马

《隋唐演义》中有一出著名的"秦琼卖马"，而彭雪枫卖马，则让人更为感动。

1939年年初，彭雪枫率新四军游击支队驻扎在河南永城，新四军的经费本来就非常紧张，再加上正值春荒，部队很快就断粮了。

开始时，彭雪枫让部队挖野菜吃，但看到附近的老百姓也在用野菜度日，彭雪枫就下令，部队不准再挖野菜，不能跟老百姓抢吃的。

粮食没了，野菜又不能挖，那吃什么呢？彭雪枫想来想去，就把主意打在了部队的13匹战马身上。但是，他刚提出要卖马，就遭到了所有人的反对。大家都说，没有马怎么打仗？

彭雪枫说："我们刚革命的时候，不也是没有马吗？只要我们打胜仗，不要说马，就是坦克也有！"

彭雪枫还讲了当年"秦琼卖马"的故事，说："古时候，秦琼受困于山西，不也是卖掉了他心爱的黄骠马嘛！今天，为了打鬼子，为了民族的解放，我们暂时卖掉这红骠马、黑骠马、白骠马，也没有什么了不起嘛！"

于是，彭雪枫就让供给处处长资凤带着13匹马去集市上卖，很快卖掉了12匹，只有彭雪枫骑的那匹枣红马还没有卖掉。原来，资凤不想彭雪枫没有马骑，就刻意抬高枣红马的价格。不少人看上了枣红马，可一问价格，又都缩了回去。

彭雪枫很生气，自己牵着马去集市上卖，资凤就在后面远远地跟着。等彭雪枫卖马后走远了，资凤就追上了买马的商人，说明了情况。这个商人也是位爱国人士，一听，对新四军和彭雪枫非常佩服，于是就把马交给了资凤。

更没想到的是，第二天，深受感动的商人竟然带着12匹驮着粮食的马，全部送还给新四军，并在信里说："这些马不是送的，而是卖给新四军的，你们的买马钱，就用日本鬼子的人头代替吧。"

彭雪枫把这封信保存着，每次打仗前，都会拿出来念给战士们听，说："乡亲们这么信任我们，我们就是战死沙场也值了！"

家书抵万金

战场上的彭雪枫作战勇猛，身先士卒，加之下笔千言，倚马可待，人称"潇洒将军"。他生前4年间写下的80余封家书，文笔流畅，情真意切，融军人的豪放与丈夫的细腻于一纸，生动地表现了这位"潇洒将军"柔情的另一面。

彭雪枫和林颖相识于抗战时期的战火烽烟之中。林颖为中共地方组织的工作人员。1941年9月4日，彭雪枫给林颖的第一封信就表达了他理想伴侣的标准，他说："我心中的同志，她的党性，品格和才能，应当是纯洁，忠诚，坚定而又豪爽。"

结婚后第三天，两人便分离。因为工作相隔较远，结婚三年，共同生活尚不足半年时间。他们只能通过一

彭雪枫和妻子林颖

封封书信互诉衷肠，又相互勉励。彭雪枫把对妻子的爱，全部投注到家书的字里行间。

1941年9月29日，"夜半1时23分于半城众人入梦时"，彭雪枫写道："数月以来，月色如画，惟少一月下谈心的你，可谓辜负良夜太甚！"夜深人静，纸短言长，读来仍能感受到那浓浓的思念。

彭雪枫长林颖13岁，家书中他谈自己的思念，自己的战斗，也谈彼此共同的成长。林颖说："雪枫同志不仅是我的爱人，更是我的良师益友。"彭雪枫认为理想的感情是既能相互欣赏彼此的优点，又能匡正不足。在信中，他说："最近党中央关于增强党性的指示，是我党自有历史以来最有意义最有教育价值的文献之一，你必熟读，妥为笔记。"

革命时期的爱情，早已超越一人一家，与党和人民的事业联系在一起。彭雪枫把感情、婚姻和革命理想融合在一起，信中出现最多的是关于革命、修养和党的事业的内容。在林颖婚后的第一个生日，彭雪枫赠送给她的礼物是一本人物传记。他在扉页上工工整整地写着："我们忠诚坦白之对于爱，一如我们忠诚坦白之对于党。"

将自己的一切献身于党和人民的事业之中，已成为战争年代革命军人的信仰。英雄也有情爱，但情爱里时刻包含着家国，始终牵挂着苍生。

1944年9月11日，彭雪枫在指挥收复夏邑县八里庄战斗中不幸壮烈殉国。消息传来，淮北根据地的指战员和老百姓都泣不成声。正在延安的新四军军长陈毅含泪挥毫，在《哭彭八首》中深情写道："淮北哀音至，灯前意黯然。生平共忆想，终夜不成眠。""当年老战士，今有几人存？新生千百万，浩荡慰忠魂。""尔我竟长别，多年患难同。我身惜后死，永矢贯初衷。"

毛泽东惊闻彭雪枫战死沙场后，默然泪流："小小的八里庄，竟然损我一员大将！""雪枫同志在与敌人斗争中牺牲了，全民族和全党都悲痛这个损失……"表彰他"功垂祖国，泽被长淮"，称他"一世忠贞，是共产党人好榜样"。

"双枪李向阳"的原型——郭兴

一

1955年，长春电影制片厂以作家李晓明创作的小说《平原枪声》为蓝本，拍成电影《平原游击队》，在全国放映。自此，抗日英雄"李向阳"的故事便传遍了祖国大地。但是，抗日英雄"双枪李向阳"到底有没有生活原型？这些却不为人所知。其实，河南辉县高庄乡金章村的郭兴，就是电影中李向阳的生活原型。

郭 兴

1940年8月的一天夜里，参加百团大战的一支八路军队伍路过高庄乡金章村。年仅16岁的郭兴得知消息，便瞒着父母，与同村的16位青年要求加入抗日队伍。因为郭兴岁数小、个子矮，指导员就将其他人都留下了，唯独没留郭兴。郭兴急了，表示无论如何也要加入八路军。后来他干脆就一直跟在部队后面走了三天三夜，脚上的鞋子都走烂了。部队首长一看拗不过他，只好把他留下，就这样，郭兴成了山西省平顺县抗日政府的一名通信兵。

那时，部队里有文化的人极少，上过四年学的郭兴在部队属于有文化的人。10月，郭兴被调到平顺县公安局公安队。公安队没有干部，16岁的郭兴就当了代理队长。一次偶然的机会，太行军区五分区司令员皮定均到山西平顺县检查工作，看到郭兴机智勇敢，便把郭兴调到了自己身边工作。

没过几天，皮定均就对郭兴说："小郭，你来了有几天了，我们研究了一下，想把你调到敌后做太行五分区武工队队长，怎么样？"郭兴马上问道："给我多少人，多少枪？"皮定均说："队员你可以从公安队里动员，枪要靠你自己从敌人手中缴获。"在当时部队极度困难的情况下，皮定均还是给郭兴他们配备了2支步枪、5发子弹和8颗手榴弹。临别时，皮定均给郭兴布置了三个任务：一年内部队要发展到70—80人；要缴获100支步枪；要消灭105个敌人，其中包括5名日本兵。

就这样，一个16岁的懵懂少年开始了敌后武工队队长的生涯。刚开始，郭兴并不知道如何开展工作，带着3名战士到处东躲西藏。几天后，他们趁3个伪军在屋内吃饭时，把伪军的枪给下了，这一次一下子就夺了3支枪和90发子弹。郭兴利用灵活机动的游击战术，几个月后，在消灭日伪军的同时逐渐武装起自己的队伍，武工队也由最初的3个人发展到40多人。

二

为了敌后斗争的需要，郭兴到分区敌工部学了两个月日语，学会了"你好、你的表几点了、立正、向右看齐、报数"等简单常用的日本话。很快，这些就派上了用场。

1943年麦收之后，日伪军倾巢出动，在郭兴武工队所在地区搜刮了10万多斤粮食，堆放在辉县县城南关的一座大院内，准备运往新乡大本营和敌军作战前方。这时，武工队接到上级命令："不能让敌人运走一粒粮食！"

郭兴和3名队员乔装成新乡来辉县的日军宪兵队，赶着一辆装满杂草的马车，柴草下藏着煤油和手榴弹，大摇大摆地进了南关街。车到粮仓门口，一个伪军跑出来，拦着不让进。满脸怒气的郭兴从马车上跳下来大骂，随行的两个队员趁机将伪军架到一旁结果了他的性命。

进了大院，有七八个伪军正光着膀子乘凉。郭兴叽里咕噜说了一通，一个队员"翻译"道："太君让你们赶快集合！"伪军集合完毕后，郭兴又叽里咕噜一通，那个队员指着一个空屋子又"翻译"说："太君让你们到那里休息。"伪军进去后，郭兴随即将门一锁，和队员们一起，飞快冲进粮仓，将手榴弹插在粮袋中间，把煤油泼在粮袋之上，将柴草堆在粮袋周围，然后将粮仓点燃了。

为了不让前来救火的鬼子怀疑，撤退时，郭兴示意队员立即分散，他自己翻墙跳入一户宅院。院内有个老头儿，见到郭兴他先是一惊，又见郭兴穿着皇军衣服，随即点头哈腰，满脸堆笑。郭兴掏出手枪，命令他把衣服脱下来，就在郭兴换衣服的时候，老头儿穿着裤头撒腿就往外跑。郭兴一把将他拉回屋里。这时，他看见墙上挂着伪军四大队队长秦守英的照片。经过审问才知道，原来他是秦守英的叔叔，是想跑出去给敌人报信儿。郭兴一枪就把他处决了。在电影《平原游击队》中，"李向阳"打死送信的地主老头儿，就取材于这个真实的故事。

三

1943年8月，八路军第一二九师决定攻打占领河南林县和辉县北部的日伪军。在战斗过程中，伪军一部被我军包围，辉县城内的100多名伪军得到命令后连夜赶去增援。郭兴接到命令要牵制这股增援的伪军，打破日军的增援计划。

这天夜里，郭兴带着6名队员悄悄埋伏在敌人增援必经之路的玉米地里。他们刚埋伏好，就传来杂乱的脚步声。仔细观察了不远处日军的炮楼，郭兴不觉会心一笑，想出了一个绝妙的作战计划。

就在伪军从埋伏地点经过后，4名武工队队员突然向炮楼的日军射击，同时3名武工队队员向路上的伪军开枪。突如其来的枪声，让炮楼上的日军误认为是八路军袭击他们，就急忙开火；而伪军则认为炮楼已经被八路军端掉，也赶紧还击。就这样，双方一直打到天亮才发现上当，此时被围困的伪军已经被八路军消灭。因为作战勇敢，1944年2月，郭兴光荣地成为一名中国共产党党员。

正像电影里演的一样，郭兴带领这支敌后武工队，在冀南豫北神出鬼没，杀鬼子、除汉奸、袭火车、炸炮楼、扒铁路、毁桥梁，打得敌人心惊肉跳。敌人重金悬赏捉拿郭兴，妄图毁掉武工队，但始终没有得逞。

不幸的是，郭兴的妻子在敌人的一次搜捕中被俘，并惨遭杀害。郭兴的妻子被敌人抓捕后，郭兴三个月大的孩子被送到一位大嫂家里躲避。大嫂知道孩子是敌后武工队郭兴队长的孩子，想办法把孩子保护起来。日军追查时，逼问大嫂哪个孩子是郭兴的儿子，大嫂毫不犹豫地指向了她自己的孩子，敌人当场就杀害了她的孩子。为了保护郭兴的孩子，大嫂眼睁睁看着自己的孩子惨遭毒手，由此可见郭兴领导的敌后武工队在群众中的威望之高。

英勇善战的郭兴被太行军区授予"一级杀敌英雄"的光荣称号，并获得了"抗日战争勋章"和"解放战争勋章"。1947年元旦，晋冀鲁豫军区发表通令，嘉奖郭兴率领的武工队为"模范武工队"。新华社记者朱穆之随武工队采访，写了长篇通讯《人民的旗帜——记太行群英会郭兴模范武工队》。

1948年，郭兴率领的部队被编入中国人民解放军野战部队，先后参加了平津战役、太原战役和呼和浩特大青山的剿匪斗争，他先后指挥了100多次战斗。

朝鲜战争爆发后，郭兴受命担任志愿军某团副团长兼参谋长，第一批奔赴朝鲜战场，指挥了朝鲜"10896高地"的战斗。在战斗中，志愿军多次击退南朝鲜军的反扑，占领阵地，共毙伤俘虏南朝鲜军1900余人。因为出色的指挥，郭兴荣获抗美援朝"独立自由勋章"的嘉奖。

电影《平原游击队》放映后，郭兴总是谦虚地说："电影里是把多个英雄的故事集中到了一个人身上，事迹也不全是我的。而且跟着我出来打鬼子的，牺牲了很多，我现在却在享受荣誉，问心有愧呀。"

1988年10月，郭兴离休，在新疆军区驻洛阳干休所安度晚年。在郭兴的倡导下，洛阳市成立了由18位老同志组成的爱国主义教育报告团。郭兴先后在洛阳、郑州、北京、西安、青岛、乌鲁木齐等全国数十个城市和北海舰队、空军部队作报告

600多场，听众有50多万人次。

一个偶然的机会，郭兴了解到伊川县一些农村家庭因为生活贫困，适龄儿童辍学较多，他便发动老同志向贫困山区儿童献爱心。短短几天，他和洛阳市关心下一代工作委员会的8名老同志就捐款9000元。另外，他们每人每月还拿出50元，长期资助8名特困学生上学。

1997年，郭兴被国家民政部等六部委评为"全国老有所为奉献奖"。1995年和2005年，他两次赴北京分别参加了纪念抗日战争暨世界反法西斯战争胜利50周年、60周年活动，受到党和国家领导人的亲切接见。

烈焰腾空——夜袭登封飞机场

1944年4月，日本侵略者发动了河南战役。国民党驻守河南的汤恩伯部溃不成军，一个月内河南38个县相继沦陷。日寇到处奸淫烧杀，无恶不作，使本来就饱受水、旱、蝗、汤（汤恩伯）之苦的豫西人民雪上加霜，处在水深火热之中。很多人妻离子散，家破人亡，十室九空，苦不堪言。

在危难关头，中共中央发出指示：河南地方党员应组织起来，参加和领导河南人民抗战，组织抗日游击队和人民武装，建立根据地，保卫家乡。

1944年9月，皮定均受命组建八路军豫西抗日先遣支队（又称八路军豫西抗日游击支队），共1700余人，沿太行山南麓挺进豫西。9月29日，司令员皮定均、政委徐子荣率领抗日游击支队抵达登封县君召乡红石头沟村。

皮定均从老乡那里得知，日军从登封和周围十几个县抓了2万多名民工，并把他们武装看押在登封城西南2公里处的黄沙岭，逼迫他们修建飞机场。

登封市西南郊外日军侵华飞机场遗址

部队刚进豫西，需要迅速打开局面，如果能捣毁日军机场，解放民工，不但对全国的抗战形势极为有利，还可以争取人民，扩大影响，让人民群众都知道这里来了八路军，是专打日本侵略者的。

皮定均抓住战机，派侦察员化装到飞机场周围观察地形，侦察敌情。

侦察员很快摸清了情况：登封城驻有一个中队的日军，有200人左右，机场工地上有十几个日军、100多个伪军，工地的西北角筑有能够控制全飞机场的岗楼。机场工地简直是人间地狱，周围架起了高高的铁丝网，民工被圈在里边，并设有岗哨。十几个日军日夜站岗，100多个伪军看管监工，民工干活稍有迟慢，木棍皮鞭就往身上抽。沉重的苦役，再加上天气炎热，民工们吃不饱，没水喝，有病又不给治疗，所以被打死、饿死、渴死、病死的不计其数。更可恨的是民工死了，尸体不让往家里运，有的被扔下深沟，有的就喂了日军的狼狗。

皮定均听完侦察员的汇报，不禁怒火中烧。捣毁飞机场，解救民工刻不容缓。行动前，皮定均和同志们精心研究，作了周密的作战部署：六连战斗力比较强，由连长武占魁带领占据登封西关，防止城内鬼子增援机场。九连、机炮连从飞机场西北，三连由飞机场东南向机场突击。

1944年9月30日晚8点，部队按既定部署出发。晚10点30分，三路人马准时到达预定地点，埋伏起来。皮定均的指挥所设在机场西面相距100米的小山上。站在小山上，能看清飞机场里面的大致情况。

只见飞机场东北角有一排大草棚，悄然无声，民工们正在里面睡觉。西北角的岗楼有一丈多高，从射口里映出闪烁的灯光。岗楼下，几个流动哨来回走动。离岗楼不远的地方，是敌人的住房，敌人还没有睡，隐隐约约地听到打麻将的声音。

半夜时分，薄云上的圆月渐渐西沉，整个机场的敌人，除哨兵外全部入睡了，部队依照号令开始了行动。战士们匍匐前进，很快接近了铁丝网。他们仰卧在铁丝网下，用虎头钳"咔嚓""咔嚓"地剪开几个大缺口，悄悄地摸进了机场。

走近岗楼的战士们搭起人梯爬上岗楼，杀死了站岗的哨兵，而正在做梦的临时营房里的敌人，有的才坐起来，有的刚睁开眼，还有的仍在梦里，便被我八路军手榴弹的浓烟吞没了。顷刻间，枪声大作，火光冲天，被突然袭击的日伪军晕头转向，乱成一团，来不及还击便被我军全部消灭。

战士们跑到工棚里高声喊："老乡们，我们是从黄河北过来的八路军。是专打日本鬼子的，你们快跑呀，快回家过八月十五吧。"

听到第一遍，挤在工棚里的人还没反应过来。听到第二遍，工棚里沸腾了。民工们听说八路军来了，都卷起铺盖从工棚里跑出来，黑压压的人群像潮水般地涌动起来。霎时间，人声鼎沸，几股人流向战士们已经剪开的铁丝网大口子拥去。年轻胆大的民工在哨所、工棚放起火来，先是几点火光，很快烈焰腾空，照得飞机场如同白昼，也照亮了民工们逃跑的道路。战士们喊，民工们也跟着喊："快跑呀，八路军放工来了，快回家过八月十五啊！"

敌人修飞机场的炸药房也被大火引爆了，巨大的声响震动着巍巍嵩山，震动着古老的登封县城。驻守在登封县城的日伪军听到城西的枪炮声，慌忙派兵向机场增援。敌人出城刚到西关，就遭到三团六连的顽强阻击，不得不龟缩回登封城。

战斗结束了，民工们也都跑光了。工地上到处是日伪军的尸体，日寇苦心经营的飞机场成了一片焦土。皮定均在火光的映照下走进了机场，燃烧着的大火照着他那消瘦的脸庞。他想到逃出虎口的民工们，便对三团团长钟发生说："等民工们跑出十里八里，日军追不上了，我们再撤退。"部队在机场又待了一个多小时，皮定均才下令撤退，继续向白栗坪挺进。

被解放的2万多名民工成了八路军的义务宣传员，他们一传十、十传百，嵩山周围几个县的群众都知道八路军来打日军了，把日军飞机场给搞掉了。群情振奋，纷纷传说："黄河北的老八路来了，把老日的飞机场踢翻了。"有的群众说："八路军真是神兵天降，个子高，枪长，刺刀长，腰里缠的都是子弹，头上戴着缨子，胸前挂着玻璃镜，真威武！"

群众很快把这一事件编成顺口溜：

八月十四月亮明，豫西来了皮司令；

夜袭登封飞机场，解放民工两万名。

八路军过黄河，汉奸鬼子不得活。

……

这些民谣，至今还广为传颂。

14年的抗日战争史中，夜袭登封飞机场只是一场小战斗，但是登封的百姓却牢牢记下了这场战斗，特别是2万多名被解救的民工，逢人就宣讲八路军的事迹。按当地百姓的叫法，这场战斗叫"八路军放工"。徐子荣评价这次战斗时说："飞机场放工之战，付出的代价最小，政治影响最大。"

夜袭飞机场之后，豫西抗日游击支队挺进了登封市的白栗坪村。这里山高林茂，便于开展游击斗争。支队进村的第一天，村民们还不了解八路军，家家闭户，村民不敢与八路军接触。当晚，皮定均和战士们全部夜宿街头。次日一早，村民们看见八路军纪律严明，很受触动。一位村民把家里的一处院子让出来给八路军，支队司令部就设在这个小院里，一个很小、很简陋的低矮小院。

皮定均住过的屋子，至今仍保留着当时的原貌：一张窄床，一个柜子，以及一套靠窗的桌椅。就是在这样简陋的环境里，皮定均指挥豫西抗日游击支队，从1944年9月挺进豫西，到1945年10月抗战胜利后奉命撤离，在一年多的时间里，先后作战200余次，从日军手中收复了2万多平方公里的土地，创建了河南（豫西）抗日根据地，为抗日战争的胜利作出了重要贡献。

红偃师①

　　日本发动河南战役后，中共中央发出向河南进军的命令，从黄河北的太行、太岳根据地抽调一支部队，挺进豫西；从鄂豫皖边区的新四军五师组织一支精干队伍，进入豫南；并由王树声同志率领一部，由陕北入豫，统一领导河南的抗日武装，开辟河南敌后抗日根据地，以使华北八路军和华中新四军连成一片，为对日反攻创造有利条件。皮定均、徐子荣率领八路军豫西抗日游击支队，按照预定计划，渡过黄河来到了河南偃师县。

　　偃师很早就建立了党的组织，抗战前是豫西革命活动的中心之一，偃师的党组织领导了轰轰烈烈的抗日救亡运动。正因为党在群众中有着极大的影响，偃师也就有了"红偃师"的称誉。

　　早在部队出发以前，就听说过遭受"水、旱、蝗、汤"四大灾害的豫西人民的苦难生活，可没有料到，实际情况比听说的严重得多。当皮定均率领部队进入偃师地界，眼前看到的是一片

---

① 改编自《红偃师》，选自《星火燎原》，解放军出版社出版。

干裂的黄土，地里寸草不长，树木都已枯萎。一位老乡说："偃师百姓遭受水、旱、蝗、汤四大灾害，尤其是汤恩伯，他的军队来了后，又是抓壮丁，又是抓劳工，对人民来说就是一大灾害啊！村里有个女人，她的丈夫被国民党抓去当兵，因开小差被枪毙了。没过多久，她的大儿子又被抽丁抽走。她把祖上留下的两间破屋都卖了，想把儿子赎回来，谁知又被国民党士兵劫走。她一气之下，把刚满周岁的婴儿摔死在保长脚下，免得长大又去当兵。她自己也变得疯疯傻傻，整天哭哭啼啼……"

听了老乡的诉说，战士们无不痛恨万分。

豫西人民恨透了国民党军队，一路上战士们听到许多群众聚众收拾汤军的故事。特别是这次汤恩伯溃逃，更激起了人民的愤怒，沿途截击，解除了整排、整连的汤军武装。

这天，天刚麻麻亮，部队走到偃师的中部地区，翻过一个山口，冷不防一声枪响，鼓噪群起。战士们抬头一望，山坡上黑乎乎地站满了人，挡住了去路。

部队只好停止前进，向他们喊话："老乡们，我们是抗日的八路军！"

"八路军? 不假，这是好队伍。可惜都在黄河北, 咱豫西没有。"

"我们真的是八路军，才从黄河北过来的。"

"哪个知道你真假，谁脸上也没有刻字！"

战士们再要解释，对方已叫嚷起来，舞刀弄枪就要动武。最后还是干部们举起大盖枪，拍拍腰间的牛皮子弹盒，向他们解释说，这都是在太行山区打日本缴来的，并向他们说明："我们只是借路，绝不打搅百姓。"他们这才答应，让部队翻过这个山口。

部队到达佛光峪，这里山岭绵延，适合打游击战。皮定均和徐子荣召开干部会议，研究部署工作。皮定均说："眼前的环境非常复杂，特别是国民党的特务正布下一个阴谋。他们趁乱打着我们的旗号，到处招摇撞骗，弄得群众真假不明，给我们造成了很多困难。因此，必须采取措施，打开眼前的僵局，在群众中生根立足。要广泛地开展宣传活动，把八路军来的消息尽快告诉群众。偃师有着光荣的革命传统，澄清了是非，辨明了真伪，群众自会欢迎我们。"

这个宣传的任务交给了武占魁同志。武占魁带领一个排，武装整齐，随身携带"豫西抗日游击支队"布告、"抗日救国十大纲领"在沿途散发。每到一地，一面红旗在前面飘扬，《三大纪律八项注意》歌曲响彻四方。无论在村寨边还是在大道口，只要有人，就停下来宣传党的政策，说明八路军来这里的任务。

有时候，战士们走近一些村寨，寨门忽地紧闭起来，任你磨破嘴皮也不开。战士们既不动怒，也不着急，坐在寨门前唱起歌来。到吃午饭的时候，就把袋子里的干粮掏出来啃着充饥。没有水喝，喊老乡们从寨墙上放下吊桶，把大头银元放进去，买他们的开水喝。天黑了，就在寨门外露宿，以星空为被盖，以禾柴为床褥。老乡们很快从这些行动中辨明了真伪，一处处寨门打开了，群众像对待亲人一样把战士们迎进寨去。

有一次，战士们在陶家寨遇到拦阻。群众听到战士们的喊话，正要打开寨门，突然来了个恶霸乡长，硬把机枪架上寨墙，不许战士们前进一步。局面顿时紧张起来，战士们进也不是，退也不是。就在这种僵持中，忽地跑来一个青年，站立在寨墙上招手喊道："乡亲们，这是真的八路来了。他们就是打登封机场的八路军，不会有假……"

原来这个青年曾被日军抓到登封去修飞机场。一个多月前，八路军打进了这个机场，歼灭了守卫的日军，解放了两万多名民工。这个青年回来以后，就把自己的所见所闻告诉了寨里的乡亲。他的话比什么都灵验。老乡们一阵呼喊，把恶霸乡长的机枪掀下寨墙……

这一次游行宣传，犹如一阵春风，吹遍了偃师的村村寨寨，"八路军过来了"的喜讯在千万人的口里传诵。群众的误解消除了，国民党的阴谋被揭穿了，恶霸地主再也不能随心所欲地利用群众武装来对抗了。八路军不论走到哪里，处处都是热情欢迎、殷勤相待。与此同时，司令员皮定均也做了许多地方实力派的工作，争取了佛光峪的乡长裴子明，使他向我们靠拢，献出了藏在窑洞里的全部弹药。这样一来，支队在偃师才算初步扎下根来。

不久，皮定均听说戴口镇西面的五小村，有位名叫李勉的老人，行医为业，为人耿直，经常照顾贫苦人家，在群众中享有很高的威望。他的儿女早在抗战开始，就奔赴了延安。为了团结他共同抗日，皮定均派武占魁和地下党员杨福明一起前去，请他出来参加地方工作。开始他还有些犹豫，后经"三顾茅庐"多次邀请，他又目睹了八路军严明的纪律，终于拍拍胸脯，慷慨地说："共产党千里迢迢来救咱中原民众，我老汉跟你们走！"从此他把名字改为"李旭"，意思是八路军到来，才使豫西有了光明，宛如东方的太阳，冉冉升起。

这时，整个豫西，也在逐渐改变着面貌，一连几次战斗打击了日军的气焰，拔除了几个伪军据点，收拾了几支土匪武装。巩县、嵩县、伊川等县，都先后成立了抗日民主政府，而且成立了嵩山、箕山两个专区。偃师县也成立了抗日民主政府。

群众有了自己的政权，有了自己的武装，胆气更壮，腰板更硬了。每天都有人到县政府来，倾诉他们的疾苦，提出他们的愿望。对群众的控诉，县抗日民主政府一概积极支持。

由于连年遭受"水、旱、蝗、汤"之害，许多农民在荒年贱卖土地，被地主恶霸欺压。在群众的迫切要求下，县委决定开展"倒地"运动，凡是过去荒年贱价卖出去的土地，一律按原价赎回。县委成立了工作队，分头到各村寨去

豫西抗日根据地实行减租减息，开展"倒地"运动

帮助工作。工作队走到哪里，哪里的群众就熙熙攘攘，反映情况，提出控诉。在工作队的帮助下，一张张卖地文书从地主手里索回，一把大火，付诸一炬。老乡们如同搬掉了身上的一座大山，那种喜悦的心情，简直无法形容。

村寨里像过节一样沸腾起来了，农民们欢天喜地，互相道贺，跑到失而复得的土地上欢呼。多年来不玩的高跷、旱船、曲子戏，又闹起来了。到处吹吹打打，尽情欢乐。

至此，中共党组织、豫西抗日游击支队和偃师的广大群众结成了血肉关系。政权更加巩固，大批农村青年参军，地方武装成立了"偃师独立团"。后来当日军到山区来"扫荡"时，群众、民兵配合八路军在佛光峪和西官峁把日军打得落花流水，死伤四五百人。"红偃师"又恢复了光荣的革命传统！

焦裕禄：战斗的青春

三写入党申请书

1945年8月，中国人民赢得了抗日战争的伟大胜利。听到消息后的焦裕禄，当即高兴地带着妻儿返回了家乡山东淄博博山县北崮山。几年不见，北崮山已经发生了翻天覆地的变化，共产党在这里领导群众进行革命活动，工作开展得有声有色。

被革命精神鼓舞的焦裕禄，也是心潮澎湃。回到家乡的当天晚上，他就来到共产党员、村民兵队长焦方开的家。一进门，焦裕禄就急切地说："方开叔，我想参加咱们村的民兵组织，当一名民兵，行吗？"

焦方开笑着说："你当民兵完全没问题。"

此时一旁的共产党员赵仲三开口说道："我们区里正好缺人手，要不你就先当区通信员行不行？"

焦裕禄兴奋地说："行，只要是干革命，我什么都愿意。"

焦裕禄能拉会唱又识字，经常教民兵学文化、唱革命歌曲。除参加军事训练外，他还站岗放哨，侦察敌情，防匪防特，支前送粮。焦裕禄积极投身于伟大的解放事业中，参加了村里的土改工作。在革命斗争中，焦裕禄的思想日渐成熟，北崮山村的党组织决定吸收焦裕禄入党。

这天，焦方开看到焦裕禄后，神情严肃地询问他说："裕禄，你对共产党有什么认识吗？"

焦裕禄一脸认真地说："共产党是人民的大救星，没有共产党，革命就不会取得胜利，我要听毛主席的话，永远跟党走……"

"那你想不想加入到党组织中去呢？"焦方开又问。

"当然了，其实我早就将入党申请书写好了，前后一共写了三次呢！"焦裕禄高兴地说。

焦方开惊讶地问："有这回事吗？怎么没见你上交过一次呢？"

焦裕禄憨厚地笑着，向焦方开说出了事情的经过。

"第一次，我刚写好入党申请书，我在听您上党课的时候您说共产党人高风亮节，要有崇高的思想觉悟，当时我觉得自己觉悟低，就没有向组织递交入党申请书。第二次，我又一次认真地写了入党申请，可是中间我在审问一名俘虏时，冲动地和俘虏动起手来，毛县长事后狠狠地批评了我，我觉得一个不能执行党的政策的人，是没有资格入党的。第三次，我重新认真写了入党申请，不过还没想好交上去，现在还在我的口袋里呢！"

说到这里，焦裕禄掏出入党申请书，交给了焦方开。

1946年1月，党组织批准焦裕禄成为一名光荣的共产党员。历史凝固在这一刻，24年来悲怆的人生画卷在焦裕禄眼前闪过，他的心中不仅有对地主汉奸的无比憎恨，还有对中国共产党的满腔热爱。内心无比激动的焦裕禄，面对党旗，暗暗立下誓言："我跟定共产党，要为解放全中国冲锋不止、战斗不息！我决心为实现共产主义，造福人类，吃苦在前，享受在后，奋斗一生！"

党旗的光辉映红了焦裕禄的面颊，唤醒了这个朝气蓬勃的年轻战士。焦裕禄这个受尽苦难的贫农的儿子，终于成为一个无产阶级的先锋战士。

巧唱"空城计"智退敌人

入党后不久，因为制造地雷技术突出，加上胆识过人，焦裕禄被党组织从北崮山村民兵队调往巴陵区武装部担任干事。

当时，国民党军队采取由南向北、由西向东逐步压缩的方针企图消灭解放军或者迫其北撤，然后在山东决战，进而占领整个山东。巴陵区处于博山解放区边缘，国民党反动势力在这里有大量残留，他们经常侵袭骚扰解放区，干尽坏事。焦裕禄多次接受侦察向导任务，摸清敌情，有力配合主力部队作战。

1947年春，在一次侦察中得知，盘踞在博山、淄川、章丘三个县的保安队和还乡团纠合在一起，准备对北崮山革命根据地进行突袭"扫荡"。当时我军主力部队已经转移，地方武装不足以抵挡敌人的进攻。敌众我寡，力量悬殊，情况十分危急。在研究对策的会议上，大家苦无良策，情绪低落。一个干部说："咱们要是有诸葛亮退司马懿的神机妙算多好！摇着羽毛扇往城楼一坐，轻轻一挥扇子就把敌人吓跑了。"

这话一下子打开了焦裕禄的思路。他考虑了一会儿，随即提出了"空城计"的退敌策略。他说："现在敌人还没有出发，我们抢先派人到黑山、岳庄一带，在老百姓的家门口分别写上解放军某团某营某连驻地等字样来迷惑敌人。"领导采纳了他的意见。

焦裕禄和民兵队员立即着手，在北崮山村周围10多个村庄的石墙上，用石灰水写上"某团某营驻"，在老百姓家门口也写上"某排某班驻"。街道上，骡马大车一辆接一辆地走过，车上蒙得严严实实的，伪装成大炮的样子，给敌人一种我大部队要在此与其展开决战的假象。

敌人搞不清虚实，只有转攻为守，开始修筑防御工事。这个"空城计"为我军回防争取了5天宝贵的时间。待敌人明白中了"空城计"，疯狂地扑向北崮山村时，我增援部队已经赶到，再加上处处遇到焦裕禄和民兵队布设的地雷，保安队和还乡团被打得落花流水，溃不成军。这次战斗打击了国民党反动派的嚣张气焰，使敌人不敢再轻易进兵，保卫了北崮山根据地。同时也展露了焦裕禄的军事才能和谋略，展现出他不怕困难、敢于斗争的革命精神，为他日后的工作，也积累了很多宝贵的经验。

转战中原，支前剿匪

1947年夏季以后，新解放区迅速扩大，需要大量干部。7月，焦裕禄被调到渤海地区，参加南下干部集训。集训结束后到淮河大队一中队任班长。南下途中，焦裕禄总是替体弱的队员和女同志扛背包、背干粮袋，带领大家前进。

为了做好沿途新解放区群众的宣传工作，大队党委布置一中队排演一出反映农民群众在反动统治下悲惨生活的歌剧《血泪仇》。焦裕禄没有演过戏，但也报名参加扮演剧中的王东才。他边行军边背台词，休息和宿营时，就集中排练。1948年元旦夜里，一中队在阳谷县正式演出《血泪仇》，方圆几十里的群众，扶老携幼，赶来观看，会场上人山人海。当演到贫农儿子王东才被敌人抓走时，焦裕禄激越悲愤的唱腔，严肃逼真的表演，深深地感染了场下的群众。台上在号泣，台下在流泪，到处是痛斥国民党反动派的怒吼声。群众不断高呼口号："打倒反动派，解放全中国！"演出结束后，当场就有青年报名要求参军。事后，行军记者问焦裕禄："你没有演过戏，为什么会演得这么好？"焦裕禄说："我和王东才都是穷人，他的悲惨遭遇，就是我的悲惨遭遇。我不是演戏，我是在台上控诉万恶的旧社会！"

1948年2月13日，南下工作队到达河南境内，焦裕禄被分配到尉氏县彭店村工作。焦裕禄坚持依靠贫雇农，广泛发动群众，建立了农会和民兵组织，没收了地主浮财，分配了土地。3月，鄢陵县保安团队、土匪洪启龙，带领400多名匪兵，杀气腾腾地向彭店村扑来。当时村里连干部带民兵总共只有15人，3支短枪，十来支长枪。危急关头，焦裕禄镇定地组织群众转移到麦田隐蔽埋伏，同时迅速指挥民兵在一线

青年焦裕禄

散开准备伏击。敌人快要进村时，焦裕禄鸣枪发令，十多支枪一起射击，埋伏的群众蜂拥而起，齐声呐喊。贪生怕死的匪兵一看这声势，以为遇到了解放军主力部队，吓得惊慌失措，转

身就跑。事后，有人问焦裕禄："老焦，敌人为啥那样怕咱呀？"焦裕禄说："咱穿的是便衣，群众穿的也是便衣，满地黑压压都是人，敌人不知道是军是民，这叫全民战术。"

1948年11月，淮海战役打响了。在尉氏县支前总队部的领导下，焦裕禄组织带领担架队，投入了支援淮海战役的斗争中。由于他宣传工作搞得好，出色地完成了支前任务，受到上级表扬。淮海战役结束时，豫皖苏五分区授予他带领的担架队一面"支前模范"的红旗。

1949年春，焦裕禄被任命为尉氏县大营区副区长，分管剿匪反霸工作。大营区情况非常复杂，敌情较为严重，仅大小土匪头目就有100多个。匪首黄老三，原是国民党尉氏县大队队长和大营镇镇长，压榨群众，残杀无辜，罪恶累累。听闻大营区要开展剿匪反霸运动，黄老三立马潜逃。区委和焦裕禄采取分化敌人，教育多数，孤立少数，打击顽固分子的政策，首先把恶贯满盈的黄老三抓回来，依法判处了死刑。

"毙了黄老三，大营晴了天。"从此，群众消除了顾虑，大营区的剿匪反霸斗争开展得十分顺利。

青年时代，焦裕禄以时不我待的紧迫感和舍我其谁的使命感忘我工作，常常废寝忘食，通宵达旦。他经常说："年轻力壮的时候不为党多做点事，将来老了，只怕想干也干不成了！"

青春是拿来奋斗的。这句话在焦裕禄身上得到了很好的诠释。

一封诀别书

1945年8月11日上午，天空阴云密布，细雨蒙蒙。从焦作日本宪兵队驻地通往东石河的路上，一队全副武装、荷枪实弹的日伪军，押着一个五花大绑的中年人。这位中年人的衣衫已被染成紫红色，滴滴鲜血顺着脚跟洒在地上。他昂首挺胸，从容镇定地一步一步走向刑场。

崔清文

这位中年人，就是中共焦作城市工委委员崔清文。崔清文1913年出生在焦作郊区龙卧村的一个贫农家庭，其父崔长永是焦作一带最早的共产党员之一。1925年，崔长永加入中国共产党，开始领导和发动焦作地区的工人运动和农民运动。崔清文13岁进矿做童工，自幼受到革命思想的熏陶，经常帮助父亲撒传单、送情报，从事革命活动，还积极参加工人罢工运动。

1937年，全国性抗日战争爆发后，崔清文参加了八路军，同年加入中国共产党。1939年，他被派到抗日军政大学太行第一分校学习，毕业后分配到地方工作。1945年年初，根据中共中央和毛泽东"扩大解放区，缩小沦陷区"的指示精神，为了给焦作解放做好准备，根据工作需要，党组织派遣崔清文到老家从事分化瓦解日伪军的工作。

回到焦作后，崔清文开始隐藏在龙卧村，通过地下党组织关系，绘制焦作地形图。正当工作取得深入进展的时候，却因汉奸告密，身份暴露。敌人搜捕时，他正在绘制敌军兵力部署图，本可以迅速脱身，可他为了再核实一下详情，延误了时机，不幸被捕。

敌人把他带到伪军团部，伪团长李中瀛知道他是共产党的一位重要人物，欣喜若狂，就千方百计想从他身上打开突破口。李中瀛盘算着，只要崔清文一开口，那就不是三五个共产党员，焦作地区的共产党组织都将会被一网打尽，自己也可以飞黄腾达了。

第二天晚上，李中瀛便设宴劝降，结果被崔清文严词拒绝，碰了一鼻子灰。他恼羞成怒，又严刑相逼，变着法子折磨崔清文：让他吃夹着沙子的谷糠和发了霉的玉米面菜团；还故意在菜团里加大量的盐，又不让他喝水。在崔清文坚忍难熬之际，看守提了一壶清香扑鼻的浓茶放在他面前，旁边还放着几张白纸和钢笔。崔清文心里明白敌人的阴谋。

"不喝你的臭水！"他大喝一声，愤然把水壶踢翻。

看守灰溜溜地走了。接着又是一轮接一轮的严刑拷打，崔清文始终没有吐露党的任何秘密。

此时，他的身体已被折磨得虚弱不堪，眼窝深陷，颧骨突出。一个人如果将生命注入事业，那么生与死便不再有界线。

崔清文知道自己的生命就要走到尽头，他没有惆怅，唯有一腔革命赤诚。透过铁窗，仰望皓月，他抬起血迹斑斑的手，用敌人让他自首的笔和纸，给父亲崔长永写了一封诀别书：

亲爱的父亲，我深陷魔窟一月有余了。在这些日子里，敌人对我软硬兼施，百般折磨，真可谓"虎落平川受犬欺，鱼游浅水遭虾戏"，但他们到头来只是水中捞月一场空。

父亲，请您放心，儿子懂得我们的事业代表了本民族之最高利益，为了抗日战争的最后胜利，为了拯救全民族，我宁愿玉碎、不为瓦全。

父亲，您的儿子对生命已不存任何侥幸了。在死神逼近的时刻，我多么愿自己像鸟儿一样飞到您的怀抱，多么渴望自己能驰骋疆场，痛歼顽敌啊！死，并不足畏，只是出师未捷身先死，实在令人遗憾和惭愧。遗憾的是难展我壮志饥餐汉奸肉，笑谈渴饮鬼子血的宏愿，未能亲眼看见日伪的覆灭；惭愧的是工作尚未开展却身陷囹圄，未能完成党交给自己的任务。

父亲，时间已经不多了，在这生死之际，儿子别无他求，只有将我葬在龙卧村，好让我尽快看到煤城解放。

我深信黑暗即将过去，曙光就在前头。永别了，亲爱的父亲！

崔清文的这封"与父书"，是饱含对生命渴望的一封信，同时又是对未竟事业满怀憧憬的一封信——为国家民族担责，为革命事业献身。

正当营救工作加紧进行时，敌人加快了迫害崔清文的行动。一天早上，李中瀛奉日军左藤的密令，亲自把崔清文押到日本宪兵队受审。

崔清文被押到宪兵队的当天，左藤就亲自审讯。昏暗的审讯室里，摆着许多刑具，老虎凳、汽油灯、铁钉……两旁站着捋着袖子，满脸横肉的刽子手。

"你知道共产党地下组织者名单？"左藤单刀直入。

"知道，全知道。"崔清文不假思索地高声回答。

"知道就好，你说！"左藤的口气缓和了许多。

"这些都是共产党的秘密，你们这些狗强盗没有资格过问！"崔清文两眼燃烧着怒火，紧盯住左藤。

敌人又把他双手反吊在屋梁上，用包着钢丝的皮鞭在他身上狠狠地抽打。

"说不说？"

"不说！"崔清文简短有力地回答。

敌人用煤油、辣椒水往他鼻孔里灌，难忍的恶心、臭味和刺激，使他的口鼻喷出鲜血，昏死过去。敌人又用凉水将他喷醒。气息奄奄的崔清文闭目、咬牙，回答他们的只有倔强的沉默。

敌人又用铁钉刺进他的手指，他们以为严刑拷打会使崔清文屈服投降。但崔清文没喊一声疼。敌人无可奈何，终于把屠刀伸向了英雄的颈项。

崔清文被押到东石河刑场，他看看四周被刺刀押着赶来的群众，其中有一起下窑的工友，有一同放牛的伙伴，也有自己的亲朋好友，他用亲切而留恋的目光，看着这些熟悉的面孔，默默地向亲人告别。

左藤站在高坡上，声色俱厉地叫道："今天要处决共产党，哪个人再敢跟共产党活动，统统地杀掉！"他转脸对崔清文说："这是最后的机会，你说！"

"要杀就杀，少说废话！"崔清文斩钉截铁地说道。

左藤气得一挥手，两个手持大刀的刽子手马上站到崔清文背后。

崔清文严厉地说："不要背后杀人，我一生光明磊落，要杀，就在前面杀！"说完顿足高呼："打倒日本帝国主义！""中国共产党万岁！""毛主席万岁！"这声音如洪钟，似惊雷，久久回荡在煤城上空。

"杀！"左藤绝望地咆哮。

崔清文牺牲时年仅32岁。残暴的日本宪兵队不准家属领走他的尸身。在地下党组织的周密安排下，直至他牺牲后的第三天晚上才把遗体从敌人的炮楼下抬回龙卧老家。

因天气炎热，烈士的面目早已模糊不清，浑身上下条条紫黑色的伤痕还清晰可辨；双眼犹如生前，怒目圆睁，日伪汉奸不消灭，他怎能闭上眼睛呢？

1945年8月15日，崔清文牺牲后的第四天，日本宣布无条件投降。左藤这个杀人不眨眼的强盗，成了人民的罪犯，受到了应有的惩罚。

新中国成立后，崔清文被追认为革命烈士。太行四专署专员杜毓沄亲自撰写了《晋豫人民复活记》的碑文，镌刻了烈士的名字和事迹。崔清文虽然牺牲了，但他那可歌可泣的光辉业绩，至今还在焦作一带人民群众中广为传颂。他那百折不挠、宁死不屈的光辉形象，将永远激励着人们为实现中华民族伟大复兴的中国梦而奋勇前进。

惊心动魄的转移[1]

在中国人民伟大的民族独立和解放战争中，中华健儿血战疆场，无畏牺牲，为新中国的诞生作出了巨大的贡献；而那些被誉为"巾帼英雄"的女杰们，也

皮定均、张烽夫妇

不让须眉，在血与火的战争中，经受住了严峻的考验，用柔弱的身躯，谱写了一曲英雄赞歌。开国中将皮定均的夫人张烽，就是其中一位杰出的女性代表。

张烽，原名张凤兰，1923年出生在河北涉县一户贫困农民家庭。1938年，年仅15岁的她，就参加了革命，并在次年光荣地加入中国共产党。1943年，她和皮定均缔结连理，成为一对

---

① 改编自《秘密转移》，《铁流千里——中原东路突围纪事》，四川人民出版社出版。

令人羡慕的恩爱夫妻。

1946年4月，国民党反动派露出了"假和平，真内战"的丑恶嘴脸，在即将撕毁"双十协定"的前夜，30万国民党军队将活跃在豫鄂地区的中原军区紧紧包围。

4月25日，国民党军队又占领了中原军区防守要地小界岭，大战一触即发。中原军区审时度势，为了便于部队的战斗行动和保存干部，决定让一些老弱人员和女同志，秘密穿越敌人封锁线，提前行动，转移到其他解放区去。而已经怀有六七个月身孕的张烽，也在这批提前转移人员的名单中。

为防止被敌人识破，张烽和同批转移的孟松涛（徐子荣夫人）、周道、李伟等四位女同志，以及两位上了年纪的参议，化装成难民，随着豫东返乡的难民队伍一起，从敌人严密的封锁线穿过，然后再转移到其他解放区。

在开始转移前，难民队伍中有一位姓蔡的中年男人，和旅部管理科有过交往，管理科便委托他随行照顾。一番准备后，4月30日，张烽等几位女同志化装成难民模样，随难民队伍从白雀园向北出发。

第一天傍晚，张烽等人在一处叫半当岗的地方夜宿休息。半当岗是一个只有二三十户人家的小村子，在光山县到潢川县的公路旁，从当时的形势看，属于敌我之间的"真空地带"。

然而当张烽等人刚进入村子的时候，就察觉到一丝异样的气息。村子里有人神神秘秘地盯着这群难民，眼神中透着不友好的味道。尤其是一名商人打扮模样的男子，从敌据点潢川方向策马而来，他在茶店歇脚时，小眼睛一直在难民群中不停地搜索着。

张烽等几位女同志借宿在一户农家，虽然暗夜沉沉，但她却很难入睡，脑海里一直闪现着那名商人狡诈的双眼，暗暗提高了警惕。

忽然间，隔壁一阵细微的交谈声传入张烽的耳朵里，她努力侧耳倾听："这几个人的真实身份是什么？你见过没有？"一个语气急促的嗓音问道。

张烽的心一下子提到了嗓子眼儿，屏住气息继续认真聆听。

只听一个战战兢兢的声音说道："见过！见过！那个脸圆的女子叫孟松涛；那个怀孕的女子叫张烽。"

"她们都是什么职务？"另一个人逼问着。

"她们两个在豫西的时候都当过区委书记，现在做什么，我就不太清楚了。"

"认准了吗？"

"认准了。"

张烽听到这里，冷汗瞬间流了下来，显然遇到了叛徒。旁边和张烽一起的孟松涛，也早已被惊醒，此时也高度紧张，神情严肃。

张烽急速地转动脑筋，突然想起了隔壁叛徒的身份。他原是随中原军区部队南下的豫剧团中的一个丑角演员，因为张烽她们看过他出演的几出戏，或许在这家伙的脑子里留下了印象。

隔壁的几名特务又低声商议了一番，大致是如何动手抓捕的事情，随即他们熄灯睡觉，准备天明动手。

张烽和孟松涛对视一眼，当即决定连夜转移，至于其他的同志，暂时来不及一一通知，这种情况下不能优柔寡断，先跑出去寻求自己部队的救援，否则一个都跑不掉。

打定主意后，张烽和孟松涛悄悄从后门出去，她克服了有孕在身的不便，辨明方向后，终于在半夜时分赶回部队，说明情况。部队首长忙派一个侦察班跑步前去，拂晓时分赶到半当岗，救回了其余四位同志，至于那几名国民党特务，早已闻风而逃。

转移失败了，究竟是谁走漏风声了呢？事后查明，是那名姓蔡的中年男子，他被国民党特务收买了，所以才告的密。

1946年6月中旬，局势越发紧张，中原军区加紧了突围的准备，张烽再次踏上先期转移的路途。

这次他们吸取了上次的教训，在组织的要求和帮助下，张烽化装成家庭妇女，和另一名叫李明祥的同志扮成夫妻，准备转道徐州去江苏或山东解放区。

可是这一天依旧没有走成。张烽和李明祥刚走到半路，遇上大雨，在一处村子里避雨时，又遇到了国民党的特务，他们怀疑张烽两人，赶忙去找人过来指认。李明祥见状，果断决定返回联络站。幸亏他们当机立断毫不迟疑，他们刚刚扭身返回，敌人就在后面追了上来，枪声四起。

在李明祥的协助下，张烽终于虎口脱险，成功地返回了联络站。

事后得知，敌人搞了一个白天封锁行动，严禁群众自由出行。联络站的同志们商议后，决定安排张烽趁夜转移。在临出发前，联络站派了一位内线交通员给张烽等人作向导。

向导是一个忠厚朴实的农民，在他的带领和夜色的掩护下，经过一夜的奔波，天明时，终于穿过了敌人设下的层层封锁线，深入到敌人的后方。

顺利到达信阳火车站之后，李明祥购买了前往郑州的车票，张烽这才松了一口气，和向导告别。

坐上火车后，望着窗外沿途村落的模样，张烽思绪万千，她坚信在党的领导之下，一定能够将国民党反动派打倒。

经过一天一夜的奔波，火车到达郑州。张烽和李明祥深知，郑州此时是国民党统治的地盘，不宜久留，但难题是火车票不好买。焦急间，李明祥看到人群向一列火车上蜂拥而去，询问之下得知，这是前往开封的火车，没有车票也可以上，只是要罚一倍的票钱。

张烽当机立断，必须走，现在就走。尽管身怀六甲，张烽还是想办法爬上了火车车顶，在摇摇晃晃中到达了开封。

谁知张烽在开封按照地址，寻找到秘密联络点时，房东却回答说："对方出门快一个月啦！还没有回来。"

形势严峻，开封这里接不上头，估计徐州那里也非常困难。抱着一线希望，张烽和李明祥又挤火车赶到徐州。不出所料，在约定的一家茶店联络点，这里的同志也离开了。

红线被切断了，张烽焦急万分，远离部队，找不到地下党；加上临产在即，作为国统区重镇的徐州，也绝非是长久盘桓之地。

李明祥也是心急如焚，他深知从这里到山东或江苏解放区，两眼一抹黑，沿途没有组织上的指引和帮助，无疑是自投虎口。

急切之间，张烽突然想出了一个好主意：以探亲的名义，返回自己的家乡涉县。眼下急切的问题，是需要李明祥想办法搞到一张"回家探亲"的证明，这样就"名正言顺"了。

李明祥仔细想着各方面的关系，忽然一拍脑袋说道："我有一个堂兄在开封生活，不过多年不见了，不知道现在还能找到他不能。如果能，他不知道我的身份，事情就好办多了。"

打定主意，张烽又和李明祥返回开封。幸运的是，他们找到了李明祥的堂兄。李明祥编了一段故事，讲述了自己和张烽"相识结婚"的过程，并顺带希望堂兄能够帮忙，给他们弄一张探亲证明。

第三天，李明祥的堂兄终于帮助张烽他们弄到了"回家探亲"的证明。告别了李明祥的堂兄，张烽和他一起换车北上，到了安阳。

张烽经过打听得知，安阳城内是敌占领区，城北五里是解放区！喜出望外的她，忙和李明祥雇了一辆马车，躲过了城内敌人的各种盘查，终于出了城。

赶车老大爷响亮的马鞭声，此时在张烽的耳朵里，听起来是那样的悦耳动听。经过连日的奔波，历尽艰辛后，张烽平安地回到了解放区。

七八月间，张烽分娩后的一天，太行军区作战科科长安怀同志跑了过来，递给了张烽一张《新华日报》太行版，上面刊登着一条醒目的大标题：《突破蒋军包围追击　中原东进我军一部胜利抵达苏皖边区》。

丈夫和战友们都成功突围了！张烽一边高兴地流着眼泪，一边兴奋地大声说："我们胜利了！我们都胜利了！"

铁流千里突重围①

　　开国中将皮定均一生堪称传奇。在他波澜壮阔的革命生涯中，先后参加了鄂豫皖苏区反"围剿"、长征、中原突围、孟良崮战役、莱芜战役、豫东战役、淮海战役以及渡江战役等，为中华民族的独立解放和新中国的成立，作出了重要贡献。其中中原突围，是皮定均的成名之战。

　　1946年，担任中原军区第一纵队第一旅旅长的皮定均，奉命承担了掩护中原军区主力向西突围的重任。在此期间，他率所部将士英勇奋战，经过长达20余天的艰苦行军，最终平安到达苏皖解放区。虽经过了一场场激烈的厮杀，但全旅战士数量不减反增，由此他所领导的第一旅被人们尊称为"皮旅"。骁勇善战的皮旅，在解放战争中大放异彩。

　　1946年6月24日下午，皮定均正在和政委徐子荣商议事宜，突然接到第一纵队司令员王树声的紧急命令，让他和徐子荣务

①　改编自《铁流千里》，《铁流千里——中原东路突围纪事》，四川人民出版社出版。

必在下午6点之前，赶到泼陂河纵队部。

听到紧急命令的那一刻，皮定均和徐子荣双眼对视，心灵相通的他们，立即意识到了将要有一场异常艰巨的任务落在他们的头上：中原军区主力要突围了，决定性的时刻终于到来了！

事不宜迟，快马加鞭，皮定均和徐子荣两人，以最快的速度赶到了一纵司令部，见到了王树声。

王树声看到他们，脸上焦虑的神情缓和了很多。没有过多的寒暄，他直接从口袋里掏出一份电报，对皮定均二人说："为粉碎国民党反动派的进攻阴谋，中原局根据中央的指示，决定主力突围到陕甘宁边区。在突围之时，需要一支善打硬仗的部队作掩护，以保障主力突围的后侧安全。纵队党委经研究决定，由你们担负起掩护中原军区主力突围的重任。等军区主力越过平汉铁路之后，突出重围的初步战略目标就达到了，你们的掩护任务也宣告完成。接下来，你们按当时的具体情况，选择合适的突围方向。记住，军区主力突围行动从今晚开始。"

军令如山！皮定均和徐子荣两人几乎异口同声道："请首长放心，我们坚决完成任务！"

返回一旅驻地后，皮定均当即召开了旅党委会议。会议开了将近一天的时间。经过充分讨论，大家商议决定，不惜一切代价，全力以赴掩护中原军区主力向西突围，为大部队的顺利转移争取宝贵的时间。等到主力部队成功突出重围后，第一旅继续向东进发，以牵制和迷惑敌人，最大程度地确保中原军区主力的成功突围。

6月26日，在突围战斗打响之后，迷迷糊糊的敌人，终于察觉中原军区主力部队向西突围的战略意图，他们气势汹汹，向皮定均的一旅发起猛烈攻击，妄图突破一旅防区，打通向西追击中原军区主力的通道。

为掩护中原军区主力突围，在皮定均的指挥下，一旅全体战士对来犯之敌展开了顽强阻击。在给予了敌人以沉重打击之后，皮定均又率领一旅战士，撤离一旅驻地白雀园，越过敌人第一道封锁线——潢麻公路，之后沿着大别山的脊背，一路东进！

经过几天急行军，6月30日，一旅全体战士来到了商城大牛山，这里盘踞着国民党商城县长顾敬之等敌军。在皮定均指挥下，一旅和顾敬之所部展开激战，击溃了敌军的围堵，进入大别山的腹地。

一旅的奇兵突袭，神出鬼没，令敌军摸不着头脑，直到一旅快走出大别山时，皮定均从敌人手中缴获的文件中，还见到国民党安徽省政府惶恐万分的电令："查有不知性质、不明番号的部队万余人在鄂豫皖边境活动，着即查明上报。"

但此时的一旅，早已到达了信阳吴家店一带修整。

吴家店是革命老区，群众思想基础深厚。在这里，一旅受到革命群众的热烈欢迎。同时，在群众的指引下，一旅一举夺取了敌军的许多粮库，得到了大量的给养补充。

在短暂的修整后，皮定均决定趁着敌人后方空虚的有利时机，快速跳出大别山，横穿皖中平原，向苏皖解放区前进！

7月7日，皮定均带领全体战士，连日急行军，来到了敌军重兵防守的战略要地青风岭。

青风岭地势险要，易守难攻，倘若一旅不能安然通过，将会面临腹背受敌的危急局面。深知攻打青风岭至关重要的皮定均，指挥一团、二团发起冲锋，经过一番血战，成功攻克青风岭。

突破青风岭的当天傍晚，一旅又到达了磨子潭附近。磨子潭是大别山东陲门户，位于浠河西岸，也是一处险要之地。皮定均审时度势，认定敌人一定会在这里疯狂堵截一旅前进，他灵机一动，冒充国民党乡长，和国民党霍山县政府通电话，得知敌四十八军已派出部队赶来截击，午夜12时就可到达磨子潭。

形势危急，皮定均当即命三团派出一个营，用仅有的5只小船分批渡过浠河，担任警戒任务。其余战士在稍做修整后，因工兵排架设浮桥不成功，忙绕路涉水过河。

与此同时，敌四十八军一部也赶到了磨子潭，和一旅发生了正面冲突。在皮定均镇定的指挥下，一旅成功涉水渡河，虚晃一枪，向北疾进，跳出了敌人的合击圈，国民党反动派妄想把一旅歼灭在大别山的企图，自此彻底破灭。

当一旅准备和大别山告别的时候，又获得新的情报：国民党反动派正匆忙调集3个正规师和十几个保安团，幻想将皮定均一部堵截在皖中平原。

皮定均和战友们分析后认为，一旅能否胜利穿过六（安）合（肥）公路、淮南铁路和津浦铁路三条重要的交通干线，是决定突围成败的关键所在。皮定均深知，这是一场更为艰巨的斗争，只能胜，不能败！

为确保突围成功，部队全部轻装前进，加快行军速度。从7月13日夜开始，皮定均率领一旅以每昼夜七八十公里的行军速度，在前方侦察战士的引导下，绕过敌军重兵防守之地。

15日拂晓，一旅一部以出其不意的快速突袭方式，一举歼灭了官亭镇内国民党反动派的民团局驻军，一旅所辖3路纵队也得以顺利通过了六合公路。

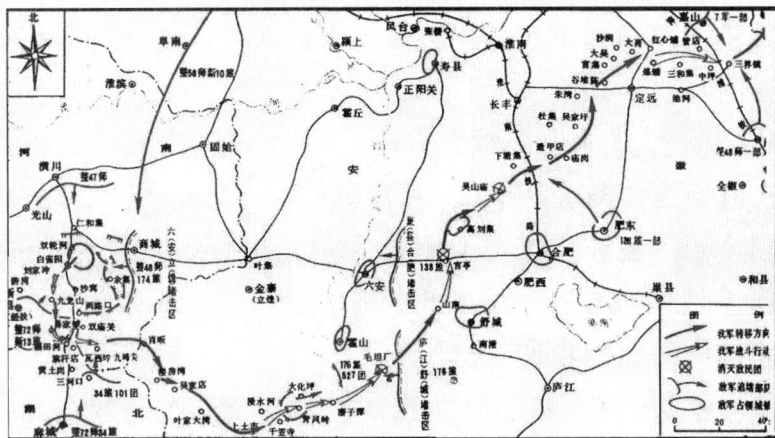

中原军区第一纵队第一旅突围路线图

越过六合公路后，一旅3路纵队又并肩前进，向东北方向急速行军。将近天明时，一旅离淮南铁路还有十余公里，然而此时队伍行进的速度非常缓慢。原因是战士们经过四天四夜的连续强行军，早已精疲力竭。许多战士走着走着就睡着了，一个不留神，就会掉进水田里，摔倒在地。

但再疲惫也要坚持下去，必须赶在天明之前通过淮南铁路，否则问题就大了。大家相互鼓劲打气，继续前进。

等到天明时，国民党的一三八师乘汽车沿公路从两头赶来拦截。尽管他们是机械化行进方式，却依然晚了一步。等敌军赶到时，皮定均率部早已通过了淮南铁路，一路来到了定远地区。

定远地区原是新四军二师的抗日根据地，虽然二师暂时撤离该处，但群众基础非常好。一旅在这里得到了群众的热情帮助，经过两天急行军，皮定均率领一旅于7月19日中午顺利通过定远地区，到达了红心铺。

红心铺是突围的最后一关。这个小镇距离津浦铁路只有40公里左右。跨过津浦铁路，再走半天的路程，就能到达苏皖解放区了！

皮定均和其他旅部领导开会分析敌情，敌人在此布置重兵，深感突围任务艰巨。

当皮定均正在布置突围任务时，二团捉来了两个敌人的便衣探子，根据对方口中说出的情报信息，国民党孙良诚部已从明光出动大军准备对我军截击。

情况紧急，皮定均当即决定改变行军路线，向东南进发，从三界与管店火车站之间过路，只是全程约有六七十公里，比原先的计划，需要多走二三十公里。

凌晨3点多钟，一旅已接近铁路线了。战士们振作精神，一面行进，一面相互鼓励。

"加把劲儿，过了铁路就到家了！"

"最后一关了，我们咬紧牙关冲过去！"

两边山上碉堡里的敌人，似乎没有察觉到一旅的行动，皮定均率一旅一部顺利通过了铁路。

天明时，旅直和一团也赶到了。但队伍刚过去一小半，敌人就从南面飞快开来了一列装甲火车，车上的轻重机枪全部开火，向一旅战士发起攻击。与此同时，碉堡里的敌人也壮起胆子，向战士们开枪射击。

皮定均指挥工兵，成功炸断了敌人的装甲火车。附近的敌人闻讯赶来增援，战斗异常激烈。幸亏淮南大队及时赶到，抢占了制高点，配合一旅打退了敌军的进攻，得以确保全旅战士成功突围。

当天，一旅在仇集宿营，受到苏皖解放区人民的热烈欢迎，一旅得到了宝贵的修整时间。

第二天，皮定均带领一旅到了盱眙，随即他派副旅长方升普赶到设在淮安的华中军区司令部，向滕代远、邓子恢等首长汇报了一旅成功突围的好消息，受到首长们的一致赞扬。

这时，国民党反动派挑起的内战已遍及全国，著名的"苏中战役"已经打响，皮定均的一旅经过短期休整，又和苏中兄弟部队一起，开始了新的战斗。

"坚持大别山斗争的一面红旗"

在大别山区，老百姓都知道有一位群众领袖，名叫刘名榜。他曾任中共经扶县（今新县）县委书记，领导游击队和人民群众进行反"清剿"斗争，为红军筹集给养，进行了艰苦卓绝的武装斗争。

刘名榜

1928年，刘名榜参加革命，一直未离开过大别山，经历了大别山各个时期的革命斗争。1929年，他带领农民自卫军参加白沙关万人暴动，同年加入中国共产党。在革命战争年代，刘名榜深入发动群众，采取"敌上山，我下山"的斗争方法，将便衣队化整为零，与群众同吃同住同劳动，恢复和建立党的组织，为红军筹集给养，输送大批青年参加了红军，领导鄂豫边区的广大军民摸清敌人动向，坚持武装斗争，保证了大别山革命火种不灭，红旗不倒。

1946年6月，中原突围前夕，李先念对刘名榜说："你应该知道，大别山这块根据地来得多么不容易，如果我们轻易放弃它，就对不起为创建这块根据地而光荣牺牲的同志们。中原区党委决定将你留下来，重新建立罗（山）礼（山）经（扶）光（山）中心县委，坚持地方游击战争。我相信你一定能够挑起这个重担。"

"我一定不辜负党的信任。"刘名榜回答。

"你要是'革命到底'了，我回来给你立纪念碑！"李先念风趣地说。

中原军区部队离开大别山后，国民党调集数万兵力，对中心县委领导下的游击武装进行了疯狂"围剿"。逢湾筑寨，遇路设卡，移民并村，重兵驻镇，甚至采取"五户连坐"的措施，企图隔断游击队与群众的血肉联系，达到"肃清"游击队的目的。

刘名榜带领游击队想方设法与敌人周旋，大雪天在山路或泥泞路上行走，倒穿鞋子，让脚印把敌人引向相反的方向。进山洞时，走在最后面的一个人负责用松枝把留在雪地上的脚印扫平。离开山洞后留下几块银元，以便判断是否有敌人来过。

尽管如此，刘名榜还是遇到过许多次危险。一次，刘名榜带着3名游击队员下山找粮食。他们前脚走，敌人后脚跟了上来。刘名榜没有察觉到身后跟着敌人，当走到牛冲附近的一个村子里刚刚坐定准备休息时，敌人就到了。敌人一见刘名榜，大声喊叫："刘名榜！刘名榜！"

刘名榜见前无出路、后无退路，眼看敌人的大部队马上就到了，于是急中生智，大喊一声："张大队长快从左边围住敌人，不要让这几个龟孙跑了！"敌人一听，吓得撒腿后撤。趁这个机会，刘名榜和游击队员戳开屋顶，从房上跳到后山，潜入深山之中，这才化险为夷。

游击队员吃的是野菜树皮，穿的是破麻布片，住的是山洞、窑棚，睡的是稻草窝。一次，刘名榜带着几个游击队员几天几夜没吃上饭，饿得头昏眼花，艰难地爬到六人庵后边的山洞里，刚坐下喘了口气，敌人就围了上来。他们只好忍着饥饿和疲劳，手牵着手从悬崖上溜下去，躲过敌人的包围。

刘名榜试着和村里的群众联系找顿饭吃，但是村里也有敌人。群众怕刘名榜中了敌人的埋伏，让一个小女孩给他们送信。深夜，刘名榜和同志们摸到黄家洼，悄悄地喊开了群众家的门。群众一见老书记的面，热泪夺眶而出："困难啊，老刘！"刘名榜激动地说："困难是困难，坚持下去就是胜利！"群众给同志们端来米饭和甜酒，这才算是饱餐了一顿。

刘名榜的战友邱进敏担任游击队队长。有一次，游击队被敌人冲散，邱进敏和队员们两天没有吃饭。在王斗冲对面的小山上，他们遇到一个正在挑土粪干活的农民。这个农民是一个游击队员的二哥，谈话中这个农民了解到同志们饥肠辘辘的状况，便返回家中，炒了油干饭，用油纸包好埋在土粪里，重回到小山坡上将隐藏在土粪里的饭递给邱进敏。

在连康山，邱进敏与走散的战士会合，走到落刀坪，到一位老大娘家里准备要点水喝。刚坐下，敌人就撵了上来。大娘急忙将邱进敏藏到房子后边的黄豆棵子里，装着没事，坐在院子里洗衣服。敌人进来后，没见到异常情况，问了三两句话就走了。敌人走远后，大娘拉着邱进敏不让离开，亲手下了一碗面给邱进敏，吃完后才送邱进敏登上山路。临别时，她说："孩子，河水有涨有落，革命难免有遭难的时候。你们可要坚持下去，大娘就盼着革命成功啊！"邱进敏说："群众是我们的衣食父母，没有群众，我们在大别山是一天也坚持不住的。正是有了群众的支持，我们才能坚持下去。请大娘放心，一定会有迎来曙光的那一天。"

刘名榜、邱进敏和游击队员们始终坚持战斗，赢得了人民群众的信任和爱戴。提起刘名榜的大名，就连敌人也佩服三分。国民党大别山"反共总司令"汪宪在动员其部下时叫嚣："学习刘名榜，坚持二十年！"

刘名榜听说这事后，轻蔑地说："我是共产党，他是国民党，岂能同日而语！"

1947年8月，刘邓大军千里跃进大别山。刘名榜带领游击队员去经扶县城和大军会合，六纵十七旅旅长李德生接见了刘名榜。李德生把刘邓大军挺进大别山的战略意图向刘名榜作了介绍，刘名榜把中原突围以后游击队坚持大别山斗争的情况也作了详细的汇报。

李德生说："我听中央有人说到你，知道你这个人一直在大别山区进行革命斗争。"

9月2日晚，邓小平对民运部部长穰明德说："我们要在这里安家落户，下决心不走了。这里曾经是鄂豫皖苏区的中心，现在仍有游击队坚持斗争，这是很不容易的。游击队负责人叫刘名榜，但他有多少人、多少枪都不清楚，现在就要靠你这个民运部部长去找了。"

第二天，一位在延安抗大学习过的同志把穰明德带到经扶县郭家河地区，在一个老百姓家里找到了刘名榜。穰明德对刘名榜说："你当县长，我当县委书记。前些时，我以县长名义出了安民告示，安了民。现在找到了你，我这个县长的使命也就完成了，以后就由你来当县长了。"

9月10日，刘伯承和邓小平在光山县西杨岗接见了刘名榜、邱进敏等人，对坚持大别山斗争的游击队战士表示亲切的慰问和勉励。刘伯承看大家面黄肌瘦，亲切地说："你们能坚持到现在，是多么不容易啊！快去洗洗澡、理理发，再好好地休息两天，一切都给你们安排好了。"

邓小平亲切地握着刘名榜的手说："老刘啊，你们是怎么活过来的？不容易啊！"

刘名榜把在大别山坚持斗争的情况向刘邓首长作了汇报。邓小平既高兴又严肃地说："对，我们离了党的领导，活不成！离开了人民，离开了枪杆子，更活不成！"他接着说："你们都是党和人民的好战士，我代表野战军的领导同志，向你们表示感谢！"

新中国成立后，著名作家史超以刘名榜为原型，创作了电影剧本《五更寒》，八一电影制片厂导演严寄洲将剧本拍成了电影。在第二届全国人民代表大会召开期间，《五更寒》正式上映。毛泽东、刘少奇、朱德等党和国家领导人亲切接见了刘名榜，称他是"坚持大别山斗争的一面红旗"。

刘邓大军强渡淮河

1947年6月底，中国人民解放军晋冀鲁豫野战军（刘邓大军）遵照党中央和毛泽东的指示，强渡黄河，千里跃进大别山，揭开了人民解放军由战略防御转入战略进攻的序幕。

1947年8月26日，刘伯承、邓小平率领中路大军赶到了淮河北岸。这时，蒋介石已窥探到刘邓大军千里跃进大别山的战略意图，日夜督促国民党军加紧追击，距离刘邓大军越来越近，形势也越来越严峻。

淮河是中国南北方的自然分界线，也成为刘邓大军千里跃进大别山生死攸关的最后一道关口，战略位置极其重要。淮河发源于河南省南部的桐柏山，流经豫皖苏三省，在中原地区是条大河。每年的5月至10月，汛期就会到来。其间，淮河水流湍急，涨落不定。

刘邓大军南进到淮河时，正好前两天刚下了急雨，宽宽的河面上更是浊浪翻滚，时涨时落。敌十几个师和旅紧紧地跟在后面就要追上来了，其中一部分已经到达彭店，离淮河仅30公

281

里，正在猛烈地向后卫部队进攻。

先刘邓首长一步赶到埠口村指挥渡河的参谋长李达，一面指挥部队用找来的十几只小船渡河，一面指挥部队继续寻找船只和架桥的地方。时间已指向27日2点，按照计划渡河的部队，实际上连一半都没渡完。

十八旅政委李震焦急地站在岸边，部队拥挤在渡口，要靠10多只小船和临时收集的竹排，赶在27日晚12点以前，把全旅人马全部渡过淮河，完全是不可能的。

这时，刘邓首长赶到了淮河岸边。无桥、无船，几万大军怎么过河？而敌人19个旅正在向这里急速赶来，情况万分危急。

"我们开个会，研究一下渡河的情况吧。"邓小平对正凝神思索的刘伯承说。

在埠口村小王湾庄指挥部里，刘伯承、邓小平连夜召开紧急会议。李达把渡河的进展情况汇报完后，刘伯承抬起头，看着李震问："河水真的不能徒涉吗？"

李震口气非常肯定地说："河水很深，不能徒涉。"并解释道："五十三团派人侦察过了，五十四团也派了人，旅里也侦察过了，都说不能徒涉。淮河不但不能徒涉，就是架桥也很困难。"

这时，屋子里静悄悄的，没有一个人说话。刘伯承抱着双臂站在屋子中央，李达、张际春等人或站或蹲，人人都在凝眉思索着渡河的方案。

邓小平坐在那盏忽明忽暗的马灯前，抬腕看了看表，已经过了凌晨2点，如果拂晓前再拿不出渡河的好办法，等敌人重兵一到，那就只能背水一战了。必须设法加快渡河速度，争取多渡过河一些部队。此外，还要有人先行渡河，统一领导和指挥已到达大别山的部队，创建根据地。

主意已定，在这紧急关头，邓小平果断地说："伯承同志先过去指挥部队作战，际春同志一同过去。我和李达留在这里。李达指挥部队过河，我指挥部队阻击尾追的敌人，掩护全军渡河。"

谁都知道，留在后面，是很危险的，万一来不及过河，只能就地打游击，甚至陷入重围之中。但最高统帅就是最高统帅，他们只会当机立断，绝对不会在那里你推我让地消耗时间。

刘伯承立即站了起来，斩钉截铁地说："政治委员说的，就是决定。立即行动！"

在指挥部门口，邓小平与刘伯承握了握手，便去组织部队，部署阻击尾追敌人事宜。刘伯承则来到渡口，指挥部队渡河。

凭着多年的经验，刘伯承怎么也不相信淮河真的不能徒涉。27日天刚刚亮，刘伯承手里就拿着一根长长的竹竿，带着几名警卫来到渡口边，上了船。船一离岸，刘伯承就用竹竿不停地试探着河的深浅。

一会儿，河中忽然传来了刘伯承的声音："李震同志，能架桥呀！我试过好多地方，河水都不大深呀！"又大声地喊："告诉李参谋长，叫他坚决架桥！"

刘伯承不放心，又写了一张"河水不深，流速甚缓，速告李参谋长架桥"的字条派警卫员送给正在指挥部队渡河的李震。

李震向李达传达刘伯承的命令后，也乘船渡过淮河。刘伯承看见李震来了，立即问道："布置架桥工作没有？"李震忙说："李参谋长已经按照执行了！"

刘伯承还不放心，又叫李震用他的名义写信给李达，要想尽一切办法，坚决迅速架桥，在每个字的外面再加上圆圈，以示强调。

李震写完信，念给刘伯承听了一遍，刘伯承说："在那圆圈的外边再套一层圆圈，要叫我们的干部注意才行！"

半夜时分，十八旅副政委刘昌带着直属队用竹排渡过了淮河，在南岸建立了一个指挥所。就在刘伯承让李震向李达传达架桥的命令时，刘昌看见马夫和喂马的战士来了。

刘昌警觉地问道："你们怎么过来了？"马夫是个小个子四川兵，说："我会水，水刚到嘴边。"

刘昌大喜，忙从日记本上撕下一张纸写了张便条，让马夫赶紧给李震汇报，说这里可以过来。这时，李震也接到了五十三团的报告，说是他们团一个马夫牵着马徒涉过了淮河。

李震高兴地咧开嘴笑了，赶紧写字条让通信员快马加鞭赶去报告刘伯承。字条刚写完，刘伯承的警卫员骑着马气喘吁吁地赶来了，送来了刘伯承的一封信，说他亲自看见上游有人牵马过河，证明淮河完全可以徒涉，让李震赶快转告李参谋长，不要架桥了，叫部队火速从上游徒涉。

信送走了。刘伯承看着李震，很严肃地说："粗枝大叶就要害死人！"又用那根长长的竹竿在地上重重地顿了一下，重复了一句："要害死人！"

李震惭愧地低下了头，静静地站在刘伯承魁梧的身前。刘伯承那和蔼的面孔，严肃的表情，每一字每一句都像千斤重锤敲打在李震的心上。

邓小平正在组织后卫部队，准备阻击敌人，掩护渡河，突然收到刘伯承派人送来的信，说河水可以徒涉，后卫部队可立即渡河。这意外的喜讯，使面临背水一战的部队化险为夷。

在李达指挥下，部队迅速组织徒涉，在浅水区放上浮标，很快渡过了淮河。

刘邓大军渡淮河

8月27日，部队全部渡过淮河，进入大别山。

当国民党军八十五师师长吴绍周带领追兵赶到淮河渡口时，命令部队也立即徒涉，不料人马一下水，还没到河中心，就被河水卷走了。

淮河突然涨水，根本无法架桥，也无法徒涉。国民党军又搞不到船只，吴绍周忙让部队停止过河，望着淮河，不禁仰天长叹："共产党啊共产党，真有命，刘邓大军刚刚过去，淮河就暴涨，这是天意啊！"

蒋介石得知刘邓大军已进入大别山，气急败坏之余，只有狠狠地斥责国民党军将领："各部队行动迟慢不前，屡失良机，任匪军平安渡过淮河，进入大别山，此为我革命军人之最大耻辱。"

消息传到陕北，毛泽东欣喜地说："我们总算熬出头了！20多年来，革命一直处于防御地位，自刘邓南征后，我们的革命战争，才在历史上第一次转为战略进攻。"

邓小平则说："这个跃进的意义可不要小看了，中国从北到南没有多少个一千里，从长江再跃进一千里就到了广东、福建的边界，剩下不到一千里了，蒋介石的反动政权就要垮台了。"

后来，邓小平回忆这次全军横渡淮河时仍十分自豪："过去没有人知道淮河是可以徒涉的，那一次刚涨起来的水又落下去了，伯承亲自去踏踩，恰好就是那个时候能徒涉，这就非常顺利了。如果不是刘伯承的细心，如果他只听下面的汇报，如果他不去实地侦查，发现淮河能够徒涉，再好的天意也抓不住啊。"

从来机遇只给有准备的人，此言一点都不虚。

刘伯承、邓小平率领刘邓大军进入大别山后，经过三个回合的艰苦斗争，终于在大别山站稳了脚跟，胜利地实现了毛泽东所预计的三个前途（付出了代价站不住脚，准备回来；付出了代价站不稳脚，在周围坚持斗争；付出了代价，站稳了脚）中最好的前途，完成了党中央所赋予的伟大战略任务。

岂曰无衣：男儿也曾会女红

在中国人民革命军事博物馆的一个玻璃展柜里，陈列着一套手工制作，面料呈浅灰色、里层为本色的粗布棉衣。这件解放战争时期刘邓大军将士自己缝制的棉衣，是当年10万大军缝制的千千万万件棉衣中的一件。经历半个多世纪的岁月沧桑，这套棉衣虽已发黄褪色，但它仍见证着我军艰苦奋斗的光辉历史。

1947年，遵照党中央和毛泽东关于把战争引向国民党统治区的战略方针，刘伯承、邓小平率领晋冀鲁豫野战军主力12万人南渡黄河，千里跃进大别山，创建新的解放区。

转眼到了初冬季节，大别山经常阴雨绵绵，阵阵寒风袭人。指战员们身上穿的还是夏天过黄河时的单衣，脚上穿着草鞋。上自刘伯承、邓小平，下到普通战士，身上穿的都是一样单薄，晚上睡觉盖的只有毯子和夹被，一到夜晚，露寒霜重，战士们冻得瑟瑟发抖，难以成眠。

解决部队10万人过冬的棉衣问题，已迫不及待地摆在了刘伯承、邓小平等野战军领导的面前。

党中央和毛泽东时刻关心着挺进大别山部队官兵的冷暖，打算从晋冀鲁豫根据地运送棉衣来，或送银元就地采购。但千里迢迢，封锁重重。无奈，1947年9月16日，毛泽东致电刘、邓："你们全军冬衣准备，不要将重点放在由后方按时供给上面，而要放在自己筹办上面。你们如能努力收集棉花、布匹，每人做一件薄棉衣，或做一件棉背心，就能穿到十二月一月，那时后方冬服可能接济上来。"

在这种情况下，刘邓首长决定全军一边打仗，一边学做针线，自己动手解决棉衣问题，准备坚决打好这场"棉衣仗"。随即，刘伯承指示各部队就地购买材料，自行缝制棉衣。

筹集资金，采购棉花、布匹，自己动手缝制棉衣的命令很快下达到各纵队。考虑到大别山区人民群众生活条件艰苦，邓小平特别要求部队："我们不要给人民群众增加负担，要把筹集资金的重点放在当地城镇商人和乡村的大中地主身上，有借有还，不失信于民。"他还多次强调："就是地主、资产阶级的店铺，也要按价付款。人逃亡者，可留下借条，将来偿还。"

大别山区的人民群众非常关心子弟兵，听说部队筹集棉布，纷纷送来土布、棉花，还有的把拆洗过的旧粮食口袋送来。同时，部队也将缴获的布匹和棉花集中起来，并向商人购买一些棉布。这样东拼西凑，总算把做棉衣的材料筹齐了。

可是，当看到筹来的五颜六色的布，战士们急了："当兵的穿花衣裳像啥样子？""染！"大家动脑筋想办法，找来稻草灰，用水合成浆子，将各色杂布染成灰色。与此同时，大家还用树枝制成弹弓弹棉花。布染好了，棉花也准备好了，下一步就是裁剪了。有的脱下衣服来照样画，有的请当地妇女传授裁剪技术。总算一件一件裁了出来，只是领口总开不好，不是大了，就是小了，还有的把领口开到脊梁上去了。于是，有人编了个顺口溜："当兵好当衣难裁，棉衣好做领难开。"

一天，警卫连有个战士费了九牛二虎之力，将衣服缝好了，喜得赶忙将棉衣穿到身上试试合不合身。待这位战士穿上后，只见前边合不拢，后面背上鼓个大包包。原来是衣服没有挖领口。周围的战士见状，个个笑得前仰后合。

正当战士们笑得合不拢嘴时，邓小平和刘伯承走了过来。战士们一看首长来了，都马上停止了笑声。刘伯承见状，笑了笑，走上前去，让战士把衣服脱下，然后平放在案板上，将碗扣在衣领处，拿起剪刀，顺着碗口剪去。他边示范边说："缝衣也有窍门，荷包用钩针，线路要匀要密，扣门要采用倒线，裁领口可以用碗口比着裁，这样大小就会合适了。"

站在一边的邓小平，兴致勃勃地看着战士们将棉衣缝好，见战士把刘伯承亲自挖了领口的那件棉衣穿在身上，背后果然不起包了，笑着说："你们看！这穿在身上，不是很好吗？真是地道的中国手工艺品！"

邓小平幽默乐观的话语，极大地鼓舞了在场的战士们。就这样，全军上下一齐动手，裁的裁，缝的缝，一件件棉衣在战士们的手中被缝制出来。刘、邓首长也和战士们一样，自己动手，亲自裁剪，一针一线地缝制棉衣。

经过半个月的齐心努力，10多万套崭新的棉衣制成了。当邓小平兴致勃勃地

指战员自己动手缝制棉衣

把自己刚缝制好的棉衣穿在身上，笑呵呵地对刘伯承说："我们的军队就是有这么一个最大的长处，只要我们自己动手，没有克服不了的困难！"

后来，这件棉衣一直伴随着邓小平转战大别山，度过了大别山最寒冷的冬天和最艰难困苦的岁月。

为此，六纵队第十八旅政委李震编了一首《棉衣歌》：

十月大别秋风急，刘邓健儿着单衣。薄衾单被不成寐，月冷霜白草凄迷。

大别初建无后方，千万冬衣何处觅？千万将士暗思量，全军无人不煎急。

眼望严冬即来临，寒风大雪以何御？百万贼兵不足畏，三冬无衣实堪虑。

生死关头仰刘邓，能使无衣成有衣。千万将士自己缝，织成棉衣度寒冬。

号令传来人咋舌，男儿何曾会女红？官兵束手皆无策，手持针剪自伤嗟。

剪裁不知怎下手，尺度难量体肥瘦。腿难盘曲腰难俯，针线哪如枪顺手。

针刺衣襟手出血，刀剪袄袖皆有缺。千遍万遍缝不成，掷衣立起咒北风。

顿足出户起徘徊，移身俯首入室来。尾脚拾起未成裳，平心静气再思量。

翻来覆去思不得，持衣出门问女娘。大别妇女习耕作，缝衣从来靠衣匠。

绝望归来长叹息，悔不在家学缝衣。身坐门槛手捧额，神志彷徨无主意。

忽闻将校传口语，刘邓亦自织冬衣。全军上下欢若狂，齐呼刘邓寿无疆。

刘邓如此我何言，从此将士不畏难。两人促膝细交谈，三五成群相钻研。

慢把单衣比棉裳，相差只是一层棉。依照单衣做棉裳，剪裁缝合相模仿。

一人做成十人会，全军七日着新装。新衣着上竞相比，看谁新衣更合体。

全军上下喜气飞，从此无人再伤思。此事古今从无闻，千古奇迹出我军。

一切困难皆可度，全在万众是一心。

刘邓大军全军上下10万将士一齐动手自制棉衣，可谓战争史上的奇观。这首《棉衣歌》，讲述了刘邓大军亲手缝制棉衣的动人故事，充分体现了我党我军不怕吃苦、不惧艰难的革命乐观主义精神和自力更生、艰苦奋斗的优良传统。

约法三章明军纪

刘邓大军刚到大别山的时候，出现了纪律涣散的严重问题。由于连续行军打仗，战士们非常疲劳，后勤供应缺乏，水土不服，生活不习惯，加上老百姓对解放军不了解，拉着水牛都上了山。一些战士对此不能正确看待，发牢骚，讲怪话。最严重的是，一些部队出现了打老乡、抓向导、拖猪、捉鸡、抢东西等现象。对一支人民军队来说，这是一种比打了败仗还要危险的严重情况。

刘伯承、邓小平为此忧心忡忡。部队军纪败坏，战斗力也就无从谈起，还会造成严重减员。作为一支人民军队，刘、邓首长当然不会坐视不管。为了解决这一问题，1947年9月2日，刘邓在新县小姜湾村专门主持召开整顿纪律干部大会。

这天天气不好，下着毛毛细雨，干部们都坐在村旁的草地上。刘伯承首先发言，他大声说道："部队刚到大别山，纪律就这么坏，如不迅速纠正，我们在大别山是站不住脚的！"

邓小平的批评更尖锐，他严肃地说："部队纪律不好，这是我军政治危机的开始，而政治危机必然带来军事危机，后果不堪设想。要知道，群众并不是注定要跟我们走的。如果我们纪律不好，骚扰百姓，为什么他们不可以跟别人走呢？现在，群众还不了解我们，对我们能否站住脚还有怀疑，不敢接近我们。我们要多打胜仗，坚决执行'三大纪律八项注意'，才能取得群众的信任。"

在这次会议上，邓小平亲自为所有到达大别山的部队制定了"约法三章"：以枪打老百姓者枪毙；掠夺财物者枪毙；强奸妇女者枪毙！他还要求所有干部、战士互相监督，严格执行，并成立了执法小组，严厉惩处违反纪律者。

"约法三章"公布不久，部队便发生了一件违反群众纪律的事情。

10月13日，野战军司令部到达湖北黄冈县总路嘴镇，镇上的老乡已经跑光了，空荡荡的镇子里，店铺关门，街上没有行人，冷冷清清。邓小平一行人站在路边，忽然看到一个解放军用步枪挑着一匹花布和一捆粉条，从一家店铺出来了。邓小平脸色立即变了，对身旁的保卫科科长说："你去调查一下，是怎么回事？他是什么人，这么大胆子！"调查后得知，他是野司警卫团四连副连长赵桂良，是个战斗英雄，还是个劳动模范。

当天中午，刘伯承、邓小平、张际春、李达等首长专门为这件事开会，最后决定，为了严肃军纪，下午召开公判大会，枪毙赵桂良，并且通知部队和群众参加公判大会。

在禁闭室的赵桂良得知了野司的决定，抱头痛哭："我……我犯了纪律，杀我应当。可我死得太窝囊了，将来回到太行山，见到了我们家里人，你们就说我是打仗死的……"

公审大会开始了，直属部队坐在一边，前来观看的老百姓坐在另一边，会场寂静无声。由于这个副连长平时打仗勇敢，表现不错，许多人请求司令部饶恕他，给他一个立功赎罪的机会。一些当地的群众也前来为他求情。那个店主闻声赶来，对主持大会的同志说："早知大军纪律这么严，说什么我也不跑上山。如果家里有人，就不会发生这样的事了，请刀下留情。"

负责督办此事的副政委张际春见状，也动了恻隐之心，请示邓小平能否宽大处理。

邓小平听了严肃地说："群众的话，我们可以理解。但既规定了'约法三章'，就不能说话不算数，失信于民。如果对一个副连长姑息、迁就，不能执行纪律，那么今后更多的人犯纪律怎么办？不下决心严整军纪，部队的纪律就会继续坏下去，群众就更不相信我们，而我们在大别山也就站不住脚！"

当天下午，这个副连长在群众公审大会上被枪决了。这件事在全军和群众中引起了震动，从此，部队纪律更加严明，对群众秋毫无犯。

解放军纪律严明，得到了群众的信任。那个时期，部队粮草供给相当困难，不得不向当地老百姓征集，其中许多老百姓都主动无偿地支援解放军。

有一个红军家属，家里仅有两三升米，却硬要拿出来支援部队。刘、邓首长深为感动，认为越是在这样的情况下，就越要为群众利益着想。于是，在1947年的一个秋夜，刘、邓面对面坐在一张矮小的桌子旁，点起一盏木梓油灯，草拟了一份《粮草通知》："部队征集粮草一定要给钱，未付钱的要打借条，同时要向老百姓说明白，革命胜利后，我们一定如数还清。"次日，《粮草通知》便在直属部队贯彻执行。

冬天到了。大雪刚停，邓小平率前敌指挥所夜行来到商城熊家畈宿营。像往日一样，邓小平用自己的膝盖当桌子办公。同志们要为邓小平借张椅子，邓小平说："不需要麻烦群众的事，尽量莫麻烦群众。"次日，警卫员拿来两捆稻草，要为邓小平烧火取暖，邓小平连忙制止。警卫员说明是花钱买来的。"买来的也不行。"邓小平边说边搓手跺脚，伸伸胳膊，又继续说："我这不是很暖和吗？你们要知道，稻草是老乡喂牛的饲料，烧了太可惜了！"警卫员只得将稻草还给了老乡。此后，部队没有人再用稻草烧火取暖了。

1948年1月，邓小平到一分区检查工作，住在商（城）南黑河村一个老乡家。老乡说，前一天解放军在湾子里打土匪，把他的牛牵走了。邓小平问是怎么回事。老乡说，牛原先是土匪抢走了，解放军一打，土匪扔下便跑，就让解放军拾到了。等老乡去认领时，队伍已经走远了。邓小平答应帮老乡调查。

第二天，邓小平翻过锯儿齿，走进金寨县地区，在一户贫农家宿营时遇上了工作队。恰巧就是他们前一天在黑河剿匪，并且确实牵来了一头牛。邓小平马上叫他们把牛送还老乡，并对他们说："你们怎么不去想一想，土匪的牛是从哪里来的？凡事一定要多动动脑筋，对群众有利的就做，否则就不做。一切行动都要以维护群众的利益为出发点，在新区工作，尤其应注意这一点。"当听说工作队把牛还给老乡时，邓小平非常满意，点点头温和地说："这样就很好，不要认为这是件小事情。严守纪律、关心群众，这是关系到我们能否在大别山立足生根的大事。破坏纪律、脱离群众，是自掘坟墓。"

1948年2月7日，农历新年快到了。这也是刘邓大军进大别山后的第一个春节。为了过好节日，战士们自己动手办年货：

下河摸虾捉鱼，上山采木耳、打野兔。

一天，当地干部叫战士舀干一口鱼塘，捉了几百斤鱼。正当大家兴高采烈地欢呼时，邓小平从山坡小路走了过来，见此情景，先是对大家在艰苦条件下仍保持饱满乐观的情绪予以鼓励，继而问询道："这鱼给钱了吗？"

"没有，是地方干部批准的塘，鱼不要钱。"大家如实汇报。

邓小平又说："塘里的水，放到哪里去了？"

一个战士答："流走了。"

问清情况后，邓小平态度严肃地批评说："鱼是群众养的，不给钱，还行？大别山上水贵如油，群众靠它养鱼种稻子，白白流失了，太可惜，我们绝不能'竭泽而渔'啊！吃鱼要给钱，还要帮助群众引水灌塘，这些都不是小事！"

部队很快付给了鱼塘主人鱼款，还派一连人，扛起锄头、铁镐和铁锹，沿山挖涧，引水灌塘。

邓小平在创建大别山解放区期间就是这样亲民爱民的。至今，大别山人民还传颂着许多关于邓小平"约法三章"严明军纪、关心群众疾苦的感人故事。

浴火重生洛阳城

1948年，中国人民解放军进入战略反攻阶段，中原大地上，以洛阳战役为起点，也吹响了人民解放军进攻的号角。十三朝古都洛阳，在我军将士浴血奋战下，终于回到了人民的怀抱。这座千年古城，也由此浴火重生，掀开了新的历史篇章。

洛阳战役意义重大，是我军在平原地区，对国民党坚固设防的中等城市的一次漂亮攻坚战。在战役发动前，蒋介石和美国顾问吹嘘洛阳古城"设防坚固牢不可摧""固若金汤"；但战役开始后，在我军的凌厉攻势下，一举粉碎了敌人的妄想。洛阳战役的胜利，为后续我军解放大中城市，提供了宝贵的经验。

1948年年初，为了集中优势兵力作战，解放中原全区，中央军委和毛泽东主席作出决定：刘邓大军主力离开大别山，在淮河、沙河间沿线集结整补后，统一指挥其部4个纵队和陈（赓）谢（富治）、陈（士榘）唐（亮）兵团，准备打几场大的战役。

与此同时，国民党在中原一带兵力部署上出现了空隙：裴昌会兵团此时已全部从陇海路西援，无暇东顾；孙元良兵团的两个旅虽然已抵达汜水、黑石关一线，但势单力孤，没有胆量西援；胡宗南兵团主力，尚在前往许昌途中，从时间上算，赶赴洛阳至少需要7日行程。如此一来，从郑州至潼关间长达800里的地带上，国民党的兵力防守空虚，洛阳一地仅有国民党青年军二○六师防守，而洛阳外围各据点，也大多是其地方武装和保安团等军事力量，战斗力不强。此时发动洛阳战役，时机再好不过。

从发动洛阳战役的战略意义上看，洛阳地处中原腹心，扼守秦、晋、豫三省要冲，历来为兵家必争之地。攻克洛阳，将有效阻止郑州与西安间的国民党军的联系，如此国民党军妄想通过陇海路向西北战场增兵的企图，也会被一举打破。更为重要的是，洛阳一旦解放，豫陕鄂新区与黄河以北老解放区便可以全面贯通，战略意义极为重大。

但想要快速拿下洛阳，任务也极为艰巨。一方面，从洛阳的地形上看，这座千年古城北靠邙山，南面有洛河、伊河为天然屏障，城高壕深，地形险要，易守难攻。

另一方面，盘踞在这里的国民党军，在美军顾问的指导下，构建了一道半永久性的低平隐蔽工事。这种工事的构造结构，一般口径的炮火很难摧毁，采取常规的爆破方式，也收效甚微。

在城内外的防御体系上，国民党军也煞费苦心。他们花费大力气，先后布置了三道防线：外围阵地，由城内四关及城郊数个据点构成；兵力部署上，由二○六师一部和地方保安团与保警大队负责防守；城角及城门两侧地段为第二道防线，二〇六师主力在此据守；第三道防线，以原洛阳中学5座楼房为基点，通过修建土围子的方式，连结起城墙西北角，由二〇六师一团一营和师军士队负责防守。三道防线相互依托，层层固防，在交叉火力的配合下，攻克难度非常大。

再看洛阳敌军，主力系国民党青年军二〇六师，全师5个整团，加中央炮兵4个连和一个独立汽车营，连同孟津、偃师、洛阳县等地的保安团，兵力总计约两万人。

隶属关系上，二〇六师向来是蒋军嫡系部队，战斗力较强；师长邱行湘不仅具有丰富的作战经验，而且为人比较顽固，到时一定会死战到底。

在认真分析了战局和敌我双方情况后，中央军委还是坚定地认为，只要发扬我军艰苦作战的优良作风，攻克洛阳并不是没有机会，而且从当时整个战略态势上看，发动洛阳战役也势在必行。

1948年3月7日，经中央军委研究后同意中原野战军和华东野战军联合上报的作战方案：以华东野战军陈唐兵团（辖三纵、八纵）、中原野战军陈谢兵团（辖四纵、九纵、太岳军区第五分区部队）为主力，命令两大兵团相互配合，协同发起洛阳战役。

中野和华野司令部很快做出部署，具体各部队作战任务分配如下：华野八纵和中野九纵肩负打援任务，九纵为洛阳战役总预备队；华野三纵和中野四纵负责向洛阳城全力进攻。

3月8日，一声令下，洛阳战役正式打响。

华野八纵和中野九纵率先出击，他们以快打慢，出其不意切断了陇海铁路，然后以风卷残云之势，连续攻克白马寺、新安、偃师、黑石关、渑池、宜阳、龙门等洛阳外围地区，完成了对洛阳古城的全面包围。

3月9日黄昏，华野三纵和中野四纵也大军出击，发起进攻号角。英勇的我军战士，强渡伊、洛二河，对洛阳城内四关、车站及城垣外围之敌，展开了勇猛冲锋。

战斗打响后，我军将士个个奋勇向前，当夜即成功占领车站周围地区。10日拂晓，洛阳城东北关的敌军，几乎全部被我军肃清。

10日下午4时，华野三纵和中野四纵参战部队，开始全力转攻洛阳南关。11日下午，洛阳城西重要据点周公庙，也被我军顺利攻克。至此，敌军外围阵地除九龙台、潞泽会馆以及西工发电厂等少数地区外，其余部分都被我军一一占领。

11日晚7时，攻打洛阳的总攻正式开始。我军兵分五路：东门由三纵二十三团负责主攻，二十四团担负助攻任务；北门由二十团负责主攻，二十五团担负助攻任务；东北门由二十二团负责主攻，二十一团担负助攻任务；纵队总预备队由二十七团担任。

四纵方面，西门以二十九团负责主攻；南门由三十二团和三十七团负责主攻；西部和南部，由二十八团和三十团分别从两个方向发起攻击。

东门一带是三纵的进攻重点，由二十三团一营担任突击队。敌军也意识到，东门是整个城防的重点，因此他们在城外布设层层防御工事，先后设有5道铁丝网、4道鹿寨、3层伏堡以及两道外壕。除此之外，在方圆100米左右的地段上，仅地堡就有16座之多。

三纵突击营营长张明，带领战士们采取分段灵活突击的策略，配以30门大炮的强力支援，势如破竹，一连攻克敌军15道工事，在第二天零时率先突破东门防御。

敌军见势不妙，疯狂地组织火力反扑，战斗异常激烈。危急关头，我二十四团、二十二团、二十一团赶来增援，在东门处和敌人展开激烈巷战。12日中午时分，三纵二十五团、二十七团也加入战斗，我军战士在彻底控制了东门后，一鼓作气，向城内进发。

西门方向，四纵为主攻部队。西门城墙高大厚实，防御工事坚固。11日夜间，四纵发起首攻的二十九团，遭遇重大挫折，付出了很大伤亡，也未能突破西门外的壕沟。我军随即调整战略，二十八团递补，担任主攻任务，二十九团和三十团负责助攻。

12日下午1时，战斗出现了转机，四纵二十八团五营二连突击队，以连续爆破的方式，终于在翁城炸出一个大缺口，突击队员趁势蜂拥而入。

与此同时，我军战士成功轰炸了西门城楼上的敌营指挥所，敌军见势不妙，仓皇溃退，纷纷向一个暗道钻去。冲杀在前的突击队的勇士们，也果断地尾随敌人从坑道进入。

在坑道口附近，敌人慌忙开火，试图阻止突击队的勇士们。但他们的行为，无疑是螳臂当车，很快勇士们消灭了坑道口附近的敌军，乘胜打开了城门。

下午2时左右，洛阳南门在三十二团、三十七团战士们的顽强进攻下，也被一举攻克。

下午3时，战场形势发生了大逆转，攻入城内的解放军各部队，在会师之后，对敌人开始全面地分割围歼。溃退下来的敌军聚拢到一起，被我军压缩到敌核心阵地西北运动场，数量约为5000人。这些死硬分子，凭借着地道、孔穴、暗堡、地下室等工事，在这里做最后的苟延残喘。

在短暂休整后，人民解放军于13日晚，向敌固守的核心阵地发起大规模的军事进攻。鉴于敌军工事坚固，解放军初期发动的两次进攻，都没有进展。

敌二〇六师师长邱行湘当即给蒋介石发电，表示要为党国"战至一兵一卒"。令邱行湘喜形于色的是，14日晨，敌援兵十一师、八十三师等部，前锋已逼近洛阳。我军负责打援的部队，和对方展开激烈交锋。洛阳城内，枪炮声已然隐约可闻。

事不宜迟，为防止敌军援兵赶来，陈士榘、陈赓急令九纵迅速渡过伊河，增援八纵；同时，重新部署对邱行湘残部的打击策略。

14日16时30分，我方战士集中阵地上所有的大小火炮，对敌核心阵地开展"地毯式"轰炸，不到一个小时的时间内，射出了1万多发炮弹，敌军伤亡惨重。

17时20分，我军发起冲锋命令，将士们潮水般拥了上来，顺利拿下阵地，并成功俘虏试图化装逃跑的师长邱行湘。随着邱行湘的被俘，紧随其后，西工发电厂也于傍晚时分被我四纵三十一团攻克。盘踞在潞泽会馆和九龙台的国民党残部，看到大势已去，也纷纷向我军缴械投降。

洛阳战役，共歼灭国民党军1.9万余人，取得了辉煌的胜利。3月17日，我军为能更多地歼敌有生力量，主动从洛阳城内撤走。国民党军见状大喜，忙派第一二四旅防守。

4月3日，该旅开赴偃师，洛阳城内仅剩敌第三七一团和一个地方保安团等兵力。时机难得，我军再次攻打洛阳。4日，陈谢九纵的两个旅重兵围困洛阳；一天后，全歼洛阳守军，洛阳再次回到了人民手中。

解放洛阳的战役是艰苦的，管理洛阳的工作也很复杂。在战役的间隙，我军成立了第一届洛阳工委，开展城市工作。洛阳第二次解放后，又立即组成第二届洛阳工委，在周围大部分地区仍处在战争环境的情况下，保卫巩固城市的工作和建设城市的工作同行，城市工作和农村工作共存，各种工作千头万绪。洛阳市委、市政府带领人民经过一年多的努力，终于初步扭转了百废待兴、百业凋零的局面，使古老的都城焕发了新的朝气。

解放洛阳

"城市已经属于人民，一切应该以城市由人民自己负责管理的精神为出发点。"1948年4月8日，毛泽东亲自为中共中央起草了《再克洛阳后给洛阳前线指挥部的电报》。电文共9个部分，分别对战后洛阳的政权机构、城市管理、农民问题、工商业等作出了具体的指导意见。这份电报的内容不但适用于洛阳，也基本适用于一切新解放的城市，所以这份电报同时发给了其他前线和其他地区的领导同志，有着全局的指导意义。

中国共产党历史上的三个中原局

中国有句古语：得中原者得天下。中原地处中华腹地，地势开阔平坦，四通八达，是重要的粮食产区，历来乃兵家必争之地。占领中原，扼守交通要道，进可攻，退可守，所以才有"逐鹿中原"的说法。从古到今，众多封建王朝都在中原地区建都，如洛阳、开封、安阳、郑州等，中国八大古都河南就占有其四，可见中原战略地位的重要性。朱德也曾说过："自古谁得中原，谁可得天下。取得东北、华北再取得中原，就得到了全中国。"因此无论是和日本侵略军作战，还是在伟大的人民解放战争中，中国共产党一直非常重视中原的战略地位和作用，为此曾先后三次在这里建立中共中央中原局，为夺取抗日战争和解放战争的最终胜利作出了突出贡献。

第一个中共中央中原局

1938年10月，日本帝国主义的铁蹄，蹂躏着华夏大地。随着日军的大举进攻，广州、武汉等重要城市相继沦陷，抗日战争逐渐由战略防御转入战略相持阶段。

在这样的历史背景下，中共中央于9月29至11月6日在延安召开了扩大的六届六中全会。在这次会议上，党中央重申了全党独立自主地放手发动人民抗日武装斗争的方针，把党的主要工作放在战区和敌后，大力巩固华北，发展华中。会议决定撤销长江局，设立中原局和南方局。

11月9日，中共中央政治局发出通知，由刘少奇担任中原局书记；中原局委员由郭述申、朱瑞、朱理治、彭雪枫、郑位三等人组成。在中原局的行政区划上，所有长江以北、陇海路以南，包括河南、湖北、安徽、江苏等地区党的工作，统归中原局指导。中原局领导机关，设在河南确山县竹沟镇。

1938年11月23日，刘少奇等人从延安出发，经西安、渑池、南阳、泌阳等地，于1939年1月28日到达竹沟。他的光辉著作《论共产党员的修养》，就是辗转中原抵达竹沟后修订完成的。

为适应抗战形势发展的需要，中原局决定撤销河南、湖北两地省委，成立豫西、豫南、豫苏、鄂豫皖、鄂中、鄂西北省委和区党委，并明确指出：沦陷区党的任务是开展敌后抗日游击战争，创建抗日根据地；未沦陷区党的任务是开展党的工作和群众工作，积蓄力量，准备抗日游击战争，支援敌后抗战。

1939年秋，中共中央中原局决定撤销豫西、豫南两地省委，恢复河南省委，统一领导豫西、豫中、豫西南党的斗争。11月中旬，根据中原局决定，正式成立鄂豫边区党委。其后，召开的中原局扩大会议决定增补徐海东、张云逸、邓子恢等为中原局委员。

中原局在竹沟对抗日民族统一战线工作十分重视，认真执行党的统一战线中的独立自主原则，实行既团结又斗争，以斗争求团结的策略，发展进步势力，争取中间势力，孤立打击顽固势力，不失时机地巩固扩大抗日民族统一战线，为党在竹沟开展工作创造了有利的政治环境和社会环境。

中原局在竹沟大力发展抗日武装，放手发动敌后游击战争，成为中原地区抗日游击战争的指挥中心。在这里，不仅扩大了新四军四支队八团队留守处的武装，还举办了党训班、教导队及各种培训班，培养了大批军事骨干，把一些优秀将领派往敌后，加强敌后工作的领导。先后派出了14支基干队伍，共计4800余人，以他们为骨干力量，组成了新四军的二师一部、四师和五师，也补充了新四军的三师和七师部分力量。

因中原局驻在竹沟，竹沟在中原，就像延安在全国一样，起着领导华中地区抗日斗争的作用。刘少奇曾说过："延安有党的领导，竹沟也有党的领导；延安有窑洞，竹沟也有窑洞；延安有抗大，竹沟有党训班；延安有延河，竹沟有条大沙河。这里真成了小延安！"自此，竹沟以"小延安"的美誉扬名全国。

竹沟中共中央中原局旧址

1941年5月20日，中共中央决定，中原局和东南局合并，组成新的中共中央华中局。第一个中共中央中原局从成立到结束，前后历时2年零6个月，不仅创建了华中敌后抗日根据地，还胜利实现了党中央"巩固华北、发展华中"的战略目标。

第二个中共中央中原局

1945年8月，随着抗日战争的胜利，中原重要的战略地位再次得以凸显。为加强中原地区的力量，以适应新的革命斗争形势需要，中共中央决定设立鄂豫皖中央局，徐向前任书记（因病未到任），郑位三为副书记，委员由李先念、陈文敏、任质斌、戴季英、刘子久、王树声等人担任。9月，中共鄂豫皖中央局正式成立。

10月30日，经中共中央批准，鄂豫皖中央局改称为中原局，郑位三任代理书记，郑位三、李先念、王首道、陈少敏、王震任常委，任质斌、戴季英、刘子久、王树声等任委员。

新设立的中原局，下设河南、鄂东、江汉三个区党委，中原局机关的地址也多有变化，先后在南阳桐柏、信阳四望山、光山南向店、罗南宣化店（今属大悟县）等地设立过。

桐柏中共中央中原局旧址

随着新中原局的成立，中原局下辖的各级人民政权也相继建立，初步形成了中原解放区，下辖河南（桐柏）、江汉和鄂东3个解放区。在中共中央的领导下，中原局恪守"双十协定"和"停战令"，以大局为重，力争和平民主，避免内战摩擦。

但国民党反动派急于发动内战，他们妄图趁着新的中原局立足未稳，将中原军区部队一举消灭，制造第二个"皖南事变"。

从1946年4月起，国民党当局调集26个整编师共计30万兵力，团团围困中原解放区。为了粉碎敌军的"围剿"行动，中原局领导机关成员经商议后，抢在国民党军队发动总围攻之前，发起了伟大的中原突围战役。中原局一方面巧妙地和敌人周旋，以争取宝贵的转移时间；另一面，以郑位三、李先念为首的中原局和中原军区，遵照中共中央和毛泽东的军事部署，于6月26日提前一步突围，跳出了敌人的包围圈，顺利完成了战略大转移。

赢得中原突围的胜利之后，北路突围部队在河南、湖北、陕西三省边区一带转战，其间还创建了豫鄂陕游击根据地；南路突围部队进至湖北省武当山区，创建了鄂西北游击根据地。

1946年11月，中共中央决定将中原局领导机关全部迁往延安。根据形势的发展变化，完成历史使命的中原局，于1947年5月又一次退出历史的舞台。

第三个中共中央中原局

1947年5月15日，当全国解放战争即将进入第二年，人民解放军即将从战略防御转入战略进攻的重要时刻，以刘伯承、邓小平为首的中共晋冀鲁豫中央局研究决定，向中央建议成立新的中共中央中原局。5月16日，党中央复电同意，由邓小平出任中原局书记，郑位三为第一副书记，李先念为第二副书记，李雪峰为第三副书记，组建新的中共中央中原局。

中原局率刘邓大军挺进大别山后，中原局机关先后进驻息县、光山、新县、商城、潢川等地。在解放战争期间，新组建的中原局，积极依靠和发动人民群众，主动担负起了"外线作战、向南进军、问鼎中原"的千斤重担，先后创建了鄂豫、皖西、桐柏、江汉4个新解放区。

在刘邓大军千里跃进大别山之后，陈谢兵团在豫西创建了豫陕鄂解放区；陈粟大军主力也迅速向豫皖苏地区挺进，在短时间内便使豫皖苏解放区的面积达到了6万多平方公里。伴随着解放战争的进程，为了加强中原局的领导工作，1948年5月9日，中共中央、中央军委又作出决定：除华中解放区现辖境地外，凡陇海路以南、长江以北直至川陕边区，均属中原解放区。加强的中共中央中原局由邓小平任第一书记，陈毅任第二书记，邓子恢为第三书记。

根据中央关于相对稳定指挥机关驻地，以利于统一指挥中野和华野在中原协同作战的意图，1948年5月17日，中原局和中原军区机关移入河南宝丰县周庄镇的杨岗、余官营等地。5月26日，中原局、中原军区暨中原野战军司令部分别进驻宝丰县城西北商酒务镇的赵官营、北张庄村。

在宝丰期间，中原局和中原军区召开了一系列会议，传达了党中央十二月会议精神，研究部署中原军区整党整军问题。在中共中央和中原局的领导下，部队利用行军和作战间隙进行了整党和新式整军运动。在河南的中原、华东野战军各部以诉苦、"三查"（查阶级、查工作、查斗志）、"三整"（整顿思想、整顿组织、整顿作风）为中心，对营以下干部进行普遍查整。

6月26日，中共中央、中央军委致电中原局：由刘伯承、邓小平、陈毅、邓子恢、张际春、李雪峰6人组成中原局常委。中原局的加强，对加强党的领导，统一指挥中原地区的革命战

争，起到了重要作用。在加
强中原局的领导后，刘邓、
陈粟、陈谢三路大军，相互
配合，先后发起了洛阳、宛
西、宛东、开封、睢杞、襄
樊、郑州等一系列重要战
役。其中，淮海战役的胜利
更令人瞩目，这一战役的直

宝丰县中原解放纪念馆

接战果，就是彻底粉碎了中原地区敌人的防御体系。

　　1949年5月12日，中共中央决定建立华中局，以适应革命形
势的进一步发展。6月7日，华中局正式成立，中原局同时被撤
销。

司令员的自行车

陈士榘，中华人民共和国开国上将。这位马上将军，一生颇具传奇色彩。先后参加了中央苏区历次反"围剿"、红一方面军长征、直罗镇战役、平型关战役、广阳战斗、山东抗日根据地历次战斗、攻克赣榆县城战斗、宿北战役、鲁南战役、孟良崮战役、转战鲁西南、挺进中原、豫东战役、淮海战役、渡江战役等战役战斗。

1948年6月18日，夜幕笼罩下的古城开封四郊，激战的枪声渐渐稀疏了下来。在开封城郊南关，中国人民解放军开封前线司令部的指挥机关就设在这里。灯火通明的会议室里，前委扩大会议正在举行。参加会议的有开封前线司令员陈士榘、政委唐亮和担任解放开封主攻任务的华东野战军三纵队、八纵队师以上干部。

陈士榘司令员兴致高涨，声音洪亮地说："现在枪声渐稀，我军扫清外围的战斗基本结束。我们要抓住有利时机，一举攻下开封城。"

唐亮政委此时也插话说："冥顽不化的开封守敌，企图凭借坚固的城墙和暗堡工事，阻挡我军的进攻。根据侦察情报显示，开封周遭共有城门5座，其中地形最为有利的是北门外的老城墙。此处城墙早已被沙丘淤平，举步即可登上。敌人估计我军可能从那里突破，因此重点在城北增强了部署，在此处集结了重兵防守。"

陈士榘按捺不住激动的心情，他直接从座位上站起身，快步来到挂在南墙上的军事地图前面，指着道："敌人这回又想错了，我们偏偏要反其道而行之，出其不意，攻其不备。经过我们前委研究，这次攻城，决定采取下围棋的'金角银边'战术，以快打慢，我军先抢占东南角，再在城里开花。"

说到这里，陈士榘手持指挥鞭，指着军事地图上的小南门、宋门，开始了详细的军事部署："预定今晚10点，我军向开封城发起总攻。八纵主攻小南门，三纵负责夺取宋门。取得预期作战目标后，两部入城部队迅速合拢，向市内纵深发展。"

会议简短明了，各作战部队指挥员也一个个摩拳擦掌，当即返回各自的队伍，进行战前总动员，为即将到来的攻城行动做准备。

晚上10点，攻城作战准时实施。战斗打响以后，进展十分顺利。次日凌晨1时，八纵担任突击队的二十三师六十九团三营战士们，先后连续爆破11次，终于啃下了小南门这块硬骨头，突破了敌军的防守。

与此同时，登上南城门楼的还有兄弟连队5个排的战士。当这些勇士们在拼全力巩固突破口时，意外的情况突然发生了：由于突击队员的行动过于迅速，后续部队未能紧紧跟上。国民党守军看到有机可乘，忙借助城门前的三角地堡，组织火力切断了通路，将城门出入口牢牢封锁。

形势一下子变得严峻起来，先期进入城门的5个排战士，在敌人的火力封锁下，成为一支固守待援的"孤军"。敌军喜不自胜，以为是歼灭突击队员的有利时机，负隅顽抗的他们，连续组织多次反扑，但都被坚守城门的勇士们击退。双方一直对峙到将近拂晓。

黎明前的黑暗，最是令人难熬。一旦天明，敌我态势明了，对于困守在小南门城楼上的突击队战士来说，形势将更加严峻。而且经过一夜激战，部队伤亡很大，此时垂死挣扎的敌军，仍轮番组织反攻。部队把胶着的战况迅速报告给陈士榘，陈士榘当机立断，果断命令突入宋门的三纵前线指挥所，立即扩大突破口，迅即沿惠济河向小南门靠拢，以策应八纵困守城楼上的战士。

对前线战况无比关心的陈士榘，在给三纵下达作战命令后，随即指挥警卫员备车，要亲自赶到小南门前线去。

警卫员提醒他说："吉普车目标大，前线的敌人炮火又太猛，一旦暴露在敌人的火力之下，实在是太危险了！"

一边的作战参谋也劝说道："您是战场总指挥，您的人身安全，对整个战役都至关重要！我们静下心来，相信不久前线的捷报就会传来。"

陈士榘听了两人的劝说后，皱着眉说："别净考虑我的安全，关键时刻，拿不下开封，我怎么向粟裕司令员交代？不能因为我们进攻失利而影响战役全局。"

说到这里，他四下搜寻了几眼，突然看见不远处的院墙根儿那里，靠着一辆自行车。陈士榘不由舒展了眉头，不等警卫员和作战参谋反应过来，便快步上前推起车子就飞身上路，直奔前线而去。警卫员和作战参谋来不及劝阻，也赶忙跑步跟了上去。

此时，天色还未大亮，路上弹坑密布、尸体遍布；猖狂的敌机还在头上盘旋，不远处不时有敌人炮弹落下，火光一闪，映得四周雪亮。

眼前的危险情状，陈士榘全然不顾，他快速地蹬着车子，向前急速驶去。在后面紧紧追赶的警卫员和作战参谋，都为他捏着一把汗。直到看见司令员安全走进演武厅八纵指挥所，他俩这才长长喘出一口气。

指挥所里，二十三师师长和六十九团团长抬头一看，只见陈士榘司令员冒着炮火，亲自推车进来，也都大吃一惊。再看后面，是紧随其后大汗淋漓的警卫员和作战参谋，一时之间摸不着头脑。

陈士榘见状哈哈一笑，说道："不怪他们，是我自己性急，非要来看看。现在情况怎么样？"

师作战参谋立即向陈士榘汇报战况："报告司令员，前方不远就是小南门。门外有100多米的开阔地，请首长放心，我们已增派部队，摧毁了阻碍我军前进的三角碉堡。部队正在向前推进。"

陈士榘听了之后，叮嘱道："要组织强火力，坚决拿下小南门，这可是关系全局的一场战斗啊！"

6月19日上午9时，八纵的4个团队突入小南门，与三纵由宋门入城的战士胜利会合，在我军勇猛攻击下，东南角一块硬骨头终于被啃下了。

陈士榘得知消息后，满脸兴奋，执意要上小南门看看。警卫员说："我是不是把车开过来呢？"陈士榘一摆手，拍着他

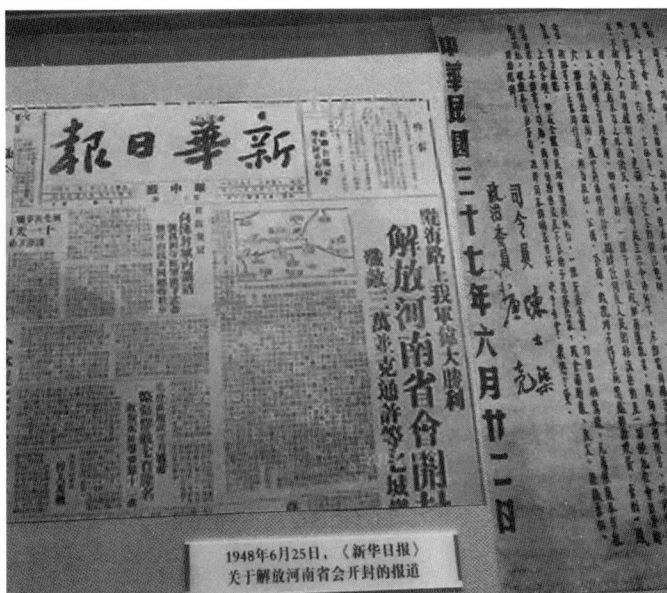

1948年6月25日，《新华日报》关于解放河南省会开封的报道

关于解放开封的报道

骑来的那辆自行车说："不用，还是骑着它去，这东西骑着蛮舒服的嘛！"

说完之后，陈士榘推出自行车，骑着就走，很快就来到了小南门。他踏着残垣断壁，兴奋地登上城门楼。当他听到坚守在这里的战士们一夜之内前后击退敌人11次反扑，5个排的战士，仅有16名战士没有负伤的时候，不由得两眼潮湿了。

听完排长万景春的战况汇报，他上前紧紧握住对方的手说："你们为解放开封立了大功啊！"

经过两天的激烈巷战，至6月20日，人民解放军相继占领了国民党河南省党部、河南省政府、河南大学等主要机关设施，国民党守军已退守龙亭制高点，做最后的顽抗。

陈士榘司令员再次骑着自行车，冒着国民党飞机狂轰滥炸的炮火，来到了设在理事厅街天主教堂的三纵前线指挥所，指挥了夺取全城解放的最后战斗。

开封之战，是继洛阳战役后，华东野战军在中原地区成功的攻城作战。开封战役结束了，缴获的敌人物资堆积如山，警卫员却舍不得丢掉那辆破自行车。在陈士榘审讯被俘的国民党六十六师参谋长游凌云时，警卫员特意把它摆在屋子的角落里，拍下了一张有纪念意义的照片。

事后他拿着这张照片给司令员看，陈士榘笑着说："这辆自行车也算为人民立了功！"

九纵解放郑州记

1947年夏，风起云涌的解放战争，掀开了新的篇章，随着中国人民解放军力量的壮大，解放战争也由初期的战略防御，进入了战略反攻阶段。三路大军纷纷出击，开始在中原大地上驰骋，国民党军兵败如山倒。

1948年春，经过人民解放军大半年的艰苦作战，相继收复了郑州西部的登封、巩县、密县、新郑、荥阳、汜水、广武和郑州东部的中牟县等城池，郑州城也几乎成为孤城，处在人民解放军的团团围困之下。

在这种有利的局面下，中央军委在分析之后认为：解放郑州是解放整个中原的一大步骤，同时也是发起淮海战役、同国民党军实行战略决战的前提。郑州位于陇海铁路和京汉铁路的交会处，战略地位极为重要。解放军若要将重型武器和大量辎重调往淮海战场，铁路是重要的运输方式。中共中央军委决定趁济南战役获胜之余威，攻占战略重镇郑州。

国民党方面也看到了郑州城的重要战略意义。1948年9月初，蒋介石急令国民党驻新乡之四十军李振清部，第十二绥靖公署率一〇六师、二六八师移防郑州。他们认为只要能占据郑州，便可以有效控制平汉、陇海两大铁路枢纽；只要交通运输优势不丢失，依然可以和解放军进行对抗。

中原局、中原军区在得到情报后，立即决定派重兵全歼守敌，乘敌军立足未稳之时，一举攻克郑州。10月12日，中原军区集中第一、三、四、九纵队及豫西、豫皖苏军区地方武装，做好了解放郑州的武力准备。

作战开始前，陈赓、陈锡联、杨勇、秦基伟等同志在禹县拟定具体作战计划：一纵从郑州东面、三纵从郑州南面、九纵从郑州西面和北面发起攻击，其中四纵为第二梯队，各部队相互配合，对郑州实施向心突击。

在这些参战部队中，九纵是新组建的一支部队。1947年8月，晋冀鲁豫野战军第九纵队才在河南博爱县宣告成立。秦基伟担任纵队司令员，黄镇担任政委，参谋长由何正文担任，政治部主任是谷景生。

和晋冀鲁豫下辖的其他几支纵队相比，新成立的九纵，自然"资历"较浅，先期成立的一纵、二纵、三纵、四纵等部队，是"老大哥"式的存在。尤其是和陈赓、谢富治率领的第四纵队相比，更像是"小弟弟"。

所以秦基伟曾幽默地说："九纵成立得晚，是继三纵和六纵之后，在太行山诞生的太行人民的第三个儿子。虽然打了不少仗，但多为偏师，主攻的少，配合的多。在指挥关系上，也自觉退让，甘心接受四纵首长指挥。"

当然这是秦基伟的谦虚之词，论战斗力，九纵的作战能力非常彪悍。在这次攻打郑州的战役中，九纵被委以重任，担任郑州战役的主力部队。

当英勇的中国人民解放军兵临郑州城下时，国民党军如惊弓之鸟一般，乱作一团，他们一面慌忙准备着撤离的事宜，另一方面，对国民党部所存的重要卷宗、资财尽可能全部搬运走，如果一时之间难以搬运的，就加以破坏。尤为可恨的是，国民党反动派还布置了对城市的交通设施和重点厂矿予以炸毁的计划，在他们的计划中，即使解放军占领了郑州，也不过是一片被毁掉的废墟。

10月21日，陈毅和邓小平亲赴郑州前线指挥部。同日，中国人民解放军完成了对郑州守敌的合围态势。从城内地下党传来的情报分析，郑州守敌害怕被歼灭，有逃窜的迹象。陈毅、邓小平以及具体指挥郑州战役的陈赓等人商议后，提前作出部署，制定了阻止敌人北逃的作战计划。

果然不出所料，当中国人民解放军一纵、三纵、四纵大部逼近郑州时，驻守在郑州的国民党军第十二绥靖区第四十四军一〇六师、第九十九军二六八师，见势不妙，立即弃城北逃，行动之迅速，甚至出乎我军指挥员的意料。

在四纵指挥所里，邓小平亲自给九纵司令员秦基伟打电话，要求道："千万不能让敌军跑掉。"

秦基伟的回答也非常干脆："请政委放心，我的网已经形成，敌军跑不掉。"

此时在一边的陈毅也顺势接过话筒，大声说道："秦基伟，这一回就看你的了。打得好，我到你那里给你唱《借东风》；打不好，是要打屁股的。"向来幽默的陈毅，下达作战命令时，也不忘调侃一下。

电话那头的秦基伟，也笑着回答说："陈司令员，你等着

319

吧，打完郑州，我们还是进城听梆子吧！"

陈毅爽快地答应："好！一言为定，到时你请客。"

其实此时的九纵，在作战命令下达之后，快速行军，21日晚部队分路向郑州北推进，并于当晚11时摸黑秘密进到薛岗、苏家屯一线。

郑州城内的守军发现被我军合围后，开始仓皇向北逃窜，妄图逃出生天，谁知此时却钻进了我军早已张好的"口袋"里。22日凌晨6时许，九纵一部发现敌人大部队聚集于老鸦陈，当即迅速做好战斗准备。7时开始，解放郑州战役正式打响。

在郑州战役中，最惨烈的战斗发生在西北的双河桥、薛岗、苏家屯一带。在这里负责阻止敌军窜逃的是九纵七十四团。当战斗打响后，七十四团将士个个奋勇向前，和敌人展开了激烈的战斗。其中八连犹如一把锋利的尖刀一般，连续5次击退敌人疯狂的进攻。急得团团转的敌四十军始终不能前进一步，双河桥阵地一直被我军牢牢掌控。

经过一天的激战，薛岗、苏家屯阻击战斗胜利结束，并于22日中午占领郑州城区。23日凌晨，逃窜至邙山的敌军，也被

中原野战军九纵在解放郑州战役中投入战斗

我军全歼；与此同时，黄河北岸桥头守敌同样遭遇相同的命运。至此，郑州战役宣告胜利结束。

九纵在郑州战役中，打出了军威，一举歼灭了逃跑的国民党军1.1万余人。当陈毅率部进入郑州城内时，对秦基伟笑着说道："九纵成熟了，现在可以打大仗了。"

秦基伟也是高兴万分，当场表态要请客。陈毅说："我们俩说话都是算话的嘛！"秦基伟说："去看戏，《借东风》。"

陈毅听后摆了摆手说道："此一时彼一时，现在进城了，阔了，你给我找个大饭店。总不能让肚子饿了嘛！"就这样，两人说着笑着，来到了一家小饭店，切了半斤牛肉，打了三两老白干，以示庆贺。

得知郑州解放，10月23日，毛泽东代表中共中央、中央军委致电刘伯承、邓小平："济南、锦州、长春解放之后，郑州又告解放，陇海、平汉两大铁路的枢纽为我掌握，对于整个战局极为有利。特电祝贺。"

中原我军占领南阳

1948年1月，国民党王凌云部在南阳建立了第十三绥靖区。从此，这里变成了国民党反共反人民的堡垒，给南阳人民带来深重的灾难。

一到南阳城，王凌云就部署扩大地方武装，恢复地方政权，建立情报机构，成立联合法庭，专门审讯迫害共产党人。仅7月28日，就公开杀害了12人，还有不少共产党员和无辜群众被秘密杀害。他还举办所谓军官训练班及青年"夏令营"，进行反共教育和军事训练，并强制青年学生集体加入国民党、三青团。

王凌云部在地方反动武装的配合下，到处进行骚扰破坏，妄图阻挠桐柏和豫西解放区的巩固和发展。在短短9个月时间里，就对南阳、方城、南召、镇平、邓县等地进行大规模扫荡，时间长达85天。所到之处，他们残酷屠杀人民群众，抢劫财物，更不用说巧设名目横征暴敛，苛捐杂税多如牛毛。

为加固城防工事，王凌云将南阳城周围30里内的树木砍光，强拆民房4000多间，近万名市民无家可归，流离失所。强迫民工4万多人日夜抢修飞机场和城防工事，许多人因劳累和工伤而死去。他还疯狂扩军，从3月到8月，征集兵员3万余人，由原来一个师扩编为两个军。

第十三绥靖区在南阳所犯的累累罪行，不胜枚举，罄竹难书。宛西、宛东战役后，整个南阳地区除南阳城外，已全部被中原解放军所解放。南阳城的存在，成为人民解放军彻底解放豫西南和决战中原的一大障碍。

南阳城为古宛城，是豫西南政治、经济、文化中心，战略地位十分重要。因此，解放南阳城，无论从政治上，还是从军事上看都有极为重要的意义。攻克这一堡垒，不仅是实现南阳全境解放的标志，也是把桐柏、豫西、陕南等解放区连成整体，实现中原决战的标志。

毛泽东十分关注南阳城的解放。为此，他先后发出多封电文。

1948年1月9日，毛泽东电令刘伯承、邓小平、粟裕、陈士榘、唐亮、陈赓、谢富治，部署攻打南阳的计划："甲、第一阶段：（一）刘邓集结相当力量，粟裕三个纵队（四纵不在内），陈谢不少于五个旅……相机歼灭该区敌人，并吸引白崇禧军一部西进相机歼灭之。"

粟裕、陈士榘接到电令后，便给中央军委发出子申电，提出"向郑陕线行动，击破津浦线和向南阳、襄樊行动两个方案"。毛泽东接到子申电后，同意其两个行动方案，并在电令中交代了攻城方法。

3月22日，毛泽东在给"刘邓陈唐两部的作战部署"的电令中，就如何攻打南阳城一事，提出了灵活方案。鉴于敌军胡琏

323

兵团向平汉路西侧进犯，敌军人多势众，加之急需掩护粟裕部队南下渡过黄河投入中原作战，毛泽东决定暂时放下南阳城不管，首先夺取宛西四县及汉水广大城镇乡村，解决部队粮食供应问题，使南阳城陷入桐柏和豫西两个解放区的包围之中，置敌于绝境，久困之下，逼迫守敌不战自退。

11月2日，执行诱敌西进任务的中野六纵司令员王近山、政委杜义德在南阳城西的王村铺召开会议，部署解放南阳的任务。王近山分析道："盘踞南阳城的王凌云部，已是四面楚歌，虽然由一个师扩充为两个军，但两个团先后被歼灭，解放南阳城的时机已经成熟。解放南阳城，更是毛主席的夙愿，我们要不惜一切代价，将王凌云部全歼！"

当日下午，六纵即进入阵地，向敌军发起攻击，其中南线战斗最为激烈。旅长李德生在南线将十七旅分为3路向潦河镇和南辛店发起攻击。至3日晨，潦河、辛店一线已被六纵占领。

3日中午，正值战斗激烈之际，六纵接到中原军区命令："不管王凌云，即追黄维兵团。"于是，六纵为了整体利益，支援即将进行的淮海战役，遂放弃攻击南阳城，继续东进。王凌云部由此侥幸逃过被歼灭的命运。

人民解放军的接连胜利，使南阳已成为一座"孤城"。国民党华中"剿总"白崇禧深知南阳难保，电示王凌云速作撤退准备。4日下午，王凌云部在对南阳城进行大肆洗劫、疯狂破坏后，沿白河两岸南下，向新野、襄阳方向狼狈逃窜，南阳城不战而克。

王凌云率部南逃之后，军分区司令部研究决定：由三十九团团长韩宪良率一、三营沿南（阳）邓（县）公路追击敌军；由团政委李吉太率领二营、独立营进驻南阳城。一、三营向南追击一天，未发现敌军，便折回南阳；入城部队于当夜迅速控制各要害部位，开展维护治安、宣传和接管南阳的各项工作。

翌日，南阳市民走上街头，看到英勇威武的解放军，惊喜不已，欢呼的声浪冲破云霄。8日，中共南阳市委、南阳市人民政府成立。

南阳的解放，意义非同寻常。它不仅标志着南阳全境的解放，而且对整个中原战局产生了重大影响，标志着中原决战时机的成熟，使桐柏、豫西、陕南等解放区连成一个整体，为人民解放军渡江南下准备了战略基地和坚强后方。远在西柏坡的毛泽东，是在11月4日晚通过电文得知南阳解放的。一向重视并花费心血经略的中原战略要地南阳被攻占的消息，使一代伟人夜不能寐。他从南阳的解放思索到整个中原战局的飞速发展，从即将进行的淮海大战联想到中国革命即将到来的胜利曙光。毛泽东心潮澎湃，文思激荡，遂奋笔泼墨，挥毫撰写，一气呵成《中原我军占领南阳》这一著名的新闻述评。11月5日，新华社全文播发，历史上曾经辉煌的南阳再度名扬天下。

新华社郑州五日电：

在人民解放军伟大的胜利的攻势下，南阳守敌王凌云于四日下午弃城南逃，我军当即占领南阳。

南阳为古宛县，三国时曹操与张绣曾于此城发生争夺战。后汉光武帝刘秀，曾于此地起兵，发动反对王莽王朝的战争，创立了后汉王朝。民间所传二十八宿，即刘秀的二十八个主要干部，多是出生于南阳一带。

在过去一年中，蒋介石极重视南阳，曾于此设立所谓绥靖区，以王凌云为司令官，企图阻遏人民解放军向南发展的道路。上月，白崇禧使用黄维兵团三个军的力量，经营整月，企

325

图打通信阳、南阳间的运输道路，始终未能达到目的。最近蒋军因全局败坏，被迫将整个南部战线近百个师的兵力，集中于以徐州为中心和以汉口为中心的两个地区，两星期前已放弃开封，现又放弃南阳。从此，河南全境，除豫北之新乡、安阳，豫西之灵宝、阌乡，豫南之确山、信阳、潢川、光山、商城、固始等地尚有残敌外，已全部为我解放。

去年七月，南线人民解放军开始向敌后实行英勇的进军以来，一年多时间内，除歼灭了大量的国民党正规部队以外，最大的成绩，就是在大别山区（鄂豫区）、皖西区、豫西区、陕南区、桐柏区、江汉区、江淮区（即皖东一带）恢复和建立了稳固的根据地，创立了七个军区，并极大地扩大了豫皖苏军区老根据地。除江淮军区属于苏北军区管辖外，其余各军区，统属于中原军区管辖。豫皖苏区、豫西区、陕南区、桐柏区现已联成一片，没有敌人的阻隔。这四个军区并已和华北联成一片。我武装力量，除补上野战军和地方军一年多激烈战争的消耗以外，还增加了大约二十万人左右，今后当有更大的发展。白崇禧经常说，"不怕共产党凶，只怕共产党生根"，他是怕对了。我们在所有江淮河汉区域，不仅是树木，而且是森林了。不仅生了根，而且枝叶茂盛了。

在去年下半年的一个极短时间内，我们在这一区域曾经过早地执行分配土地的政策，犯了一些策略上的"左"的错误。但是随即纠正了，普遍地利用了抗日时期的经验，执行了减租减息的社会政策和各阶层合理负担的财政政策。这样，就将一切可能联合或中立的社会阶层，均联合或中立起来，集中力量反对国民党反动统治势力及乡村中为最广大群众所痛恨的少数恶霸分子。这一策略，是明显地成功了，敌人已经完全孤立起来。在我强大的野战军和地方军配合打击之下，困守各个孤立据点内的敌人，如像开封、南阳等处，不得不被迫弃城逃窜。南阳守敌王凌云统率的军队是第二军、第六十四军以及一些民团，现向襄阳逃窜。襄阳也是国民党的一个所谓"绥靖区"，第一任司令官康泽被俘后，接手的是从新疆调来的宋希濂。最近宋希濂升任了徐州的副总司令兼前线指挥所主任去代替原任的杜聿明。杜聿明则刚从徐州飞到东北，一战惨败，又逃到了葫芦岛。王凌云到襄阳，大概是接宋希濂当司令官。但是从南阳到襄阳，并没有走得多远，襄阳还是一个孤立据点，王凌云如不再逃，康泽的命运是在等着他的。

毛泽东在文章中，指点江山，话古论今，洋洋洒洒，大气磅礴，显露出一代伟人的宏大气魄和博学才识。从激扬文字中，可以感受他对南阳战略地位之重视，对南阳历史文化之熟悉，对南阳山水之钟情以及对南阳人民之厚爱。

作为新闻珍品的《中原我军占领南阳》发表不久，毛泽东写信给胡乔木，指出要加强综合报道。胡乔木生前在回忆《解放日报》和新华社工作时说："像《中原我军占领南阳》在古今中外的新闻史上也没有第二篇。这篇文章写得很有气派，很精练，很自然，把解放战争和中国历史上的掌故很自然地联系在一起，真实反映了我们当时胜利进军中充满了势如破竹的气派。"

在一个窑窝里埋着的烈士①

　　1949年春，解放全中国的渡江战役就要开始了。一天下午，天阴沉沉的，北风带着一股阴冷的潮气，吹着干枯的树枝，像哨声一样响个不停，这预示着又要下雪了。司令部作战室里，正在研究部署渡江大军的后勤保障工作，开展剿匪反霸军事行动，为土地改革运动清除障碍。会议结束后，首长们正要离开，这时从半掩的窗外传来一阵嘈杂声。

　　警卫员进来报告："门外有一个要饭的老妇吵着非要见王司令员，说是向王司令员讨要自己的儿子。哨兵不让进，双方吵了起来。"

　　一位身形魁梧的首长站了出来，他就是前线指挥部信阳军分区司令员王国华。"乱弹琴！群众工作马虎不得，有话好好讲嘛。动不动就吓唬老百姓，那是国民党的作派。我平时给你们警卫营上的政治课全都白上了，真是越忙越添乱。"王国华说着，抓起

————————————————————

① 根据王雷生回忆文章《在一个窑窝里埋着》改写。

会议桌上的军帽戴在头上，大步流星朝外走去。其他首长觉得这事有些蹊跷，也都跟着来到了司令部大门外。

这位王国华司令员是确山县韩庄乡大王庄人，雇工出身，性情豁达，爱憎分明，从小就喜欢打抱不平。从1924年起，他就开始和土豪劣绅作斗争，后来参加了农会运动，1932年正式加入中国共产党。革命战争年代，曾任中共确山县委书记，中共鄂豫边省委组织部部长，中共鄂豫边省委书记，鄂豫边红军游击队指导员，豫南人民抗日独立团政治委员，新四军驻河南竹沟留守处主任兼司令部司令员，河南军区确山军分区司令员等职，是河南著名的农民领袖。他生活朴素，平易近人，年轻时就蓄下胡子，经常一身农民穿着，人们习惯地称他为"王老汉"。由于崇高的声望，1940年2月，王国华当选党的七大代表，到延安参加大会。在延安学习时，王国华向中央组织部部长陈云汇报工作。由于他大字不识几个，所以讲话、汇报从来不要稿子，但他每次都能凭借出色的记忆力和表达能力，将事情讲得活灵活现，非常生动。陈云听后，大为惊讶。毛泽东知道后，亲自接见了王国华，听了他的汇报，很受感染，让他给机关干部作报告，进行生动实际的教育。于是，延安的机关干部差不多都听过王国华的报告，对他印象非常深刻。这些干部随后分赴全国各地，"王老汉"由此在全国闻了名。

王国华来到门外，见是一个衣衫褴褛、面黄肌瘦的老妇人。她弓着身子，靠手中一根要饭棍吃力地支撑着。约莫40岁年纪，却是一副暮年衰老的样子。她手提着要饭篮子，嘴里不停地念叨着："我知道你们是王老汉的部队打回来了，我要找王老汉，我要找我儿子……"她睁开昏花的双眼，搜寻着每一个人的面孔。

这时，王国华认出了她，这不是泌阳的张妮吗？那是1939年，她丈夫跟随王国华在竹沟突围的战斗中牺牲了，她为了支持革命，硬是把不满17岁的独生子又交给王国华，参加了新四军。

看到张妮，王国华非常激动，他上前扶住张妮的双肩，眼含热泪说："我就是王老汉啊，你是泌阳的张妮妹子吧？"

老妇人抬起头，用力擦了擦流泪的眼睛，仔细地端详着面前这个高大魁梧的军人。"你就是王老汉？怎么不像啊！俺要找的王老汉可是留着大胡子呢，他早先就说了，革命不成功就永远留着胡子。可听口音你也是俺豫南这一带的人，你怎么知道俺的名字，莫非你就是……"

张妮还在犹豫着，王国华轻轻地摇着她的肩膀说："哎哟，老妹子啊，你真的认不出来我了。你是看我没有了大胡子就不是王老汉了？俺告诉你，毛主席说了，打过长江去，全中国就要解放了。所以俺就剃光了胡子……"王国华又对张妮说："你还记得吗，1938年夏天我躲老蒋部队的追捕，是你把我藏在后院的柴火垛里，才算躲过一劫……"王国华还在说着，张妮已经止不住号啕大哭。

张妮不停地擦着泪水，哽咽着说："老汉，咱们的队伍都回来了，咋没有我儿子春娃子的消息？他在哪儿啊？"王国华心情十分沉重，一时不知道怎样回答她。张妮似乎感觉到了什么，急切地追问着："春娃子……他人……在哪儿？"她的声音显然缺少了些勇气，在此之前她也听说了，有许多干革命的人都牺牲了。但是作为母亲，她始终不相信厄运会降临到自己儿子身上。她坚信儿子还活着，这几乎是她唯一的精神支柱。

王国华沉重地告诉张妮："老妹子，别哭了，你好好听我说。春娃子参军后，整编到了新四军第五师，在1941年湖北大悟县的战斗中英勇牺牲了。春娃子牺牲得很壮烈，战斗结束后，部队都做了妥善的安置……"

还没等王国华说完，张妮就用双手紧抓着他的衣襟，撕心裂肺地大声哭喊着："天杀的日本鬼子啊，我没有儿子了，让我这孤老婆子今后可怎么活啊！王老汉，你怎么没有让枪打死啊？你这下可当了大官了，要享福了，可我没有儿子了。王老汉，你还给我儿子！"

王国华眼里泛着泪花，内心忍受着极大的痛苦，他没有躲避张妮的撕拽，任由她发泄着心中的悲愤。这时旁边的牛德胜司令员实在不忍心看下去了，他非常了解王国华的痛苦和打击。

牛德胜安慰张妮："你不要太悲伤了，为了全国劳苦大众，为了建立新中国，很多革命战士牺牲了，他们是光荣伟大的，你作为烈士的母亲和妻子，应该感到骄傲。你放心吧，民政部门一定会安排好你今后的生活。"

张妮仍然哭泣着，突如其来的噩耗，使她一时难以平静。

牛德胜心想，既然很难劝说住张妮，不如把事情的真相告诉她。于是牛德胜就大声说："张妮啊，你先不要哭，实话告诉你，王老汉的儿子水山和春娃子是在同一次战斗中牺牲的，当时水山已经是队伍里的营长了……就在他们牺牲的战场上，他俩就在一个窑窝里埋着。现在王老汉一家，老娘、兄弟、老婆、儿子，六口人都为革命牺牲了。"

张妮停止了哭声，她慢慢松开了紧拽着王国华衣襟的双手。牛德胜的一席话让她感到震惊，她理智了许多。这时王国华大声命令道："警卫员，跑步通知管理员立刻拿10块钢洋……

不，拿15块……交给张妮暂时解决生活问题。"

王国华对张妮说："你先收下这些钱，这是国家给你的暂时生活费，只是为解决你眼前的生活用，等人民政府成立了，我会通知地方民政机关彻底安排好你的生活，你可是双烈属啊！你一定要把心放到肚子里，今后就由共产党养你一辈子了。"

张妮说什么都不愿接受，张妮说："老汉啊，我不知道水山和春娃子是一齐牺牲的，他俩还埋在一个窑窝里。我太不应该了啊！这钱我说啥都不能要。"

王国华看张妮坚持不收这15块钢洋，就亲自把这些钱放在张妮的要饭篮子里。张妮生气了，从篮子里摸出那些钢洋，轻轻放在地上。她挺起腰来，发誓道："老汉啊，我今天如果收下这15块大洋的话，那才算是老天爷白给我披了一张人皮了。"

雪越下越大了，风还在刮个不停。张妮趔趄着虚弱的身子，从地上拎起那只烂了口的要饭篮子，拾起那根打狗棍，坦然地迎着风雪走了。她回过身子，向王国华和他的战友们挥着手大声说："好了，你们都回去吧，别惦记着我，我没事！"王国华向她挥手告别，他高举的手臂，久久都没有放下。

王国华曾经说过："永远不要忘记过去，永远不要忘记光辉的革命历史。"铭记，缅怀，传承，奋斗，是对在一个窑窝里埋着的烈士们最好的告慰。

王国华视察确山县直幼儿园

332

孙占元：勇士辉煌化金星

时值深秋，烽烟滚滚。朝鲜金化郡的五圣山，笼罩在浓厚的烟雾中，不时有枪炮声从远处传来。崎岖的山路上，一支队伍在夜色掩护下迅速急行。

"还有多远？"一位年轻战士悄悄问身边的战友。

"快到了。急什么，这仗有得你打！"战友耸耸肩，把机枪扛得更牢了一些。

队伍经过山坳，年轻战士脚下打滑，不小心跌了一跤。他想要站起来，但觉脚踝疼痛难忍，又倒了下去。脚踝受伤，恐怕跟不上队伍，年轻战士急得直掉眼泪。这时走过来一位战友，不容分说把他背在身上。

"孙排长，快放我下来，我自己能走。"年轻战士不好意思地说。

"你好好待着，到时候多消灭几个敌人就行。"孙排长说着，脚下毫不迟疑。

队伍迅速通过山坳，转过一道山梁，隐没在远处的山峦中。

333

天麻麻亮，队伍到达上甘岭，投入到激烈的阵地争夺战中。孙排长接受命令，带领突击排进入597.9高地主峰2号阵地的坑道内隐蔽待机。

孙排长名叫孙占元，是河南林县临淇镇三弓水村人。他关心爱护战士，行军中经常帮助别人扛枪、背米袋，宿营时及时为战友们补衣服，还常常用自己不多的津贴救济有困难的战友，深受同志们的喜爱和尊敬。

夜幕降临，战斗打响了。孙占元带领突击排向敌人发起进攻。但是，敌人的火力很猛，死死地封锁着通往2号阵地的道路。夺取阵地必须先拔掉敌人的4个火力发射点。"李忠先，你去炸掉东边第一个火力发射点！"孙占元命令。

李忠先腰粗膀圆，个头高大，是二排的"大力士"。他听到排长的命令，立即抄起两个爆破筒，冲了上去。

一颗照明弹腾空而起。孙占元和战士们都屏住呼吸，每个人的视线都随着李忠先蠕动的身躯一点点向前移动。快要接近火力点时，敌人发现了李忠先，几挺机枪一齐向他射击，孙占元的心猛地揪了一下。空中的照明弹慢慢地熄灭了，李忠先趁机一跃而起，几步窜到火力发射点前，接着火光一闪，传来震天撼地的爆炸声。"成功了！"孙占元把帽子往上一推，向战士们高喊："冲啊！"这时，从第一个火力发射点后面突然传来一声炸雷似的巨响，李忠先和反冲过来的敌人同归于尽了。正当孙占元和战士们快要靠近火力发射点时，残破的工事里又伸出几挺机枪，发疯似的吼叫起来，战士们被迫卧倒。

这时候，易才学出现在全排前面，在耀眼的照明弹下，敏捷地向复活的火力点爬去。只见他滚进一个弹坑，拿起手雷，狠狠地向敌人掷去。手雷炸响了，战士们夺取了第一个火力发射点。

远方的枪声一阵紧似一阵，看来作为第二梯队的第三排被敌人密集的炮火阻住了，没有上来。这就意味着二排必须单独完成攻克2号阵地的任务。孙占元一面让战士们严密监视敌人，维修和加固工事，一面到刚占领的火力点，凭借累累弹坑作掩护，观察敌人的火力射向，选择通向其余三个火力点的道路。

敌人开始反扑了，他们在2号阵地上投入一个营的兵力，向二排阵地连续发动攻击。战士们高呼着口号，把敌人一次次打了回去。敌人像输红了眼的赌棍，妄图以猛烈的火力掩护和调动他们的反冲击预备队。孙占元向四周看了看，果断地决定，暂时停止对3个火力点的攻击，首先巩固已经占领的阵地。他爬向阵地的左面，这里山势陡峭，易守难攻，便在这里放上了少量兵力。他又爬到右面，这里是一溜斜坡，隐隐约约听到一片嘈杂的声音，显然这是敌人的预备队，他们随时可以插到二排的侧背，切断二排与后方的联系。可是，守卫在这里的战士全都牺牲了。

看到这个情况，孙占元对战士们说："同志们！情况十分严重，三排没有上来，咱们排伤亡很大，敌人还会组织更大规模的反扑，我们要随时准备把自己的一切献给胜利，哪怕剩下一个人，一条枪，也要把2号阵地夺回来。"

孙占元加快了爬行速度，突然，一颗炸弹在他身边爆炸了，孙占元顿时失去了知觉。过了好大一会儿，激烈的枪声把他从昏迷中唤醒。敌人的3个火力点还在狂叫。"必须马上干掉它……"孙占元念叨着。他试图向战友易才学的方向靠近，可双腿怎么也不听使唤。他用颤抖的手摸了摸疼痛的部位，右膝露着骨茬，腿断了，只有一层皮还连扯着；左腿肌肉被削去一半，骨头外露，一股黏糊糊的热血在流淌。孙占元知道属于自己的时间可能不多了……

他凭着顽强的毅力，用两只臂膀一寸一寸地爬行，终于来到了易才学、方振久的跟前。他把剩下的人分成两个组，交给他俩带领。孙占元望着易才学，艰难地说："你是候补团员，要经得起战斗的考验。你立刻去炸掉那3个火力点。"接着又对方振久说："你要坚决阻住敌人，不让敌人从右侧上来，保证侧翼的安全。"

易才学在孙占元下达命令时，就觉察到排长的话音颤得不能自制，大口喘着粗气。他向孙占元身上打量了一下，立刻惊呆了。"排长，你快下去吧！"易才学哭着说。此时，几个战士要一齐背孙占元下去。"住手！"孙占元火了，他口气十分严厉，"这是什么时候，擦破点皮，怕啥，赶快执行命令！"

易才学望着排长那抽搐得变了形的脸，浑身被复仇的烈火燃烧着。他拖过一挺机枪，握着3个手雷，带着两个战士，迅速向两个火力发射点爬去。就在易才学准备甩手雷的时候，第四个火力点的敌人发现了他。霎时，射击孔里喷出数道火舌，压

中国人民志愿军奔赴朝鲜战场

得易才学抬不起头来。

正在万分危急的时候，孙占元的机枪响了，一串串复仇的子弹飞向敌人。易才学抓住战机，纵身跃起，向第二个火力发射点狠狠地投进一颗手雷。马上又飞转身子，滚到第三个火力点跟前，将另一个手雷塞了进去。随着两声轰鸣，敌人的两个火力发射点全哑了。

孙占元拖着两条断腿爬到被爆炸震昏了的易才学身旁，急切地呼唤着他的名字。易才学从昏迷中醒来，一眼就看见了排长苍白的面孔和那双失神的眼睛。山下，敌人已经集结完毕，正准备发起冲击。孙占元紧紧地握着易才学的手说："才学，还记得咱们入朝时的誓言吗？"

"记得，抗美援朝，保家卫国，把一切献给胜利！"易才学坚定地回答。

"说得对，你再给我找一挺机枪，山下的敌人我来对付，你去炸掉最后一个火力点。"孙占元说。

易才学默默地执行了。他按照排长的吩咐找来敌人一挺机枪和三箱子弹，帮助排长把机枪摆好，一挺对着山下的敌人，一挺对着第四个火力点。

第四个火力点设在一个突起的石崖上，敌人所有的轻重武器都在一个劲儿地哀号着。易才学攀登到半山腰时，遭到敌人火力的猛烈阻拦，停在石崖上不能前进了。这时山下的敌人已经绕到我方阵地的侧后，眼看就要爬上我方的阵地。突然，孙占元的机枪响了，敌人一批批倒下，蜂拥而退。第四个火力点的机枪被迫掉转了枪口。易才学趁机跳上石崖，顺手把手雷投进敌人的火力点。手雷刚一爆炸，易才学纵身跃起，端起机枪，朝着工事里的残敌猛烈扫射，直到把敌人全部消灭。就在易才学准备回去增援排长的时候，从孙占元的方向传来惊天动地的爆炸声……

原来两条腿被炸断的孙占元，在弹药用尽后，爬到敌军尸体堆里，解下手榴弹投向敌群。当敌人扑到他身边时，他毅然滚入敌群，拉响了最后一颗手雷，和敌人同归于尽了。增援部队上来了，他们踏着孙占元和战友们用鲜血开出的道路冲上了高地，胜利地完成了反击任务。

战斗结束后，中国人民志愿军领导机关追授孙占元"特等功臣""一级战斗英雄"和"模范共产党员"荣誉称号。朝鲜最高人民会议常务委员会授予孙占元"朝鲜民主主义人民共和国英雄"光荣称号和金星奖章、一级国旗勋章。中国人民志愿军领导机关在沈阳为孙占元建造了烈士墓。林县人民政府将烈士家乡三弓水村改名为"占元村"。

"新中国大坝建设的摇篮"

新中国成立后，百废待兴。我国兴建的第一座大型水利枢纽工程，就是有着"万里黄河第一坝"美誉的三门峡水利枢纽工程，作为新中国"一五"计划时期国家156个重点工程中唯一的一项水利设施，黄河三门峡水利枢纽，从1957年动工，到1960年修成，前后历时3年。三门峡水利枢纽的修建成功创造了我国水利建设史上的多项纪录，也为我国水利事业培养了大批优秀的水利水电建设人才，同时还为中国日后的水利工程建设，提供了宝贵的经验借鉴。

从传说中的大禹治水开始，在数千年的华夏文明中，水旱灾害一直是困扰先民们安居乐业的重要影响因素。尤其是作为"母亲河"的黄河，这条孕育了华夏文明的古老河流，历史上曾无数次泛滥成灾，改道东流，给沿岸民众带来了严重的伤害，每到黄河泛滥期，民众流离失所，境遇悲惨。

新中国成立后，毛泽东主席十分重视黄河的水患治理工作，早在20世纪50年代初期，他就发出"一定要把黄河的事情办好"的伟大号召，由此揭开了新中国治理黄河的历史新篇章。

周恩来总理在调查研究的基础上，也明确指出："修三门峡水库是为了防洪，防洪第一，这点要首先肯定。防洪第一，因为一旦决口、改道，都是人口最密的地方，耕地最多的地方，冀、鲁、豫，还加上苏皖，这五省是五六亿亩土地、2亿多人口的地方，不能不照顾。"

1954年，周恩来、李富春、邓子恢等中央领导同志在反复研究之后决定：将治黄列入苏联援助的156个重点建设工程的名单之内，并由黄河规划委员会组织编写《黄河综合利用规划技术经济报告》。

在这份报告中，黄河规划委员会选定三门峡水利枢纽为实施黄河规划的第一期重点工程，决定上马这一重点水利建设项目。

为何要将三门峡作为治理黄河的首选地呢？原来专家们经过调研论证，认为：三门峡坝址河床是坚硬的闪长玢岩，河谷宽度适宜，左岸为中条山，右岸为崤山，各项地质和地形条件都非常适合。

在确定修建之前，针对这一水利枢纽工程，也有专家发出了不同声音。因为按照苏联专家提出的设计方案，工程一旦开工，势必会淹没掉陕西省11个县295万亩耕地，涉及73万移民，事关重大。

为确定最终方案，1958年4月中下旬，周恩来总理专程在三门峡工地召开现场会议，听取各方意见。在会议开始时，他特意强调"要听取反面意见"。

在各方专家的论证和建议补充下，中央最终批准的三门峡工程方案是：拦河大坝继续按照苏联专家的意见，以正常360

米高水位为设计基础，第一期工程先按350米高程的蓄水位施工。

不过改动的地方是：在1967年前，最高运用水位不超过340米高程，泄水孔底槛高程由320米降到300米，死水位高程由335米降到325米，第一期三门峡工程大坝坝顶，先修筑至353米高程。

这次会议基本统一了大家的思想，并确定了三门峡水利枢纽工程的目标应以"防洪为主，其他为辅，先防洪后综合利用，确保西安，确保下游"为设计原则，确保工程按时完工。

在三门峡水利枢纽工程筹建和兴建过程中，党和国家领导人对此格外关心和关注，他们亲临现场，召开会议研究解决工程建设问题，其中就有刘少奇、周恩来、朱德、陈云、邓小平、李先念、李富春、陈毅、彭德怀、董必武、习仲勋、罗荣桓、聂荣臻、彭真等。

党和国家领导人的殷切关怀和实地解决困难的各项举措，无疑极大地鼓舞了参与三门峡水利工程修建的干部职工们，他们备受鼓舞，以高涨的热情，投入到新中国第一个重点水利工程建设项目中去。

根据第一届全国人民代表大会第二次会议通过的决议，1956年5月，筹建成立了黄河三门峡工程局，局长兼第一书记由刘子厚担任，张海峰任第二书记，王化云任第三书记，肖文玉任副书记；齐文川、谢辉、张铁铮等同志任副局长，总工程师是汪胡桢。

黄河三门峡工程局成立之后，很快行动起来，先后从全国各地调入大量专业技术人才，一时间，群英汇聚，干部和职工一个个热情高涨，他们克服重重困难，做好了工程修建前的各项准备工作。

1957年4月13日，鬼门岛上彩旗招展，黄河三门峡水利枢纽开工典礼在这里隆重举行。开工典礼的举行，也标志着三门峡水利工程由此正式进入施工阶段，在华夏文明史上，中华儿女将第一次去征服这"桀骜不驯"的"九曲"黄河。

施工第一步是修筑围堰，开挖左岸溢流坝段的基坑，然后在1958年3月中旬，开始逐步浇筑大坝混凝土，争取在10月之前，完成大坝的梳齿、隔墩、隔墙、护坦等浇筑任务。

确定了工期，三门峡工程局广大干部职工迸发出了强大的战斗力，经过日夜艰苦奋战，终于如期完成了前期工作。

1958年11月17日，截流工作也拉开了序幕。为克服截流过程中遇到的困难，工程局的领导们，提出了先进行截流演习，而后根据演习效果，决定最终的截流方案。

在截流演习过程中，广大职工干部们一个个建言献策，充分发挥了群众的智慧，大胆试验，谨慎施工，创造性地提出了"用铁丝石笼和四面体结合运用保证截流成功"的思路。确定了方案之后，经过6个昼夜的连续奋战，成功地截断了神门河，为后续的大坝修建工作，奠定了坚实的基础。

1959年7月，拦河大坝浇筑至310米高程；1960年6月，大坝浇筑至340米高程；同年底，大坝全部浇筑至353米高程。1961年4月，大坝主体工程基本竣工，从时间线上看，比预期的工期整整提前了一年多时间。

根据事后统计的工程量数据显示：枢纽工程共完成土方1502.5万立方米，石方369万立方米，混凝土212.6万立方米，总投资9.56亿元。

在三门峡水利工程建设过程中，全国人民积极响应党中央的号召，给予了三门峡水利工程项目无私的奉献和大力支持。为确保工程顺利进行，全国数百家工厂，不分昼夜赶制工程建设所需的各种物资，其中也涌现了一大批可歌可泣的典型。

如湖北省，全省压缩竹子用量，第一时间将6万根竹子运往三门峡；洛阳铁路分局在自身的运输计划外，千方百计给三门峡增加了193个车皮，有效保证了建筑工地用砖运输需求；山西省供应全部的建房草料；上海市压缩五金水暖器材销售量，加班加点生产，及时供应给三门峡1500件市面上紧缺的水龙头和白弯头等物资。

正是依靠全国人民的支持，才使得这一宏伟的水利工程，以高质量、高速度、高效率的建设标准，得以提前竣工。同时在全部的施工过程中，还创造出了多个"第一"，堪称"人类治黄工程史上的壮举"。

建成之后的黄河三门峡水利枢纽工程，由于苏联专家对泥沙严重性估计不足，后又经过两次改建，三次改变运用方式，有效控制了危害黄河下游安全的凌汛灾害，在防洪、防凌、发电、供水、灌溉、调水调沙、生态保护等方面，发挥了显著的作用。

比如在电力方面，三门峡水利枢纽先后安装了7台机组，装机总量达41万千瓦，年平均发电量14亿千瓦时，对缓解华中电网供电紧张的局面，起到了极大的促进作用，经济效益也极为显著。

三门峡大坝

尤其值得肯定的是，三门峡工程建成后，经过实践锻炼和检验的近2万人的干部技术队伍，又奔向全国四面八方。这些技术人才，遍布青铜峡、刘家峡、丹江口、葛洲坝等建设工地，成为诸多水利水电工程建设的骨干。水利部原部长钱正英这样评价说："三门峡工地也可以说是新中国大坝建设的摇篮。"

电影《江山多娇》与禹县治山治水运动

"共产党号召把山治呀，人民的力量大如天……"岳仙穿着花布衫，扎着羊角辫，肩扛着一把铁镐，和着父亲的弦声，开心地唱了起来。

这是电影《江山多娇》的一个镜头。电影中的女主人公岳仙是青年治山突击队队长，她积极响应党的号召，改变山区的落后面貌，经过连续苦战，最终把"灰头土脸"的荒山变成了花果山。这部电影主要反映了新中国成立后禹县人民在党的领导下，改造自然的伟大创举和禹县人民百日苦战，制服穷山恶水的情景。

1959年7月，电影《江山多娇》在全国公映。影片播出后，很快红遍了祖国大江南北，并产生了巨大的轰动效应。禹县全县人民尤其是青年男女看了这部电影，都被主人公岳仙崇高的精神所感动。800多名青年男女像她一样推迟了结婚时间，把青春献给了大山，547名刚刚出嫁的新娘上山治山。

电影中岳仙的原型就是郭仙。郭仙所在的禹县，位于伏牛山东麓，嵩箕山余脉，北、西、南三面群山环绕。这些山岗丘陵，岩石裸露，水蚀强烈，百草不生。光秃秃的山头，每逢大雨滂沱，七沟八岔山洪暴发，泥沙翻滚，挟裹着房倒屋塌后的瓦砾，冲走了庄稼，冲毁了农田，冲塌了房舍，冲走了家畜……山洪过后，满目疮痍，一片狼藉。

"三天一小旱，五天一大旱。连下几天雨，洪水就泛滥。十天不下雨，吃水就困难。年年不涝就是旱，石厚土薄种地难。"这是禹县群众对当地自然环境的形象概括。

每到汛期，山洪直冲山村。看到被冲倒了窑洞冲毁了家的灾民，乡干部的心都是酸溜溜的。人们都在想，啥时候山上的洪水能够被什么东西拦住，不往山下流就好了。

为彻底改变山区面貌，制服穷山恶水，拯救百万良田，发展农业生产，1956年11月至1958年12月底，禹县按照中央1956年召开的全国山区工作会议上提出的"全面规划，综合开发，坡沟兼治，集中治理"的方针，根据山西省大泉山治理荒山的经验，结合禹县山区的特点和实际，初步讨论制定了"5年治完荒山，8年绿化全县"的山区建设规划。并选择洪水泛滥严重，造成危害最大，亟须解决群众眼前利益的最为明显的薛沟乡鸠山和尚沟乡菜坪山进行重点试验，领导和动员全县人民掀起了由点到面的、空前的、群众性的治山治水高潮。

一天，从县里参加县委扩大会议归来的鸠山乡副指导员赵秀云和乡干部王有良顾不得休息，就把全体乡干部召集在一起，认真学习传达县委的工作报告。当时提出了"治穷致富，水土保持"的口号。结果，大家越听，精神越振奋，心情越激动，县委关于向穷山恶水宣战，改变山区面貌的会议精神真说到大家心坎里了。

口号提出来了，乡里还让人用石灰水刷在了墙上。但什么叫水土保持，怎样保持水土，谁的心里也没有谱。

就在这时，正好报纸上报道了山西省大搞水土保持，增加粮食产量的经验，禹县领导如获至宝，马上就派人到山西省大泉山取经学习，先后组织了5次共100多人到大泉山羊井底学习参观，并带回来3位技术员。

3位技术员先登上鸠山山顶察看地势，然后利用几天时间绘出了治山规划图。技术员把规划图挂在会议室墙上，向乡干部作详细讲解，哪里挖鱼鳞坑，哪里修水平线，哪里挖接水槽、排水沟和蓄水池，怎么个挖法，详细尺寸都讲得一清二楚。

为充分发挥工程的使用效率，提高治山人员的技术水平，全县一共建立青年专业基建队777个，23210人，其中青年突击队450个，11250人。薛沟乡党委及时召开了会议，专门研究部署治山治水工作，成立薛沟乡治山治水基建队，任命刚满18岁的郭仙为副队长。全队由23名青年骨干组成，其中4位女孩子年龄都才十六七岁。年轻人对共产党有着一种特殊的感情，只要是党部署的工作，天大的困难也不会打退堂鼓。

有个技术员叫吕淑贞，待人和蔼可亲，她拉住郭仙的手说："郭仙，好好干吧！鸠山比山西省的黄土高坡好治理。鱼鳞坑、水平线、接水槽，架中间；排水沟，沿山下；蓄水池，山脚前。鱼鳞点点都是树，五谷杂粮山腰缠。到那时，鸠山变绿了，群众变富了，人们的好日子，就好比芝麻开花节节高哩！"吕淑贞诙谐幽默的话语，说得郭仙心里热乎乎的。

基建队成立第二天，大家便带着板镢铁锨等工具，还有行李、干粮，顶着凛冽的寒风进山了。当时条件极为艰苦，大家带着黑豆、玉米和红薯等粮食，一起搭灶吃饭。平时副食品根本吃不到，更不用说蔬菜了。有的人带些腌芥丝、腌韭花，或者干脆吃盐泡辣椒水。山里没地方住，队员们便住在被人遗弃的废土洞里，铺些从山里打来的干草。男女住室都没有门窗，大风雪直扑洞内，常常醒来一身雪花。照明点的就是黄蒿草绳，这种草绳易燃不易灭，大家都会拧。后来乡里领导千方百计给弄了一壶煤油和几包火柴，各个洞里都点上了煤油灯，算是最"现代化"的了。

第一天大家上山挖鱼鳞坑，天寒地冻，一镢头砸下去地上直冒白烟，震得手裂血口子，还未凿下几块冻土。有时干了一大晌，还挖不成一个鱼鳞坑。这对她们几个十几岁的女孩子来说，也真是个极大的考验。她们回到住处，胳膊疼得没处搁，便相互按摩揉搓活血止疼。有的胳膊疼得睡不着觉，便议论说，像这样挖法，谁知猴年马月才能把山治好？这时，郭仙便劝慰道："一天挖一个，一年就是365个，人多力量大，俗话说，'人心齐，泰山移'，咱们只要团结一致，还怕治不好鸠山吗？咱们应该有'治不好鸠山不下山'的志气。"

全队还开展了劳动竞赛，掀起了互帮互学的热潮。这年冬，基建队在鸠山山头挖的鱼鳞坑横、竖、斜看都成行，在全乡树起了治理鸠山的样板。一场雨过后，每个鱼鳞坑里都积满了山水，像一面面镜子。余下的山水顺排水沟导入蓄水池，一点儿也没流到山下。来山顶参观的乡领导无不交口称赞，说基建队创造了人间奇迹。

1957年春，薛沟乡动员500名后续治山大军开上鸠山治山工地，掀起了禹县治山治水运动的高潮。从1956年冬到1957年春不足一年的时间，共挖鱼鳞坑2.3万多个，建成水平线、旱渠、谷坊、速成梯田等工程27项。

过去鸠山上从来没有种过庄稼，这一年却种上了大豆、萝卜、南瓜、豆角、大葱等。由于水土保持得好，山下的田地免遭洪灾，提高了产量。同时，提升了地下水位，过去打井数十米不见水的地方竟然有了清澈的水。

县委书记刁文带着各区、乡和县直干部到鸠山参观，看到满目葱翠的鸠山山头，十分高兴，和每一位基建队员亲切握手，号召全县干群向薛沟乡基建队学习，并在全县推广鸠山治理经验。

全县人民在县委领导下开展的空前规模的治山造林运动，取得了显著成就，也受到了各级党委的重视和表彰，并得到了国家媒体的极大关注。

1957年12月4日至21日，全国第二次水土保持工作会议在北京召开，副县长田福祥和薛沟乡乡长参加了会议。会议上田福祥作了"禹县五年治山计划一年完成"的发言，荣获特等奖，国务院授予禹县"五年计划一年完成模范县"大锦旗。薛沟、尚沟两乡获得全国二等治山模范乡称号，授予"叫荒山变样，向水要粮"锦旗一面。田福祥受到了朱德、邓子恢等领导同志的接见。

1958年1月20日，团省委致函治山模范郭仙和鸠山青年基建队队员，表扬他们在征服荒山造福人民的斗争中，为河南青年作出了榜样。1月24日，中央新闻电影制片厂摄影师石磊到该乡拍摄治山治水新闻纪录片，春节期间在全国各地陆续上演。

接着，中国人民解放军八一电影制片厂委派编创人员来到禹县鸠山采访，创作出电影文学剧本《江山多娇》，3月13日，在八一电影制片厂支部书记王影、导演王萍率领下，编创人员到禹县进行拍摄。著名电影演员田华饰演剧中主人公岳仙。为了演好角色，田华亲临郭仙家体验生活，和郭仙同吃同住同劳动，两人结下了深厚的情谊。10月1日，《江山多娇》电影终于正式放映，引起了社会强烈的反响。

自1958年1月至1959年12月，全国各地前来禹县参观者络绎不绝，中共中央办公厅、中共中央书记处、国务院、中央水土保持委员会、农业部、工业部、外交部、煤炭工业部、文化部、中国社会科学院社会科学部、全

电影《江山多娇》海报

国总工会、团中央、全国妇联等领导及越南、印度尼西亚等外国参观团和各省、地、县参观团先后来禹县参观学习。

为了更好地巩固治山成果，1958年，禹县县委、县政府决定留下一部分有志青年创办一所农林学校，为山区培养"又红又专"的人才，这所学校就是后来的鸠山红专大学。

誓把河山重安排

在林州市，穿山而过、盘曲蜿蜒、总干渠全长70余公里的红旗渠，被世人赞誉为"人工天河""世界第八大奇迹"，其雄浑、磅礴的壮丽气势，令人叹为观止。而研读其背后修建的传奇往事，更让人内心激荡，不由感叹"自力更生、艰苦创业、团结协作、无私奉献"的红旗渠精神，不愧是中华民族刻苦勤劳、自强不息优良传统最生动的注解。

2004年10月，中华人民共和国迎来了55岁华诞。躬逢盛世之际，在首都北京中国国家历史博物馆中，一场别开生面的红旗渠精神展也在这里徐徐拉开了序幕。在展览期间，前来参观的中外游客多达22万人次，包括新华社、中央电视台、《人民日报》《中国青年报》、法新社、路透社、美联社等中外2000余家媒体，争相报道了这一展览盛况。

在人们对红旗渠精神的讴歌和赞美声中，当年带领林州人民排除万难、成功修筑这一举世瞩目"人工天河"的"河南好书记"杨贵同志，也成为舆论关注的焦点和热点。

杨贵生于1928年，河南卫辉人。小时候的他，读过几年私塾，但因思想进步的老师被国民党反动派抓走，杨贵不得不辍学回家，帮父母干一些力所能及的家务活。1942年，年仅14岁的杨贵积极投身于革命，组织山区人民开展抗粮斗争，敌人多次抓捕他，都被他机智地摆脱了。

1943年，杨贵被群众选为罗圈村农民抗日救国会副主席，领导大家开展减租减息运动。同年，他光荣地加入了中国共产党，在血与火的革命斗争考验中，让他成为一名意志坚定、无畏牺牲的优秀共产党员。

新中国成立后，杨贵历任中共淇县县委委员、县委办公室主任兼任淇县五区区委书记、汤阴县委宣传部部长、安阳地委办公室副主任等职务。1953年夏天，原林县（今林州）县委书记因病住院，第二年春天，在党组织的委派下，杨贵带领工作组赶赴林县，协助林县县委开展春耕春种工作，不久后转任林县县委书记。

林县地处河南北部太行山区，土地贫瘠，历史上素来以干旱缺水闻名。根据史料记载，从1436年到1949年，在这500多年的历史岁月中，林县小旱不断，自然灾害频繁，其中仅大旱年景就有30多次。每逢旱魔侵袭，林县全境河干井涸，庄稼颗粒无收，民众流离失所，境遇悲惨。

历史上的林县，虽然也有一些水利工程的修建，如元代潞安巡抚李汉卿在任时筹划修建了天平渠；明代林县知县谢思聪组织乡民修建了谢公渠。不过这些水利工程的规模都不大，只能缓解林县境内部分村庄用水紧张的局面，对整个缺水干旱的林县，无疑是杯水车薪。全县90万亩的耕地，在杨贵到来之前，基本上依旧延续着"靠天吃饭"的传统，人民群众的生活十分困苦。

杨贵在担任县委书记之后，开始调研走访，虽然他已经有了一定的心理准备，然而实地调查之后，林县人民因缺水造成的生活困难，依旧令人心痛。大部分民众还住在破旧不堪的茅屋里，干旱严重的地区，方圆几十里范围内，群众共用一口水井，饮水极度困难。

在三个月的走访调查中，杨贵基本摸清了林县的困难现状：干旱缺水，交通落后，地方病（主要是大脖子病）肆虐。其中，缺水问题又是重中之重。

为了让林县人民早日摆脱缺水的困扰，杨贵带领县委班子，发动全县人民，兴修水利，打井挖泉，经过3年的日夜奋战，截止到1957年，全县挖水窖、打水井7000多口，在很大程度上缓解了林县人们吃水、饮水困难的窘迫境地。然而想要大规模地灌溉农田，依然是力不从心。

尤其在1959年，全县遭遇了百年不遇的大旱灾，流经林县境内的四条主要河流都干涸了，蓄水水库都无水可用，民众不得已只能再次采取远道取水的办法，解决生活中的用水问题。严峻的现实，深深刺痛了杨贵的心，他意识到想要彻底扭转林县干旱缺水的被动局面，只有上马更大的水利工程，开凿引水干渠。他的想法，也得到了县委班子成员的一致认同。

决心已定，但是干渠引水的水源又从哪里来呢？经过开会商议，最后大家的目光集中在了林县境外、水源丰富的浊漳河上。从流量上看，开凿干渠"引漳入林"，完全可以有效缓解林县人民"靠天吃饭"的困境。

为此杨贵向全县人民发出了"重新安排林县河山"的号召，提出了"引漳入林"工程的倡议。他的号召，也得到了林县人民的热烈回应。但摆在大家面前的一大难关是：适逢三年困难时期，国家给予不了林县更大的支持，而林县全县只有300万元的储备金，粮食3000万斤，28名水利技术人员。靠这点有限的物资储备和技术力量，想要修建如此浩大的"引漳入林"工程，在当时简直是不可能办成的事情。一时间，资金和技术成为横亘在林县人民面前的两大"拦路虎"。

以杨贵为首的县委班子没有被眼前的困难吓倒，他们决定排除一切困难，紧紧依靠全县人民团结协作的力量，采用人海战术，一定要如期完成"引漳入林"工程。

1960年2月，在前期的勘探工作结束后命名为"红旗渠工程"的"引漳入林"水利设施修建工作正式打响了。在县委的动员下，一夜之间，3万余名群众汇聚到太行山中，开始了一场轰轰烈烈、改天换地的史诗般的战斗。

红旗渠水利开凿工程最为困难的部分，是渠首到分水岭这一段长达70.6公里的开凿部分，也是整个红旗渠的主体部分。沿途几乎全是悬崖峭壁，山势险峻，岩石坚硬，在花岗岩的地质结构中，在太行山的半山腰上，在没有现代化的机械设备辅助下，想要开凿出一条"引漳入林"的总干渠，其难度可想而知。

在重重困难面前，杨贵没有退缩，林县的干部群众也没有被吓倒。3万余名群众在各级干部的带领下，吃住在一起，充分发扬中华民族苦干实干的愚公移山精神，一锤一斧、一锹一钎地和太行山的岩石作斗争。

在整个开凿过程中，随时都会有塌方和跌落悬崖的生命危险，其间也涌现出了一大批可歌可泣的英雄人物。劳动模范任羊成，在一次排除险情时，不慎从悬崖跌落，门牙被磕落三颗。即使如此，他依然一声不吭，爬起来继续拼命工作，又接连工作了6个小时之久。

巾帼不让须眉。在劳动竞赛中，女同志们的冲天干劲儿，也丝毫不亚于那些壮实的男劳力。在工地上，处处可见铁姑娘突击队，她们手持铁锤，架起板车，奋勇

修建红旗渠

争先，成为红旗渠修建工地上一抹别样的风景。

经过半年多的刻苦奋战，红旗渠开凿阶段的一期工程圆满完成。英雄的林县人民，用无畏的斗志和勤劳的双手，斩断了45座山崖，铲平了13座山头，填平了58道壕沟……共完成土石方445.65万立方米，硬是在太行山的悬崖峭壁上修成了一条长19公里、宽8米的盘山渠。

一期工程竣工后，经过短暂休整，同年10月，杨贵又下达了二期工程开工的命令。林县儿女热血豪情，以饱满的干劲儿再次投入二期工程的开凿工作中。

与此同时，红旗渠的开凿，也受到周恩来总理的时刻关注。在庐山会议期间，他嘱托河南省委书记刘建勋说："林县人民在极端困难的情况下，上马红旗渠开凿工程，你们河南省委应当多给予一点支持。"

总理的关怀，河南省委的支持，更加激发了林县儿女的斗志。经过长达6年的奋战，红旗渠三干渠开凿工程全部宣告竣工。当杨贵宣布"开闸放水"的洪亮声音响起时，汹涌而来的

漳河水从总干渠奔腾而下，林县群众无不欢欣鼓舞，奔走相告。

有人曾专门统计过，红旗渠开凿工程，总共削平了1250座山头，架设151座渡槽，开凿211个隧洞，修建各种建筑物12408座，挖砌土石达2225万立方米。从红旗渠总干渠到各个干渠的分渠，将林县各个乡镇全部联系在了一起。

如果将红旗渠工程开凿出来的土石，垒筑成高2米、宽3米的石墙，可纵贯祖国南北。人们之所以称赞红旗渠是"世界第八大奇迹"，也是名副其实的真诚褒奖。而不畏艰险、改天换地、刻苦奋斗的红旗渠精神，也成为中华民族宝贵的精神财富。

后　记

　　为贯彻落实习近平总书记视察河南重要讲话精神，进一步弘扬红色传统，传承红色基因，中共河南省委组织部与中共河南省委党史研究室组织编写了《讲好"四个故事"》，作为全省县处级以上领导干部学习"四史"的普及性读物。本书立足于用好河南丰富的红色资源，讲好党的故事、革命的故事、根据地的故事、英雄和烈士的故事，教育引导广大党员干部在学习党的历史中不断增强守初心、担使命的思想自觉和行动自觉，在实现中华民族伟大复兴的中国梦征程中奋勇争先，奋力书写新时代中原更加出彩的绚丽篇章。

　　河南省委组织部、河南省委党史研究室对编写《讲好"四个故事"》高度重视，省委常委、组织部部长孔昌生同志审定了全部书稿。在有关负责同志指导带领下，省委组织部干部教育处、省委党史研究室第一研究处对书稿进行了统编修改。各省辖市党史部门、大别山干部学院、鄂豫皖革命纪念馆、党史博览杂志社等为本书提供了部分故事素材和文本。本书参考和吸收了许多已有的研究成果。在编写过程中，征求了中央党史和文献研究院相关部门专家意见，河南省委党校（河南行政学院）、河南省社科院、河南省文联、郑州大学、河南大学、河南师范大学、信阳师范学院、焦裕禄干部学院、红旗渠干部学院、大别山干部学院、愚公移山精神教育基地、新乡先进群体教育基地、南水北调干部学院、农村党支部书记学院、河南人民出版社、信阳鄂豫皖革命纪念馆、安阳市委党史研究室、濮阳市委党史研究室的专家学者也对书稿提出了宝贵的意见和建议，在此一并表示衷心感谢。

由于时间紧和编写水平有限，书中难免存在一些不妥之处，敬请读者批评指正。

本书编写组

2021年2月